津波のあいだ、生きられた村

饗庭 伸｜青井哲人｜池田浩敬｜石榑督和｜岡村健太郎｜木村周平｜辻本侑生 **著**　山岸 剛 **写真**

鹿島出版会

2011年10月25日 岩手県大船渡市三陸町綾里岩崎／1933年の昭和三陸津波からの集団移転地

2015年8月26日 岩手県大船渡市三陸町綾里岩崎／1933年の昭和三陸津波からの集団移転地

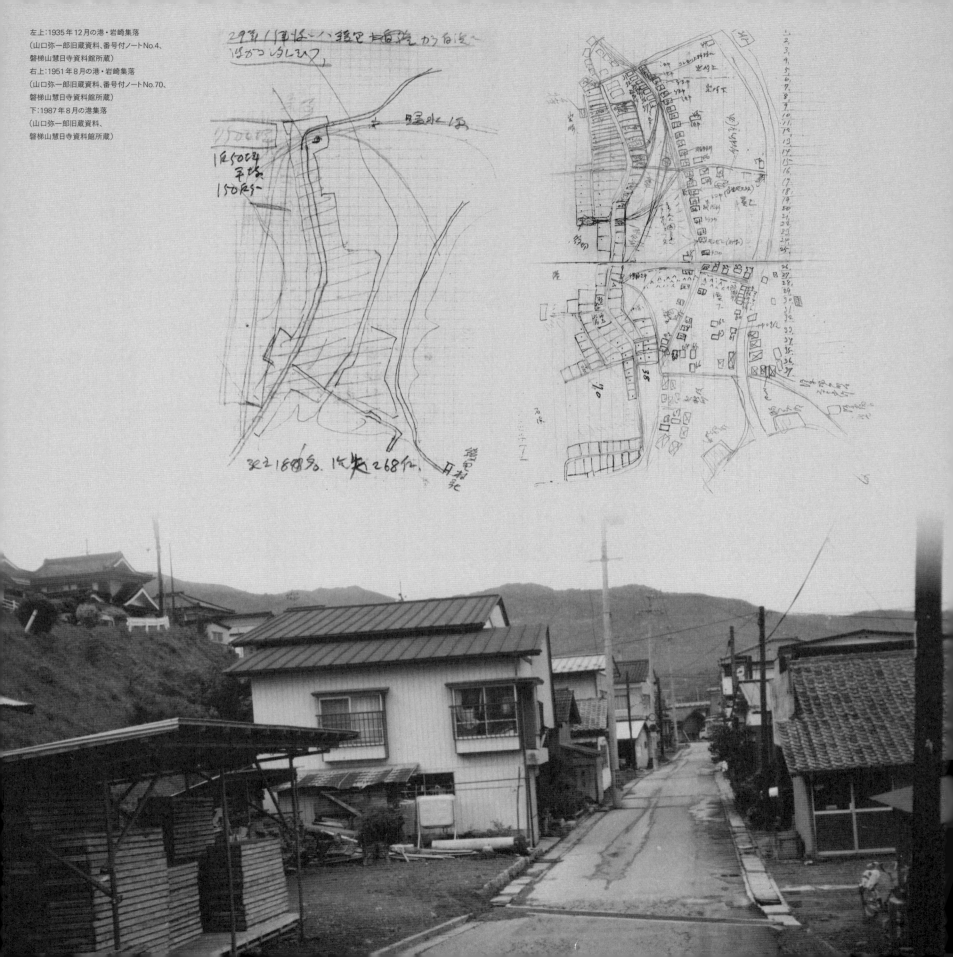

左上:1935年12月の港・岩崎集落
（山口弥一郎旧蔵資料、番号付ノートNo.4、
磐梯山慧日寺資料館所蔵）
右上:1951年8月の港・岩崎集落
（山口弥一郎旧蔵資料、番号付ノートNo.70、
磐梯山慧日寺資料館所蔵）
下:1987年8月の港集落
（山口弥一郎旧蔵資料、
磐梯山慧日寺資料館所蔵）

まえがき

私たちは災害は周期的に繰り返される、というイメージを持っている。それは私たちがうすく共有している輪廻的な死生観とも共鳴しているのかもしれない。

2011（平成23）年に起きた東日本大震災は、私たちが震災に対して持っていた周期的なイメージを強く上書きした。1896（明治29）年の明治三陸津波、1933（昭和8）年の昭和三陸津波の記録がふたたび掘り起こされたのである。そして、このことは私たちがこれまではっきりと意識してこなかった、「津波のあいだ」を意識させることになった。昭和三陸津波と東日本大震災の間は78年であり、その津波のあいだは一人の人の人生がすっぽり収まるか、収まらないか程度の長さである。78年後は子供たちにとっては漠然とした将来のさらに先にある時間であり、大人たちにとっては自分がいなくなった後の時間である。78年前のことは子供たちにとっては教科書に書いてある時間であり、老人たちにとっては懐かしい子供時代である。これまでは正確に理解する必要がなかったこの「津波のあいだ」が私たちの目の前にあらわれ、その過ごし方、切り抜け方が問われたのである。

では、その「津波のあいだ」を理解するにはどのような眼差しが必要なのだろうか？

ここに2枚のスケッチと1枚の写真がある。地理学者・民俗学者の山口弥一郎（1902〜2000）の手によるもので、スケッチは1935（昭和10）年と1951（昭和26）年に描かれたもの、写真は1987（昭和62）年に撮影されたもの、どれも昭和三陸津波の被害から復興した岩手県綾里村（現大船渡市三陸町綾里）の港・岩崎集落を調査したものである。

山口は地理学を田中館秀三に、民俗学を柳田國男に学び、教員をしながら、1935（昭和10）年より休暇を利用して昭和三陸津波の被災地の調査を重ねた。調査は1936（昭和11）年、1940（15）年、1942（17）年と重ねられ、その成果をまとめた『津浪と村』が1943（昭和18）年に刊行されている[*1]。昭和三陸津波の直後から10年かけて練り上げられていった山口の眼差しは、「津波のあいだ」を見る私たちの眼差しにヒントを与えてくれる。

それはどのような眼差しなのだろうか。

山口が描き出したのは、津波によって引き起こされた人々の悲劇でなく、津波の前と後、そしてその後の長い時間の中での村の変化である。「津浪の起こらぬようにすることは不可能であろうとも、避けることは我々に出来得るはずである。我々は津浪直後に、惨害記録と哀話のみ綴っているべきではない」という言葉に山口の眼差しは集約されているだろう。それは一人一人の受動的な動きの束としての歴史の背後にある津波を描き出すのではなく、「村」という領域の大きな動きを描き出そうという眼差し、言い換えると、一人一人の受動的な動きの束としての歴史ではなく、村に内在する仕組みや制度に動かされて、津波のあいだを過ごした人々の歴史である。

本書もこうした眼差しをもって津波のあいだを描きたいと考えた。「津波のあとに生きた人々」というような副題ではなく、「生きられた村」という副題をつけたのには、そういう意図がある。

とはいえ、山口が明らかにした1896年から1933年までの津波のあいだと、それから戦争と高度経済成長を経て、2011年に至るまでの津波のあいだは、あらゆる面で異なっていることだろう。山口は『津浪と村』をまとめた後も数回綾里を再訪しており、1987年の再訪時には低地に住宅が立ち並ぶ様子を見て一抹の不安を記している。しかし、それからわずか24年後に再び大きな津波が村々を襲うことを、山口が知ることはなかった。2011年を経験した私たちは、これからを過ごすための切実な知恵として、改めて津波のあいだを明らかにしなくてはならなかった。

本書は、岩手県大船渡市にある綾里というひとつの村の津波のあいだを明らかにしたものである。全体は6つの章で構成されている。「綾里」は対象地の概要を、「空間」と「社会」は昭和三陸津波から東日本大震災までの「津波のあいだ」を明らかにし、「避難」と「復興」と「継承」は東日本大震災からの8年の実態を明らかにした。「避難」と「復興」と「継承」はこれからの「津波のあいだ」のはじまりの時期でもある。明治から昭和へ、昭和から平成へ、平成から令和へ、継ぎ目なくつながっていく時間の流れを意識しながら読み進めていただければ幸いである。

---

*1●『津浪と村』は石井正己と川島秀一の編により2011年7月に三弥井書店より復刻されている。

2014年8月27日 岩手県大船渡市三陸町綾里岩崎／1933年の昭和三陸津波からの復興住宅内観

2013年12月9日 岩手県大船渡市三陸町綾里黒土田／黒土田応急仮設住宅内観

目次

第1章

010 綾 里

第2章

032 空 間

004 まえがき

●

116 あとがき

118 参考文献

012 津波のあいだと村

014 綾里という地域

016 3度の大津波

018 綾里の昭和

023 無意識の高台移転

030 津波前夜の綾里

034 江戸から明治までの集落と津波

038 「復興地」はどうして生まれたか

041 何がどう動いたか

050 復興地に建てられた家

052 気仙の大工たち

第3章	第4章	第5章	第6章
054 **社 会**	074 **避 難**	084 **復 興**	104 **継 承**

056 綾里という地域社会	076 東日本大震災時の津波避難	086 近代復興と東日本大震災	106 継承の方法
060 多様な信仰と人々のつながり	082 災害直後の避難生活の 教訓と知恵	088 綾里の復興	108 行事に組み込む
064 生業と経済		096 すまいの復興	110 記録を残す方法
068 津波と地域社会		100 復興の手法	114 津波のあいだの過ごし方
070 綾里という「直線」		103 明けの綾里	
072 小石浜の事例			

炎天下の川沿いの道路で、相当離れた駅への帰途についた。

再び集落にはいった。入口の小丘の森が記憶にある。

ここまでが津浪襲来の線であった筈。学校がその線より山麓寄りにあった。

この復興も記憶にあった。

「やはり人間の一生には交代があり、

罹災経験者が逝去してゆくと、もう災害は忘れ去られてゆく」。

当然のことを幾度も回想しながら、綾里駅に辿り着いた。

一人の津波災害研究家のたどった一生も、かくして薄れてゆくのであろう。

災害はその忘れ去られた頃に来るものであろうのに。

──── 山口弥一郎（1987年8月の綾里再訪時の紀行文）

『東北地方研究の再検討 地の巻』文化書房博文社、1991年

2018年3月16日／岩手県大船渡市三陸町綾里小石浜

第1章 綾里

津波の
あいだと村

● 周期と直線

本書で取り上げる〝津波のあいだ〟の理解を深めるために、災害を「天がなすこと＝天災」と「人がなすこと＝人災と災害対策」の組み合わせとして理解してみよう。天災と人災は、津波のあいだでどのようなリズムを持っているのだろうか。

天災への対策は過去から学ぶことができる。例えば中央防災会議*1では過去の天災の分析が行われている。国が本腰を入れて作業を行うほど、過去から学ぶことの意義は大きい。周期をなぞることによって、過去におきたことを学ぶ。その知恵をこれから先の周期に代入することによって、対策を考えることができる。

一方の人災は、2011年の東京電力福島第一原子力発電所事故からもわかるとおり、技術の発展に比例して被害が拡大し、複雑になる。自動車がない時代には自動車事故は、飛行機がない時代には飛行機事故は起きない。技術の発展は右上がりの一本の直線に模すことができ、人災もそれに比例する直線として模すことができる。

人災については、天災ほどの密度で過去を学ぶことに意味はあまりない。福島原発の事故については1986年に起きた旧ソ連（現・ウクライナ）チェルノブイリ原子力発電所の事故から学べることは少なくないが、それ以上に新しい対策を発明していかなくてはならない。人災は技術発展の直線上に発生し、その直線の上にさらに厳しい直線を描くことでしかその対策ができないのである。

技術の発展は悪いことではない。技術は災害そのものの被害を減少させるし、例えば漁業技術の発展は地域の発展に直結し、それは住宅の高質化などを通じて間接的に地域の安全性の向上につながる。災害対策もまた、右上がりの一本の直線に模すことができ、それは天災の周期的な曲線を変化させるものとしても作用するのである。

つまり、災害は天災と人災の組み合わせであり、周期と直線の組み合わせでもある。そして本書は、岩手県の三陸海岸沿いにある小さな村が周期的な災害から何を学んできたのか、そして一方の直線的な社会の発展が、災害から身を守るためにどのように機能してきたのかをできるだけ正確に解きほぐしていく。それは言い換えれば、周期と直線の二つの補助線に沿ってある村を理解することによって、津波のあいだの過ごし方の知恵を得るということである。

● 村の仕組み

村が過ごしてきた時間は、明治から平成にかけての時期である。この時間の中で、村にあった仕組みが絶えず更新を繰り返しながら近代化が図られ、村は直線的に発展してきた。

仕組みは、人々が直線的に発展をするためにつくりだしたものである。例えば漁業を発達させるために、定置網や養殖の仕組みをつくりだす。暮らしで助け合うために、集落の自治組織の仕組みをつくりだす。寒さや暑さから身を守るために住まいの仕組みをつくりだすし、交通を支えるために道路の仕組みをつくりだす。イエの仕組みもつくりだされたものであるし、宗教や信仰の仕組みもある。本書ではこうした仕組みを「村の仕組み」と呼ぶことにしよう。それは贅沢なものではなく、生きるため、生き抜くための切実な仕組みだったはずである。

村の仕組みは誰かがはじめ、誰かが改善していくもの、つまり「人がなすこと」であるが、能動的にそれをつくり出す人はほんの一握りであり、多くの人々はつくりだされた村の仕組みに動かされるようにして、暮らしや仕事を組み立てる。村の仕組みは、人々を未来に導く乗り物のようなものであるが、それは、津波のあいだにどのように発展をし、どのようにはたらき、そこに乗り込んだ人々をどのように災害から守ったのだろうか。

● 津波と三陸の村

明治から平成にかけての時期に周期的に3回の津波が村を襲う。

明治三陸地震は1896（明治29）年6月15日に発生し、村を徹底的に破壊した。人々は逃げ、応急の復旧を行い、再び村を復興し、津波の記憶を語り継いだ。そして明治三陸津波の後に生まれた子どもたちが働き盛りの年頃になった37年後の1933（昭和8）年3月3日に昭和三陸地震が発生し、村を再び徹底的に破壊した。人々は逃げ、応急の復旧を行い、再び村を復興し、津波の記憶を語り継いだ。そして昭和三陸津波を経験した人たちがぽつりぽつりとこの世を去り始める78年後の2011（平成23）年3月11日に東日本大震災が発生し、三たび村を破壊したのである。そして私たちは、再び被災、避難、復旧、復興、防災、伝承、忘却というサイクルで津波のあいだを過ごそうとしている。

しかし、すべての村が同じように津波のあいだを過ごしてきたわけではない。明治三陸津波の頃、岩手県の三陸海岸には37の町村があった。それぞれの3つの津波の被害を俯瞰してみよう（図1）*2。そこに「周期的」というほどの規則性がないことは明らかである。死者・行方不明数だけを単純に比較しても、明治、昭和、東日本と逓減している町村、昭和で減ったものの東日本で増加した町村、東日本が過去最大の被害をもたらした町村がある。隣り合う村であったとしても天災の様相は異なる。そして集落の発展の様相、つまり地域の仕組みの様相はさらに異なり、天災と人災の組み合わせによって被害の全体像は複雑な様相を見せる。

こうした複雑な様相の陰には何があったのであろうか。岩手県内の18の町村、38の集落では、昭和三陸津波の後に「住宅適地造成事業」と呼ばれる集団移転が行われた*3。しかし、その集団移転がすべて東日本大震災で被害が

*1 ● 災害対策基本法に基づいて設置された防災に関する重要政策を検討する会議。内閣府が事務局を務める。そこには「災害教訓の継承に関する専門調査会」が設けられている。

*2 ● 明治三陸津波の死者数は、『三陸沿岸大海嘯被害調査記録』（山奈宗真、1896年）に、昭和三陸津波の死者数は、『岩手県昭和震災誌』（岩手県、1934年）によった。東日本大震災の死者・行方不明者数は、各自治体のウェブサイトにて公表されている情報を明治の旧村単位で集計した。なお、東日本大震災は昼間に発生したこともあり、居住地ではないところで被災した死者も多い。各自治体の公表情報は、住民登録のある住所ごとにまとめられているため、内陸部の死者も多い。内陸部の死者数については表にはカウントしておらず、そのため、各旧村の死者数の合計は、自治体の死者数の合計ではない。また図1の町村は国土数値情報行政区域データ大正8年度版による。

*3 ● 岡村健太郎『「三陸津波」と集落再編──ポスト近代復興に向けて』鹿島出版会、2017年、p.133

*4 ● 例えば大槌町の吉里吉里地区の集団移転地は東日本大震災で被災し、大きな被害を受けた。

＊5● 田老の東日本大震災での死者・行方不明者数は224人である。もちろん少なくない人数であるが、明治三陸津波、昭和三陸津波と比較すると死者数は減少している。

＊6● 2008年に大船渡市議会議員の平田武市議（当時65歳）が越喜来小学校へ非常通路の設置を要望している（「市議の『遺言』、非常通路が児童救う　津波被害の小学校」『朝日新聞』2011年3月29日）。

＊7● 鍬ヶ崎町は大正13年に宮古町に合併された。図1の地図は大正8年度に作成されたものによったが、同村の記録がなく、正確な位置は不明である。

なかったのかというとそうではない＊4。宮古市田老では1958（昭和33）年から1979（昭和54）年まで、長い時間をかけて防潮堤を建設し続けた。その防潮堤はチリ地震津波（1960年）の被害は完全に防いだが、東日本大震災の津波は防潮堤を越えて大きな被害をもたらした＊5。大船渡市越喜来地区では昭和三陸津波の10年後に生まれた市会議員の議会質問が契機となり、2010（平成22）年に小学校の校舎から後背地に延びる小さな避難路がつくられ、子供たちの命を救った＊6。このように津波のあいだで、継続的な取り組みを続けた村もあれば、忘れられそうになったころにかろうじて取り組みがつながった村もある。それぞれの地区にはそれぞれの津波のあいだの過ごし方があった。どのような津波のあいだの過ごし方が、どのように被害を軽減することにつながったのか、それがどのような村の仕組みに支えられたのか、一つの村でできるだけ正確に明らかにしてみよう、ということが本書の試みである。

その対象は三陸海岸沿いの地域、綾里の昭和三陸津波から現在に至るまでの津波のあいだである。綾里は2回の津波で最高の遡上高を記録したが、死者数は逓減している。綾里の津波のあいだの過ごし方を明らかにすることは、これから災害が起きるかもしれないまちに対しても、東日本大震災の復興事業が終わりつつあるまちに対しても、これからの津波のあいだの過ごし方の知恵を提供することになるだろう。

なお、最初から明らかにしておくと、本書は「こういう対策を行ったから、死者数が減った」というような因果関係を描きだすわけでも、即効的な対策を導出するわけでもない。様々な事象が複雑に影響を及ぼし合うため、因果関係の立証はそもそも不可能であり、事実と被害が単純な一対一の関係で関連づけられるわけではない。「ここから下には、家をつくってはならない」「つなみてんでんこ」という、シンプルな言葉に勝るものはないし、この二つの言葉を否定するつもりもない。この二つの言葉を、いくぶんか正確に説明しようとすることが本書の試みである。

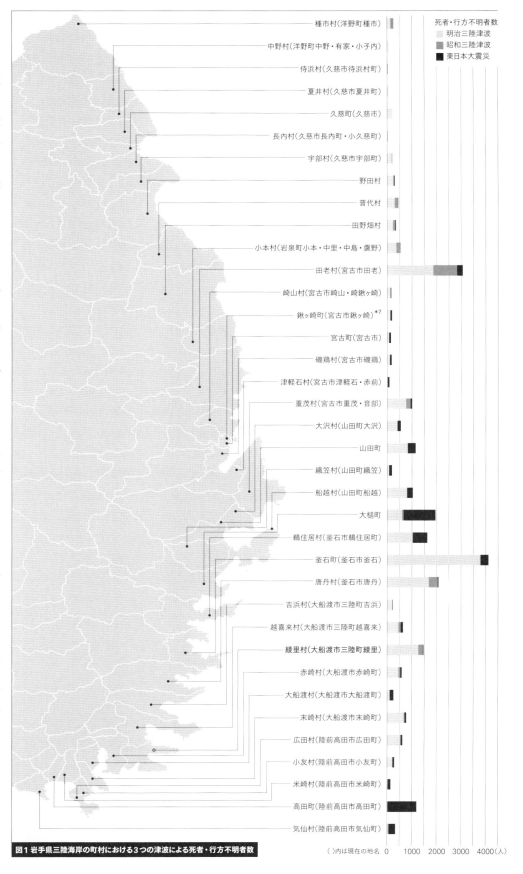

図1 岩手県三陸海岸の町村における3つの津波による死者・行方不明者数

第1章　綾里　●　013

綾里という地域

● 綾里の構成

大船渡市の中心部である盛から自動車で県道9号大船渡綾里三陸線に入り、大船渡湾の側をなぞり、蛸ノ浦の手前で曲がって20分ほど走ると、綾里が見えてくる。リアス式海岸特有の複雑な起伏と曲がり角で、地上を走っているだけでは北を向いているのか、南を向いているのか、方向の感覚がわからなくなる。空の上から俯瞰すると、北から吉浜湾、越喜来湾、綾里湾の三つの大きな湾があり、綾里湾と大船渡湾に挟まれた二つの小さな湾のうち、東側の港湾に面して綾里の中心地がある。

かつては綾里村として独立した行政単位であったが、1956（昭和31）年に吉浜村、越喜来村と合併して三陸村となり、1967（昭和41）年に町制、2001（平成13）年に三陸町と大船渡市が合併したことにより、大船渡市の一部となった。

綾里は3つの異なる湾に面した11の集落で構成されている（図2）。大船渡からやってくると真っ先に通るのが小路という集落である。中心をもたずに県道沿いに張りつくように形成されている。小路を越えてしばらく進んでトンネルを抜けると石浜という集落が現れ、そこから小さなトンネルを抜けると港集落に到着する。このあたりには人家が集中し、港から奥に広がる岩崎、野形、宮野とあわせて綾里の中心を形成している。トンネルに入る前にちらりと目にする石浜の家並み、そしてトンネルを抜けてから入り込む港・岩崎の家並みが規則正しいことに気づくだろう。これらの集落が、現地では「復興地」と呼ばれる、昭和三陸津波の後につくられた集団移転地である。

港から県道を外れ、漁港をなぞるように東側にいくと田浜に到着する。田浜にも復興地はあり、斜面にひな壇状につくられた土地の上に並ぶ住宅を見ることができる。田浜から漁港を挟んで反対側を見ると、最初に通り抜けてきた石浜が見え、石浜、港、田浜の漁港がほぼ一体化していることがわかる。

もう一度県道に戻り、港から宮野へと進んでいくと、小学校、郵便局、消防分遣署、公民館、駐在所などの公共施設が現れ、三陸鉄道南リアス線の綾里駅も見えてくる。このあたりが綾里の中心である。そしてそのまま進むと、綾里湾に面した白浜が現れる。綾里の津波の最高遡上高を記録する集落である。白浜にも小さな復興地がある。綾里湾に面してもう一つ、野々前という集落がある。白浜からトンネルを抜けると越喜来湾に面した小石浜に達する。さらに越喜来湾に面して砂子浜があり、辺鄙な綾里のさらに辺鄙なところがこの小石浜と砂子浜である。しかしそれは陸上交通が発達した現在の話である。海上交通が中心だった頃の綾里の中心は砂子浜であり、同所の千田家が一帯を治める肝煎を務めていた。

● 綾里の村の仕組み

一般的に、交通の便が悪く、行政や民間の提供するサービスが行き届かないところには、住民たちの助け合い、自治の仕組みが発達する。綾里にもそれぞれの集落に、名称や出自は異なるものの集落を代表する組織である集落会、契約会、町会が組織されている。それぞれで会長を務める者が選出され、集落に関する様々な物事を決め、それぞれ仕事を分担している。集落は集落ごとの公民館を持っており、その館長は30代から40代の青年層が持ち回りで分担していることが多く、彼らが年を重ね、やがて集落長などの要職を務めることになる。

集落ごとの公民館とは別に、大船渡市は市内の地区ごとに「地区公民館」を置き、公民館を住民自治の単位として位置づけている。綾里の場合、集落会や契約会が自治の最小単位であ

＊8 ● 細井計「近世中期における三陸漁村の窮乏について──仙台藩気仙郡綾里村砂子浜を例として」（『東北福祉大学論叢』9巻抜刷、1970年3月15日、pp.31–55）

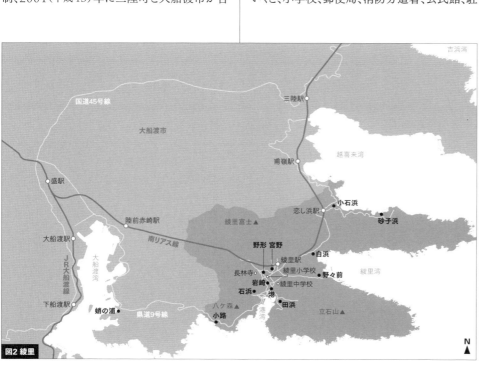

図2 綾里

図3 田浜より港・岩崎の家並みを臨む（撮影：饗庭伸／2012年）

*9 ● 人口データの出所は以下である。1880年（『岩手県管轄地誌』）、1890年〜1915年（『岩手県統計書』）、1920年〜1930年および1935年〜2015年（国勢調査）、1931年および1932年（『岩手県気仙郡綾里村勢要覧』（1931年は村上博是氏所蔵資料、1932年は山口弥一郎旧蔵資料））。また、1890年、1891年の人口は本籍人口である。

*10 ● 生年コーホートは年齢別人口を生年に合わせて作成するもので、図は2015年の年齢に合わせて作成してある。2015年にある年代の人口が何人居住しており、その5年前の2010年にはその年齢の人口が何人居住していたのかを読み取ることができる。なお人口は国勢調査のデータである。

*11 ● 綾里には高校がないため、高校入学と同時に自宅を離れる人もいる。また、大船渡市内も含める岩手県沿岸部には大学以上の高等教育機関が少ないため、大学進学者は大船渡市を出ることが多い。

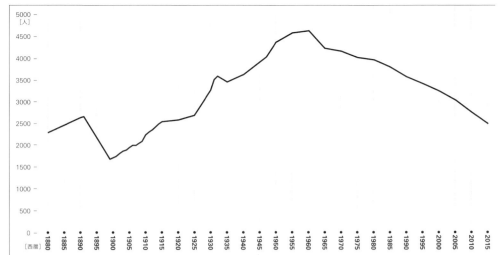

図4 綾里の人口の変化 *9（作成：辻本侑生）

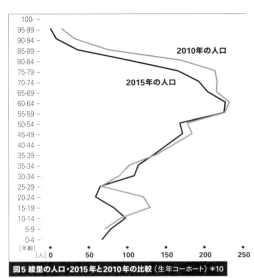

図5 綾里の人口・2015年と2010年の比較（生年コーホート）*10

り、綾里地区公民館がそれらを束ねるかたちで住民自治の単位をつくっている。

彼らはどのような生業に就いているのだろうか。江戸時代から明治にかけては非常に貧しい村であったことが知られている*8。かつての生業は林業やそれを燃料とする製塩業であり、農業も自給の範囲を出ていなかった。大工職人として生計を立てる家も少なくなく、綾里は「気仙大工」と呼ばれる有名な大工集団の主要な輩出地の一つであった。

しかし、第二次世界大戦後に漁業が発達し、豊かな村へと変化していった。漁業には沖釣り、定置網などがあるが、綾里の人たちの生活を安定させ、豊かにしたものはワカメ、ホタテの養殖漁業である。急峻な山から流れ出る水が豊かな海をつくり、海が豊潤なワカメ、ホタテを育てる。綾里漁協を中心としたしっかりとした漁業経営が綾里を豊かにした。

綾里を歩くと、あちらこちらに気仙大工の独特の意匠をまとった大きな住宅を目にすることができる。これは漁業で稼いだお金が住宅に注ぎ込まれたものであり、漁業が安定した昭和の後半から平成にかけて建てられたものがほとんどである。気仙大工と漁業という、綾里の二つの生業がつくりだした風景である。

なお、道路や鉄道が発達し、自動車で30分、あるいは三陸鉄道で10分程度の大船渡の市街地に働き口を求める人も多く、兼業漁家も少なくない。大船渡の市街地にもそれほど多くの仕事があるわけではないが、道路や鉄道の発達は職業の選択、組み合わせの自由度を増やしてきた。

● 人口の流れ

現在の綾里の人口は約2500人（2015年現在）である（図4）*9。人口は1960年の4631人から減りつづけている。2011（平成23）年の震災の前の5年間、2005年から2010年にかけて約250人減少し、震災を挟んだ2010年から2015年の間も約250人の減少である。このことは、東日本大震災の影響ではなく、もともと人口が減少傾向であったということを示している。

現在の人口は大正時代の人口規模と同等であるが、平均寿命の違いを考えると、その構成は大きく異なる。2015年の人口を年齢別に見ると、60代以上が多く、50代、40代、30代、20代へと減少していく（図5）。一般的な日本の町の場合、団塊ジュニア世代と呼ばれる40代の人口も多いが、綾里の場合は40代が少ない。おそらく綾里に両親が残り、子ども世代が別のまちで暮らしを組み立てていることが多いのであろう。

2015年と2010年の人口のグラフをつくり、生年が合うように重ねてみると（図5）*5、ここ5年の年代別の人口の動きがわかる。二つの線がほぼ重なっている世代は「この5年間で動きのない世代」、2010年の線が2015年の線を上回っている世代は「この5年間で減少した世代」である。こうやって見ると、20代後半から60代にかけては、この5年間で動きがないことがわかる。20代後半で綾里に住む人の顔ぶれが決まり、そこから35年間、同じ顔ぶれで暮らす、ということではないだろうか。この5年間で減少しているのは70歳以上の高齢者と、15歳から24歳までの世代である。高齢者の減少は施設入居や死去に伴うものであり、15歳から24歳までの減少は、進学*11や就職に伴うものであると考えられる。

15歳までの子どもたちの数は1学年あたり20人前後で推移している。かつては子どもたちの人数が多く、綾里生まれの子どもたちの大半は仕事を求めて綾里を離れなくてはならなかった。しかし、漁業と交通の発達によって、2500人の人たちが安定的に食べていける地域がつくりだされている。2015年の20歳から74歳までの人口の合計は1643人であり、単純計算で綾里には1643の座席がある。やがてこの世を去っていく人たちの綾里での座席が空き、そこに新しい人たちが座っていくということを考えると、50代、60代、70代のいずれの世代の座席数も、今の子どもたちの数よりも多い。つまりこのことは、今の子どもたちは、誰も出ていかなくてよい、ということを示している。

3度の大津波

綾里における3度の大津波を見てみよう＊12。図は綾里の港、岩崎、野形、宮野、田浜、石浜があるエリアの3度の大津波による浸水域を示したものである。綾里は典型的なリアス式海岸の地形に立地しており、度々の津波の被害に遭ってきた。明治三陸津波においては、本州で観測された津波では当時最も高い遡上高である海抜38.2m、昭和三陸津波においても海抜28.7mと、常にわが国の津波遡上高の最高を記録してきたことでも知られている。

明治三陸津波、昭和三陸津波はこれらの集落をのみ込んだが、この頃には防潮堤などの津波を防ぐ施設が何も建設されていないことを念頭に置く必要がある。2度の大津波は、なんの構えもない集落に、勢いを相殺されることなくそのまま入り込んだ。しかし、東日本大震災の津波は、港と田浜にすでに高さ(T.P.＊13)7.9mの防潮堤が建設されていたにもかかわらず、それを乗り越えて広い範囲に到達した。明治三陸津波より広いところが浸水しており、東日本大震災がいかに巨大であったのかがわかる。

なお、綾里には明治三陸津波時に白浜側より浸水した津波が、図6で示す港集落より浸水した津波とぶつかった、という伝承があり、その場所は道合、あるいは水合（どちらもミチアイ）と呼ばれて現存しているが、図6や現地の地形から判断するに、巨大な波がその場所で波頭を立ててぶつかったというようなものではなく、数センチメートル程度の浸水が触れ合った程度のものではないかと考えられる。

図6には昭和三陸津波の後に建設された3か所の集団移転地である復興地が示してあるが、港、岩崎の復興地の中心を通る道路と、昭和三陸津波の浸水線が重なっている。これは、昭和三陸津波で浸水しなかった高さに合わせて山の斜面を削り、削った土を地盤の高さが同じになるように、道路の反対側に盛土したからである。東日本大震災の浸水線を見ると、見事に浸水が復興地の外側で止まっていることがわかる。

3度の大津波を比較すると、被害ははっきりと逓減している。東日本大震災では183戸の住宅が失われ、7つの漁港が破壊されたものの、人的被害は少なくなっている。明治三陸津波は夜の20時、昭和三陸津波は深夜の2時、東日本大震災は昼間の15時と、発生時刻の影響はもちろん大きいが、明治三陸津波の死者は1269名、昭和三陸津波の死者は181名、東日本大震災の綾里での死者は27名＊14である。つまり、3度にわたって大津波の被害を受ける中で、死者数を確実に一桁ずつ減少させてきたのである。

とはいえ、地区内で亡くなってしまった方々がおり、人的な被害をどうゼロにするか、という課題は未来に持ち越されたといえる。

なぜこのように被害が逓減したのだろうか。天災と人災、周期と直線、村の仕組みといった考え方を踏まえて、おおまかな仮説だけを整理しておこう。

浸水域の形をみても、発生時刻をみても、天災の形が異なっていたことは違いないだろう。それを受けてたつ村の仕組みを見ると、空間の仕組みとしては防潮堤が整備されていたこと、そして昭和の復興地がほぼ安全に機能したことが挙げられる。防潮堤があった港と田浜では、津波がそこを乗り越えるまでの間、避難のための時間を稼ぐことができたし、日中ということもあって避難行動は迅速に行われた。被害にあった低地には昭和三陸津波の後に再び住宅が集積していたが、明治や昭和の時代に比べると、一つ一つの住宅に住み暮らしている人数は少なかった。漁業も格段に合理化されており、自動車交通の発達により、仕事場である海の近くに住宅を建てる必要がなかった。そのことにより綾里の居住区域が薄く広まり、被害の逓減につながったのであろう。

＊12 ● なお、1965（昭和30）年5月22日に発生したチリ地震よる津波は、日本沿岸にも到達し大船渡市にも大きな被害を与えたが、綾里には被害はなかった。湾口の地形が影響していると考えられる。このため、綾里で「大津波」というと、明治、昭和、東日本の3度の津波を指すことが多い。

＊13 ● T.P.とは東京湾の平均海面を基準（標高0m）とする標高である。

＊14 ● そのなかには、綾里に住民登録があるものの越喜来で大きな被害を受けた老人福祉施設「さんりくの園」の入居者が含まれている。

図6 綾里の3度の大津波

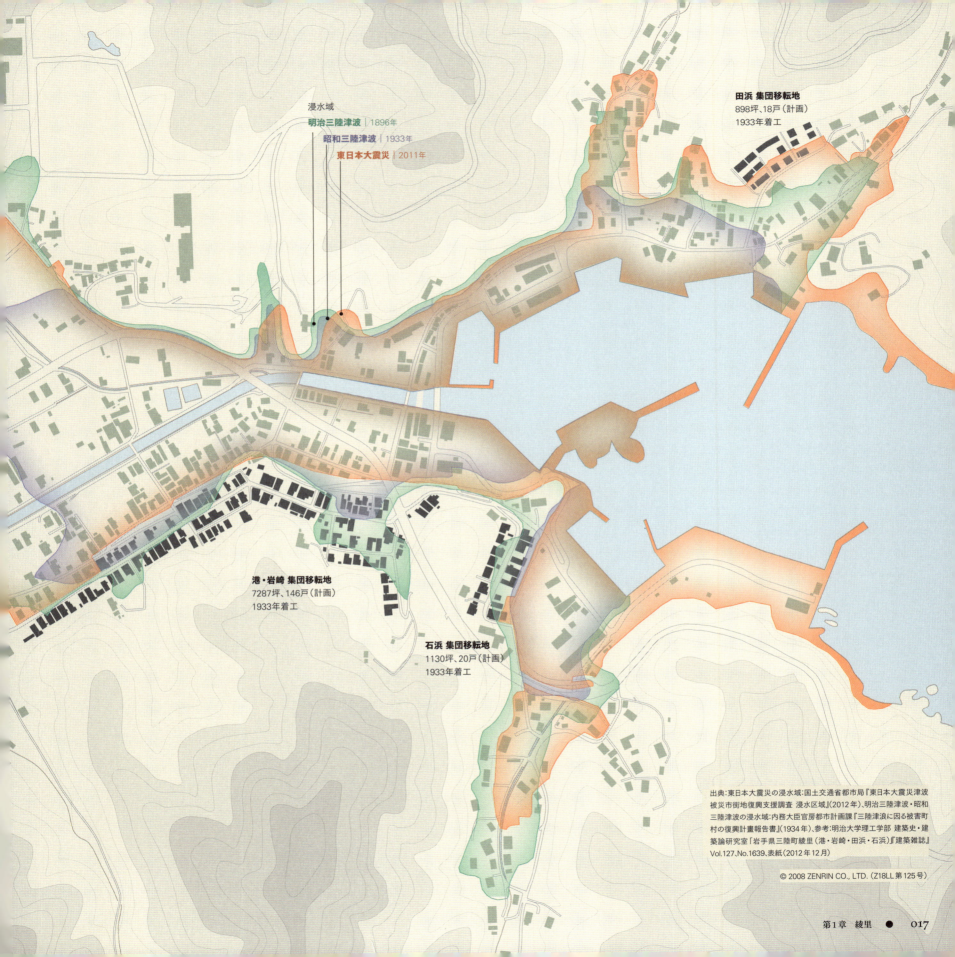

綾里の昭和

● 津波のあいだの空間

昭和三陸津波の後の時間を振り返っておこう。昭和10年代は第二次世界大戦の時期であった。昭和20年代は戦災からの復興、昭和30年代から昭和40年代にかけて高度経済成長があり、昭和50年代はオイルショック後の低成長時代、昭和60年代はバブル経済の時代であった。平成に入るとバブル経済崩壊の余波で「失われた10年」と呼ばれる長い不景気が続き、平成10年以降はリーマン・ショックなどの世界的な景気の波に左右される時代だった。

昭和10年代に生まれた人は、子どもの頃に戦争があり、その後の復興と高度経済成長を自身の成長と合わせて実感したはずである。昭和30年代に生まれた人は戦争を知らず、働き盛りのときにバブルの好景気を実感したはずである。平成に生まれた人は好景気や経済成長を実感したことがないはずである。世代によって経験したものは異なり、そのことはそれぞれの世代に異なる「社会の見方」を与える。

世代によって津波に対する意識も異なるのだろう。昭和10年代に生まれた人は子どものころに繰り返し聞かされた物語として、昭和30年代に生まれた人は時折思い出したように語られる物語として、平成に生まれた人は教科書で勉強する歴史として津波を意識していたことだろう。

長い時間の中で移ろいやすい意識に比べると、空間は人々の津波に対する動きを気づかないほどささやかに、そして確実に規定する。この80年間を通じて、綾里では人的被害を減らす空間がつくられてきた。もちろん、3度の津波は異なるものであり、震源地との距離、海の状態、そして発生時刻、当日の避難行動や救助活動によって、人

的被害の様相は異なる。被害を減らすことにおいて空間の役割はすべてではないが、無視できるものでもない。津波のあいだの地域の空間形成の歴史を振り返りながら、それがどのように人的被害の減少につながるのかを考えていきたい。

● 昭和三陸津波の前

1932（昭和7）年の綾里村の人口は3595人であった。明治三陸津波前の村の人口は2653人であり、津波によって1269人が亡くなって半減したものの、昭和三陸津波前の人口はすでに明治三陸津波前の人口を凌駕していた。昭和三陸津波の前にどのように3595人が暮らす空間があったのだろうか。

1913（大正2）年の地形図*15を見てみよう（図7）。1896（明治29）年の明治三陸津波から20年近くがたち、建物がひととおり建ち上がった時期であると考えられる。地形図では住宅の位置や密度が正確に示されないが、地形、道路、集落、公共施設などをみることで、村の大きな構成を理解していこう。

このころに大船渡の方面から陸路で綾里に入るには海沿いに小路を通ってくる「浜街道」とよばれるルートと、「九十九曲峠」とよばれる綾里峠を越えて野形から入ってくる山側のルートの2つがあった*16。どちらも地図上では「聯路」と定義された道幅3m未満の、等高線に沿ってくねくねと曲がる道であり、人馬が使う道路であったと考えられる。綾里に入ってもこの聯路のネットワークに張りつく形で家並みがつくられており、集落同士が聯路で結びついている。

この頃の村の中心は役場と郵便局がある港集落近辺であろう。少し離れた内陸寄りの現在と変わらない位置に綾里小学校もある。

住宅地を見ると、明治三陸津波で被害に遭ったものの、すべての集落で被害のあった低地への住宅の立地が再び進んだこと、その一方で、宮野や岩崎の一部で聯路から離れた高地に立地があることがわかる。

ここを昭和三陸津波が襲うことになる。津波

	日本	綾里
1931	満州事変	五年祭始まる
1933	昭和三陸津波	
1936	2・26事件	
1937	日中戦争	
1945	第二次世界大戦が終わる	
1946	日本国憲法が公布	
1947		綾里中学校創立
1948		綾里農協設立
1949	湯川秀樹がノーベル賞受賞	綾里漁協本組合設立
1950	朝鮮戦争始まる	
1951	サンフランシスコ平和条約	
1953	テレビ放送開始	
1956	経済白書〝もはや戦後ではない〟	綾里村が合併で三陸村に
1959	皇太子ご成婚	
1960	チリ地震津波	
1961	ケネディ大統領就任	養殖わかめの初出荷
1962	キューバ危機	三陸村役場が完成
1963	ケネディ暗殺	防潮堤完成
1964	東京オリンピック	
1966	ザ・ビートルズ来日	
1967		町制施行、三陸町へ
1968	小笠原諸島が日本に復帰	
1969	公害病が問題化	
1970	日本万国博覧会	綾里駅開業
1971	沖縄返還協定調印	
1972	浅間山荘人質事件	
1973	第1次石油ショック	綾里漁港完成
1974		農協が三陸町農協に統合
1975	ベトナム戦争終わる	
1976	ロッキード事件	
1977	日航機ハイジャック事件	
1978	第2次石油ショック	
1980	イラン・イラク戦争	
1983	東京ディズニーランド開園	
1984	グリコ・森永事件	
1985		小石浜駅開業
1986	ソ連・チェルノブイリ原発事故	
1988		清水合足トンネル開通
1989	平成元年	
1990	ドイツ再統一	
1991	バブル崩壊	防潮堤のかさ上げ完成
1992	東京佐川急便事件	
1993	Jリーグが開幕する	
1994	松本サリン事件	
1995	阪神・淡路大震災	
1996	携帯電話がガラパゴス化する	動く権現様がつくられる
1997	京都議定書	
1998	長野オリンピックが開催	綾里バイパス完成
1999	ITバブル	
2000	三宅島が噴火	
2001	iPodが発売	三陸町が合併により大船渡市へ
2002	日韓開催FIFAワールドカップ	
2003	イラク戦争	
2004	新潟県中越地震	
2005	郵政民営化	
2006	ライブドア・ショック	
2007	世界金融危機	
2008	四川大地震	
2009	オバマがアメリカ大統領となる	
2010	小惑星探査機「はやぶさ」が帰還	
2011	東日本大震災	

表1 津波のあいだのできごと

*15 ● 大日本帝国陸地測量部により発行された、1913（大正2）年測図、1916（大正5）年5月30日発行の地形図である。

*16 ● 海路で綾里に入る手段も確立されるころであり、綾里丸と呼ばれる船が1918（大正7）年より運行を開始していた。綾里丸については本章p.68にも詳しい。

*17 ●『三陸のむかしがたり』は三陸町老人クラブ連合会で1979年から2001年まで年に一度刊行されていた冊子である。そこでは老人クラブのメンバーが、地域の伝承や歴史を活字に残している。

*18 ● 山田兼右衛門氏は、綾里村役場、綾里産業組合等に勤務した綾里・野形の人物で、『三陸のむかしがたり』に多くの記録を書き残している。「綾里見取図 昭和8年津波時の家の配置」は、『三陸のむかしがたり』第18集（1997年7月）に掲載されたものである。

*19 ● 大日本帝国陸地測量部により発行された、1913（大正3）年測昭和八年修正、1936（昭和11）年1月30日発行の地形図である。

は1933年3月3日に発生した。地形図では住宅の戸数が正確にわからないが、『三陸のむかしがたり』*17に掲載された山田兼右衛門氏*18による「綾里見取図 昭和8年津波時の家の配置」（図8）を見ると、港・岩崎の低地のエリアには100軒程度の家が建ち並んでいたようだ。これらの家が流失し、そこから78年にわたる、綾里の再形成がスタートすることになる。

● 復興地の建設

2012年に私たちが綾里に初めて入った頃、地域の人たちは異口同音に筆者らに教えてくれた。「綾里にはフッコウチがあったから、被害が少なかったんだよ」。「フッコウチ」が「復興地」であることを理解するのに時間はかからなかった。昭和三陸津波の後に人工的につくられた集団的な高台移転地である。

1933（昭和8）年の地図*19を見てみよう（図9）。この年の3月に昭和三陸津波が襲来したわけだが、地図では低地の建物が消滅し、復興地がまだ建設されていないため、昭和津波の直後の状態であると考えられる。道路を見ると、石浜、港、田浜の聯路がなくなり、新たに幅員3m以上の「町村道」と定義される道路がつくられはじめていることがわかる。石浜の南の浜からジグザクに入ってきているこの道は、大船渡からやってくる聯路を拡幅したものではなく、海から資材などを運び込みながらつくられた新設の道路であったと考

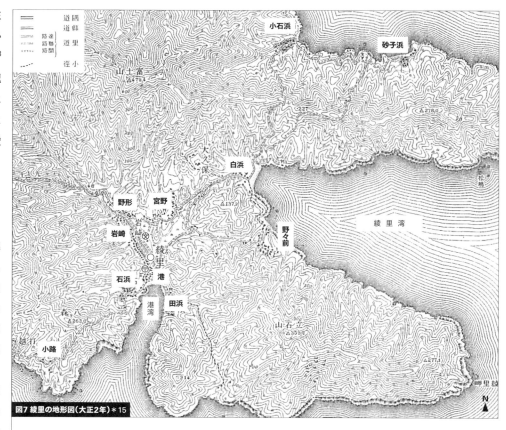

図7 綾里の地形図（大正2年）*15

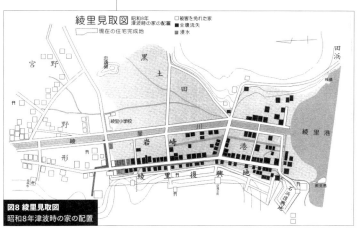

図8 綾里見取図
昭和8年津波時の家の配置

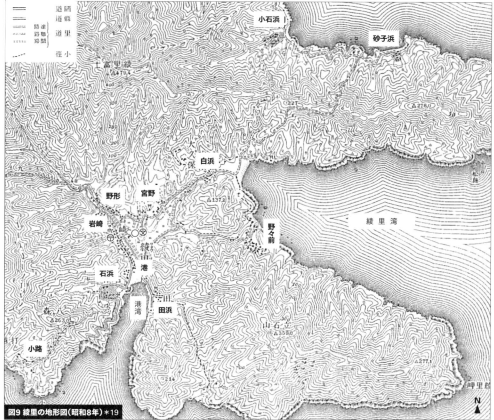

図9 綾里の地形図（昭和8年）*19

第1章 綾里 ● 019

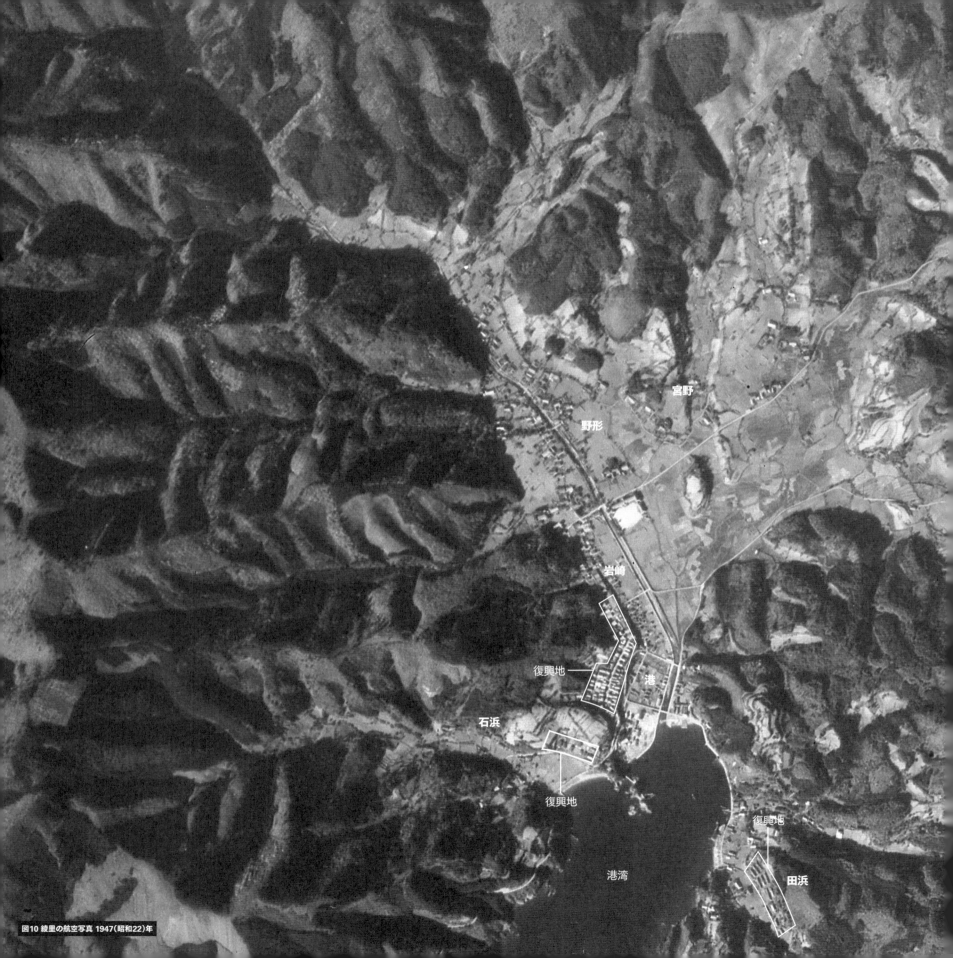

図10 綾里の航空写真 1947（昭和22）年

図11 港・岩崎復興地の家並み（撮影：饗庭伸／2012年）

*18 ● 米軍により1947（昭和22）年11月1日に撮影された航空写真であり、国土地理院のウェブサイトで公開されている。

えられる。この道路が村の骨格を再編成していくことになる。

次に津波から14年が経った1947（昭和22）年の航空写真[20]を見てみよう（図10）。はっきりと「復興地」の形が見える。綾里では港・岩崎、田浜、石浜、白浜の4か所の復興地が建設された。最も大きなものは港・岩崎の復興地である。もともとあった聯路を中心道路としてその西側の斜面を削り、東側に盛土することでつくりだされた海抜12〜14mの高台である。聯路は復興地整備に伴って拡幅され、県道として村の骨格道路となっていく。

同じように村の骨格道路をつくりだすのが石浜の復興地である。津波で流された低地のエリアをぐるりと囲むようにして道路をつくり、その北側の斜面を削って高台の土地がつくりだされている。

田浜と白浜の復興地は、先の二つの復興地とは異なり、道路ネットワークの末端に形成される。白浜の復興地は中心道路の両側に家並みが形成されたが、田浜の復興地は斜面地にひな壇状に形成され、細い通路を通じて各戸にアクセスするかたちをとる。

昭和三陸津波の後にこの復興地ができるまでのあいだ、人々はまず低地にバラックを形成した。そして復興地の完成に伴って、上下の2か所に拠点をおいた状態ですまいを形成していく。復興地の建設の詳細は第2章で詳細に述べることとしたい。

東日本大震災における綾里の人的被害が少なかった理由としてまず挙げられるのがこの「復興地」の存在である。それぞれの復興地の高さまで東日本大震災の津波はほとんど上ってこなかったし、港の復興地は津波の方向と並行していたため、低地からの避難が容易であった。低地にいた人たちは、すぐ横の復興地の階段や道路を駆け上るだけで数秒で安全な土地にたどり着くことができたのである。

しかし、これだけでは綾里の安全性を説明することはできない。復興地は昭和津波前の村のサイズ、3595人を前提としてつくられたものであり、その後の人口増加や世帯分離を見越したものではないからだ。人口はその後1960（昭和35）年の4631人まで増えることになる。すでに述べたとおり、復興地と低地で二つのすまいが形成されたので、増加した人口や世帯は、ある程度はその2か所のすまいのどちらかに吸収されたものと考えられるが、人口や世帯はそれを上回って増え、時代が下るにつれて住宅に求められる広さや性能も変化していく。津波のあいだのうちに復興地と低地から溢れる人口が村の中のどこに行ったのか、それは安全性を高める方向に行ったのか、低める方向に行ったのか、利便性を高める方向に行ったのか、低める方向に行ったのか、細かく見ていくことにしたい。

無意識の高台移転

● 利便性と安全性の変化

1997（平成9）年の航空写真を見て、64年間で村がどう形成されたのかを見てみよう（図12）。復興地が埋まったことはもちろんだが、低いところにも高いところにも村が広がっていることがわかる。

すでに見た1947年のものと、この1997年のものに加えて、綾里には1966（昭和41）年、1977（昭和52）年、2006年（平成18）年の計5時点の航空写真が残されている。このうち1947年のものは不鮮明であるため、4時点と、東日本大震災後の2015年（平成27）年の航空写真に写っている建物[20]の位置を分析して、村の安全性と利便性の変化を見てみよう。航空写真をトレースして建物の外形を地理情報システムに入力し、建物の地盤の標高と、それぞれの漁港からの距離[21]を求めた。

まず建物の平均標高を見てみよう（図13）。1966年の全建物の平均標高は22.0mである。1977年には21.9mとほとんど変化がないが、1997年には22.5mへと変化している。震災後の2015年には26.9mと大きく変化している。漁港からの平均距離を見ると（図13）、1966年には670.4mであるが、1977年には674.1m、1997年には714.9m、震災後の2015年には816.3mへと変化している。高さは安全性を、漁港からの距離は利便性を象徴するとすれば、漁港からは離れて利便性を下げつつも、高いところに上がって安全性を向上させる動きがあったことがわかる。

東日本大震災の影響はもちろん大きいが、震災前より安全性が高まり、利便性が低下する方向で建物の立地が変化している。ひとつひとつの建物の立地の変化を図14に示す。1966年から97年にかけて綾里全体の建物数は1.59倍に増えており（図17）、建物を新築しながら[22]安全性を高めてきた。また、集落ごとに見ると、宮野集落の建物数の増加が突出しており、標高の高い宮野集落への建物の立地が綾里全体の安全性を向上させてきたことがわかる。

では、この安全性は何に影響されてつくられてきたのだろうか。

東日本大震災から1年半がたった頃、綾里で防潮堤について議論をしているときに、筆者はおそるおそる聞いてみた。「防潮堤の高さが高くなることによって海が見えなくなって困らないのですか」「海から離れることになって不便ではないのですか」。ちょうどほかのまちでは、途方もない高さの防潮堤ができることで大きな論争が始まっていたころである。

それに対する綾里の人たちの回答はあっさりしたものだった。「いや、アレがあるから大丈夫だよ」と示した先にあったのは、彼らが乗りつけてきた白い軽トラックであった。軽トラは漁師たちにとって画期的な発明品であった。小さな荷台には漁業の道具を積み込むことができる。小さな車体は漁村の細く曲がりくねった道をすいすいと抜けていくことができる。昔は漁業の道具を海まで運ぶのに一苦労だったが、今は軽トラの荷台に載せればすぐに運ぶことができる。漁家を訪ねるとそこにはたいてい、よそ行きの乗用車とげた代わりの軽トラがある。それは漁が始まる早朝から日が落ちる夕方まで、村の中を甲高いエンジン音をたてて動き回っている。

こうした交通の発達と防潮堤の建設が、綾里の人たちが高台に移転するときの心理的なバリアを下げてきたのかもしれない。そこで道路網と鉄道と防潮堤がどのように形成されたのかを詳細に見ていこう。

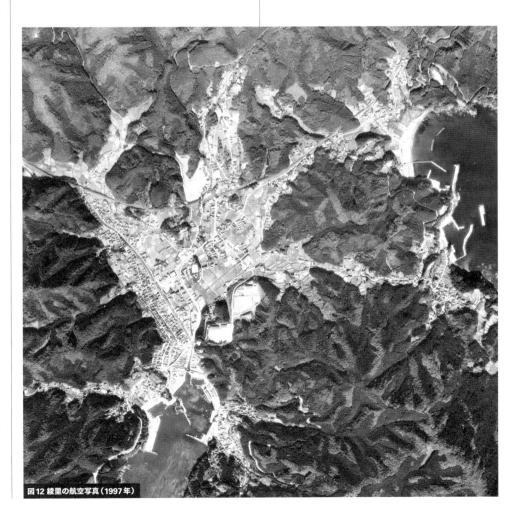

図12 綾里の航空写真（1997年）

---

[20] 航空写真からは建物の用途が判別できないため、漁業のための小屋など居住していない建物も含んで分析した。また、道端のお堂や物置小屋のようなものも含まれてしまうため、すべての建物のうち、30m²未満のものは除外した。

[21] それぞれの集落の漁港からの直線距離を算出した。なお、漁港を持たない岩崎、野形、宮野は港集落の漁港からの距離を算出した。

[22] 逆に古い建物を取り壊さず、低未利用の状態であったことも考えられる。

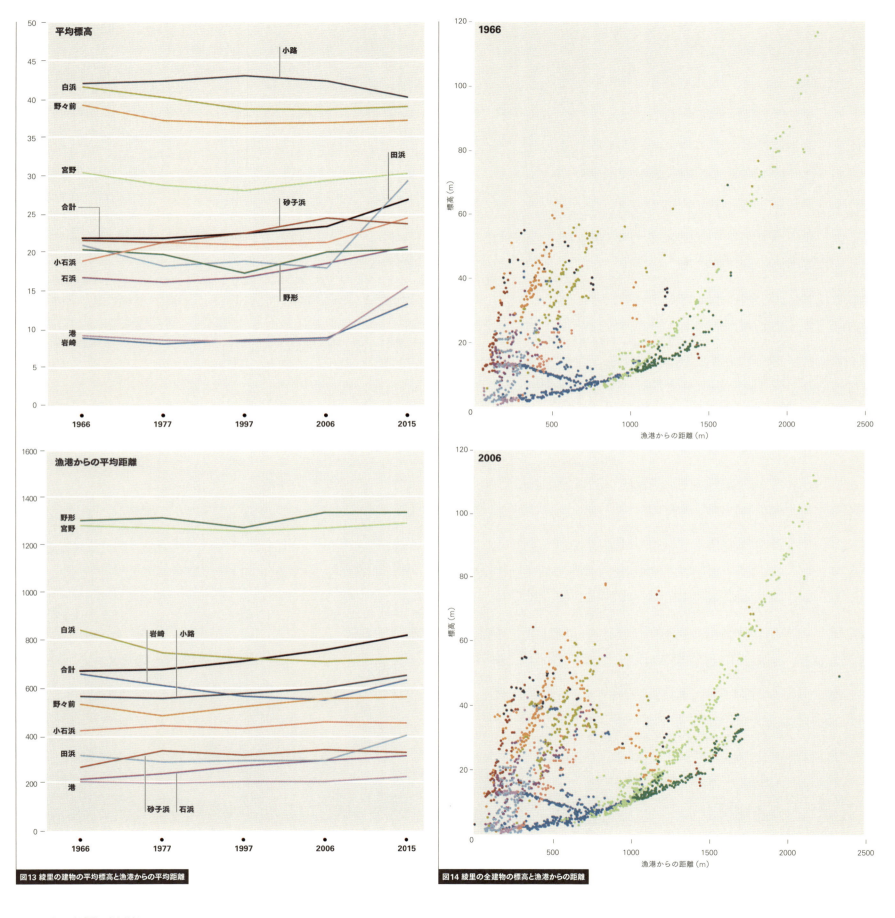

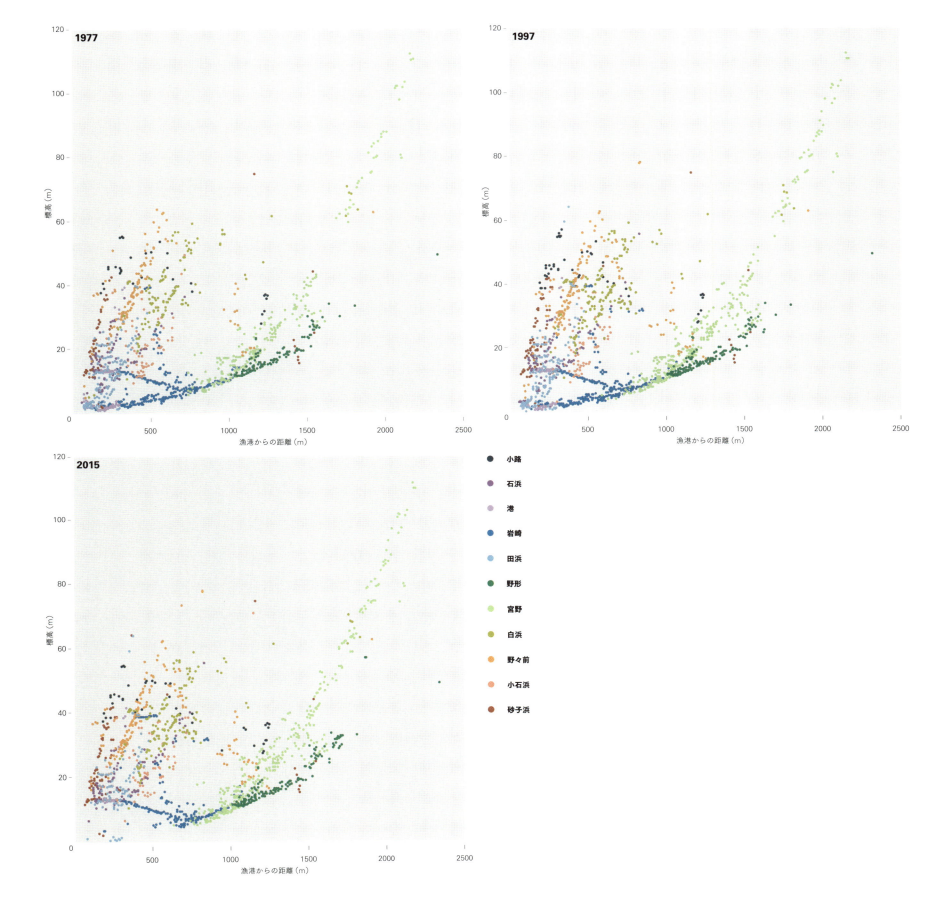

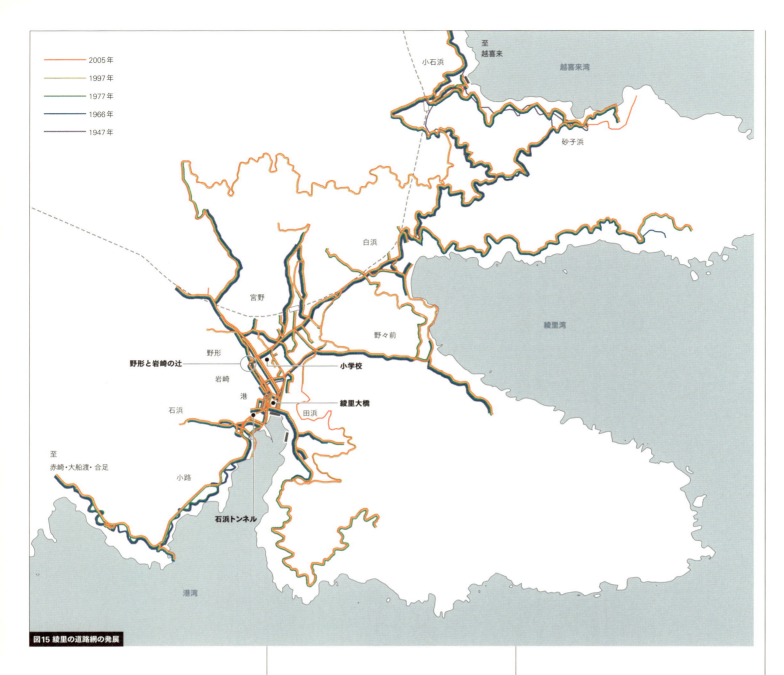

図15 綾里の道路網の発展

● 道路網の形成

図15に1947年からの道路網の形成を示す。道路網は、すでに述べたとおり大正時代の歩行系の道路網が昭和の津波後の復興地の形成と合わせて再編成される。これを1度目の再編成と呼ぶとすれば、それはさらにより広幅員の道路網へとさらに再編成されていく。この2度目の再編成は、2車線を持つ広幅員の道路が大船渡から赤崎、合足を経由して海を伝うように徐々に整備され、石浜トンネルを越え、綾里大橋を経由して港・岩崎をバイパスし、2017年の「恋し浜トンネル」をもって完成したものである。この道路によって、大船渡市内から綾里までは自動車で30分とかからなくなったし、港から小石浜までの時間も大幅に短縮された。圧倒的な利便性をもたらしたのである。

この2度目の再編成は、ある時期に描かれた都市計画のような大きなマスタープランに基づいたわけではなく、議論と調整の積み上げで決定されている。かつて綾里には「地域振興協議会」という組織があった。漁協の組合長が代表を務め、議員や地域の代表が名前を連ねるというものであり、道路整備や漁港整備など、ハード面の整備についての地域の要望をとりまとめ、市、県、国などに要望、陳情していく組織である。要望は常に優先順位をつけてリスト化され、ことあるごとに書き換えられ、実現されるとリストから1つずつ消されていく。この「リスト」が道路も含む地区の空間整備の実質的なマスタープランであり、地域振

＊23 ● 砂子浜は綾里の起源となったところである。3つの湾のうち、越喜来湾は波が穏やかであり、海上交通の拠点は最初、砂子浜にひらかれた。綾里はそこから内陸部の奥へと展開していき、現在の中心地である港や岩崎は当初は砂子浜からみた最奥部であった。この構造が陸路の発展で反転することになる。砂子浜の詳細は第2章に詳しい。

＊24 ● 当初は日本国有鉄道盛線の終点駅として開業した。

＊25 ● 益谷秀次（1888年〜1973年）は石川県出身で衆議院議員などを歴任した。

＊26 ● 菊池弘『三陸鉄道物語──風雪の鉄路・百年の悲願』（サンケイ新聞盛岡支局、1983年）より

興協議会での検討、市や県への陳情と調整、市や県の内部検討、といった調整と交渉がその内容を決めていた。

道路のルートについても地域振興協議会では様々な議論があったそうだ。大船渡から綾里に至るまでの道筋も、現在のような海沿いの道筋ではなく、山沿いの道筋をなぞるようにトンネルで結ぶ、という考え方を唱える人もいた。こうした様々な議論と調整の結果が現在の道路網の姿であるが、そこからどういう考え方が読み取れるのだろうか。

道路網が完成するにつれて、それ以前の道路は役割を失っていき、大正時代の聯路は今ではその痕跡すら見つけることができない。しかし1度目の再編成から2度目の再編成まで、うつろった道路網を重ね合わせてみると、道路の再編成の中で変わらなかった点が見えてくる。それは、図中に示した野形と岩崎の辻である。昭和の津波でも流されることがなかった綾里小学校の裏手にある辻であり、大正時代には綾里に海沿いでやってくる道筋と山越えでやってくる道筋の交点となったところである。

この定点を中心に、まず1度目の再編成を見てみよう。港の復興地の中心を通る県道は、海の近くからこの辻に向けて、山際を真っすぐに抜ける形でつくられている。そして辻で90度に曲がった県道は、今度は小学校の裏を真っすぐに通り、白浜まで抜けている。この辻を起点にした90度の道路が全体の道路網の要となり再編成が行われていく。

綾里は3つの湾に面しており、それぞれに面する集落に陸路で到達するには、海沿いを延々とたどるか、二つの山を越えるというルートしかない。これらの集落を一体感をもってどうつないでいくか、相互の往来にかかる時間をどれほど短縮するかが村の積年の課題であったことは想像に難くなく、港や岩崎から白浜、白浜から小石浜、そして隣の越喜来へのルートを探る中で、この野形と岩崎の辻から小石浜に至るまでの2つの山を越えるという道路を強化する、ということが選択されたのであろう。

この道路の強化は、結果的には宮野の利便性を向上させることになる。1977年の道路網にあらわれているように、そこから枝のように道路が宮野の高地に向けて張られ、すまいはそこに移転し、結果的には安全な集落が形成されていくのである。このことが津波のあいだに綾里の安全性が向上した一つの要因である。また一方でこのことは、この道路から外れた田浜、野々前、砂子浜の人口増、世帯増を抑制することにつながる。特に砂子浜は海上交通時代には地域の中心であったが、海から陸へと交通が移り変わるなかで、要所から外れていくことになった＊23。

次は2度目の再編成を見て行こう。大船渡の中心地からの道路の2度目の再編成は1990年代ごろで、この再編成も綾里内をどうつなぐかという大きな目的を有したものだった。しかし、その目的を重視したために、最初の再編成でつくられた道路網の構造を大きく変えてしまう。石浜におけるルートは石浜集落の復興地を通ることなく、その上空に橋をかけてバイパスするかたちでつくられる。そして港・岩崎におけるルートは、それまでのルートをバイパスし、港の入り口から宮野の入り口までを斜めにカットするかたちでつくられる。新たに「綾里大橋」と呼ばれる自動車道路がつくられ、地区の骨格となる道路が再び低いところを通ることになってしまう。この計画に際して津波の危険性がどの程度認識されていたのかは不明であるが、昭和の復興地の建設に伴って高地を通るようになった骨格的な道路が、約50年後に再び低いところに下ろされたことになる。

2度目の再編成の住宅への影響を見てみると、バイパス沿道の農地が宅地として使われるようになり、そこにもすまいが形成されることになる。そしてそこは東日本大震災の被害に遭うことになる。一方でバイパスは大船渡との利便性をさらに高めたので、宮野の利便性をさらに高め、低いところから宮野への個別の高台移転についても確実に背中を押していった。

この2度目の再編成は恋し浜トンネルの整備をもって完了する。整備は震災後の2017年であるが、実施は震災前に決定していた。トンネ

ル建設の決定をもって地域振興協議会は解散するが、会のスタイルや人的なつながりは、かたちを変えて2011年の「綾里地区復興委員会」に引き継がれていくことになる。

● 鉄道の形成

道路と並ぶ綾里の主要な交通インフラである、第三セクターの三陸鉄道についても見ておきたい。

綾里に三陸鉄道が開通するのは1970年＊24のことであるが、そもそも三陸鉄道は綾里を通らず、現在の三陸自動車道路のように盛から越喜来に直接抜けるルートが検討されていた。しかし、鉄道のルートが最終的に決定される土壇場の1964（昭和39）年に、その当時、全国鉄道新線建設促進審議会会長であった益谷秀次＊25が綾里を視察に訪れ、そこでの地域住民の熱烈な陳情に感銘を受け、益谷の鶴の一声で綾里回りのルートが決定された。本来は直線的に盛と越喜来を結ぶはずだった三陸鉄道は、赤崎から長いトンネルを抜けるルートで敷設されることとなった＊26。綾里駅の開業は1970（昭和45）年、小石浜（2009年に恋し浜駅に変更）駅の開業は1985（昭和60）年である。

綾里に至るまでのルートの設定、駅の位置の選定は、もともと綾里を通らない計画ルートを変更したという経緯に起因しており、そこで津波の安全性が考慮されたとは考えにくいが、結果的に綾里の安全性の向上に寄与することになる。一般的に鉄道は多くの場合は海沿いや河川沿いの低地を縫うように敷設される。そもそもそういったところに居住地が多く形成されていることもあるが、トンネルの建設費用を抑えるためという理由もある。三陸鉄道はリアス式海岸という特異な地形を結ぶものであり、海沿いを走る個所もあれば、小さな半島のつけ根をバイパスするように山中を抜ける個所もある。そして綾里の場合は、ルートを変更したという経緯もあって山中をトンネルで抜けるルートが選択された。そしてそのことが結果的に綾里の駅舎が内陸の高所、バイパス道路よりも高いところにできるということにつ

第1章 綾里 ● 027

ながったのである。のちにつくられる小石浜駅の駅舎も同様に、小石浜集落の最上部に建設されている。

三陸鉄道の綾里駅から大船渡の中心部への盛駅までわずか11分であり、三陸鉄道は綾里の利便性を劇的に変化させた。それは駅周辺の土地の利便性を高めることにつながった。つまり益谷の鶴の一声によって、三陸鉄道のルートが変わり、駅が高所につくられ、それはやはり低いところから宮野への個別の高台移転を後押しすることになったのである。

なお、綾里の子どもたちは地震が発生した際に「駅に逃げるように」と教えられていたそうだ。東日本大震災の津波の直後に綾里中学の生徒たちと連絡が取れず、一時は全員が行方不明との報も流れたそうだが、全員が綾里駅にきちんと避難していた。地域の象徴的な建物が高台にあり、そこにシンプルな原理で避難することができた、という好例である。益谷が綾里駅を決定したという功績をたたえて、彼が訪れたという綾里の展勝地[*27]では益谷を記念して植樹された桜の木が大事に育てられているが、47年後のこのエピソードも益谷の功績であるといえるだろう。

● **防潮堤の建設**

次に防潮堤の建設を見ていこう。防潮堤は漁港とすまいを隔てるようにつくられた。2度にわたって整備され、最初の5.3m(T.P.)は1960〜63年にかけて、そして1979〜91年には最初の堤にかぶせるようにして7.9m(T.P.)の高さまで整備が行われている。綾里漁港の東日本大震災の津波の高さは14.2mであったので、防潮堤は破られることになるが、水位が7.9mを超えるまでのあいだ、ミシミシと音を立てながら、少しの時間稼ぎには成功したそうだ。しかしすべての漁港で防潮堤がつくられていたわけではなく、綾里漁港について見ると港と田浜には防潮堤があり、石浜には防潮堤がなかった。

防潮堤の向こう側の漁港がどのように整備されたのかを整理しておこう。第二次世界大戦

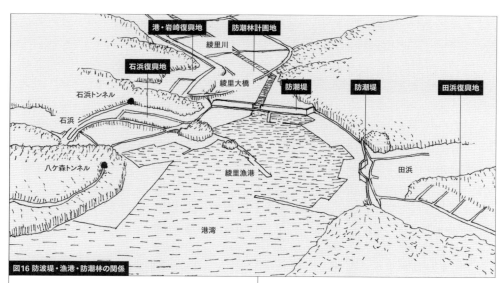

図16 防波堤・漁港・防潮林の関係

前の漁港は木製のはしけしかない簡素なものだったそうだが、戦後になってからの半世紀の間、漁港整備計画を中心として何次かにわたって漁港が整備されていった[*28]。整備の動機となったのは「漁業の生産性の向上」であるが、具体的には船を安定的に係留しておく機能の強化である。漁港が整備されるまでは船を一つ一つ陸に引き上げておかなければならなかったし、海がしけるときには船が流失したり、ぶつかり合って壊れないように対策を講じないといけなかった。そのために、係留するところをしっかりとつくる、湾内の波と水流をできるだけ穏やかなものにする、といった対策が考えられ、それが漁港の度重なる拡張と、湾の中の防波・消波の施設整備につながっていった。

なお、かつては製材所が漁港にあり、林業と漁業は並列的であった。おそらく水運を通じて木材を運搬していたからだと考えられるが、林業の衰退とともに漁港は漁業に特化していくことになる。

漁業の場所とすまいの場所は、徐々に切り離されていく。筆者が出会った東日本大震災後の綾里の人たちは、たとえ漁師であっても、海のそばに住むことをほとんど重視しなかった。津波ですまいを流された人に話を聞いてみても、そもそも漁業に関することの多くは港の近くの作業小屋でなされており、自宅に作業の場所を持っている人は少なく、すまいと生業の分離は早い時期からなされていた。綾里の漁業は昭和の後半から平成にかけて漁協の主導によって急速に成長、安定していくが、その陰にはおそらくすまいと仕事場の分離があったのではないだろうか。

そしてすまいと生業の場所を視覚的にも、空間的にも、心理的にも切り離していったのが防潮堤の建設であった。当初筆者は、防潮堤が漁港の整備と連動して行われてきたものだ、と勘違いをしていた。漁港も防潮堤も、どちらもコンクリートの巨大な構造物であり、見た目が一つの土木構造物に見えたからである。しかし実際は漁港と防潮堤は切り離されて別個のものとして建設が進められてきた。建設を推進したのは県や市であり、漁業の側から「防潮堤をつくってほしい」「こういう高さにしてほしい」「こういう配置にしてほしい」と要望を出したことはないそうだ。建設にあたっては、県や市が決めたことが漁協や各集落会に事前に相談され、最小限の説明と調整が行われた上で、ほぼそのままつくられていったということであった。

では何が防潮堤の高さ、配置を決定していたのだろうか。これについては十分な記録がなく正確にたどることは難しいが、防潮堤が防ぐべき災害として当初に意識されていたのは、昭和三陸津波のような大災害ではなく、大しけや台風による高波であったようだ。最初の防潮堤整備は、1960(昭和35)年のチリ津波の後であり、「防

*27 ● 綾里の展勝地は小石浜と砂子浜の間にある。

*28 ● 漁港整備の歴史については『海に生きるもの 綾里漁協創立50周年記念誌』(綾里漁業協同組合、1999年)を参照した。

潮堤の基本の高さを決定したのはチリ津波の高さである」という説明を記憶している地域の人もいた。しかし、チリ津波は大船渡の市街地に大きな被害をもたらしたものの、綾里はほぼ被害はなかった。当時はシミュレーションに合わせて湾ごとに防潮堤の必要高さを決めるという技術はなかったので、防潮堤の高さそのものはなんらかの基準で一律的に決められ、そのときにチリ津波の高さが決め手になったのではないかとは考えられるが、こと綾里においては津波ではなく、大しけや台風による浸水の被害を軽減するものと説明され、人々もそれで納得したのではないかと考えられる。その後のかさ上げの際には昭和三陸津波の高さも参考にされたのではないか、とする地域の人もいる。しかしいずれにせよ、津波がそれほど意識されていなかったこと、さらに言えば防潮堤そのものについて、綾里の中で大きな議論があったことすらなく、人々の認識は「いつの間にかできていた」「いつの間にか高くなった」というようなものであった。

● **防潮林の計画**

防潮林について、経緯だけをまとめておこう。綾里の何人かの古老は「子供のころに防潮林があった」という話をしてくれた。それは昭和三陸津波後のわずかな時期に出現したが、やがてあっさりと伐採され、戦後生まれの人にはそれを覚えている人はほとんどいない。したがって、防潮林が物理的な地域の安全性も、心理的な地域の安全性を高めたわけではない。

1934（昭和9）年に農林省山林局が刊行した『三陸地方防潮林造成調査報告書』という報告書がある。これは昭和三陸津波後に岩手県から宮城県に至るまでの沿岸部に防潮林を造成することを目的として作成されたもので、現地調査、適地の選定、計画の立案までを行っている。綾里では白浜、港、石浜が調査の対象となっている。計画に対して港と白浜は整備を希望し、石浜は希望したが集落からの希望は少ないとの記録がある。それらを踏まえて図18に示すような計画が示されている。これらが実現したのかどうかは定かではないが、巻末に岩手県では防潮林造成のための苗圃費に1163円の予算がついたことが記されているので、いくらかの事業が行われた可能性はある。少なくとも港については古老たちの話と場所が一致していることもあり、現実にここに防潮林をつくろうという動きがあり、何かはなされたのであろう。しかしこれらは長期的にみて、村の安全性を高めることには至らなかったようだ。

● **住宅地の動き**

ここまで、道路網と鉄道、漁港と防潮堤がつくられていった経緯をまとめてきた。これらの要素に引っ張られるようにして23ページで示した住宅地の利便性と安全性は変化していった。

それぞれの集落の建物数は、1966年から1997年まで増加している（図17）。しかし2006年になると小路、港、岩崎、石浜、白浜で建物が減少している。これらは世帯数の減少と昭和三陸津波の復興で建てられた建物の老朽化によるものと考えられる。他の集落は2006年まで増加の傾向が続くが、特に増加が著しいのが宮野であり、1966年の建物数は、2006年には2.8倍に増加した。宮野と連担する港、岩崎の低地からの移転も少なくなかったと考えられる。

低地へ方向を引っ張った大きな要素はバイパスの建設であり、綾里の中で店舗を経営しようとした家族が店舗付き住宅を建てて利便性の高いバイパス沿いに移転していく。このころには防潮堤は建設されていたので、無意識のうちに津波に対する安心感が形成されていた可能性はある。

野形と宮野の関係は不思議である。一見すると条件があまり変わらないように見えるが、野形集落へ移る人は相対的に少なく、宮野集落の斜面地は徐々に宅地化していく。その理由について何人かの人に聞いてみたが、みな「移転するなら宮野に移転する」と当たり前のように答える。しかし、その理由についてはみな首を傾げる。地域に独特の方位観のようなものが影響したのかもしれないし、野形にはたまたま土地を売ってくれる地主が少なかったのかもしれない。野形の谷に挟まれた河川沿いの、すこしじめじめした土地が嫌われ、宮野の南側斜面の地形が好まれたのかもしれない。いずれにせよ、津波のあいだの長い時間の中で人々は、ゆっくりと、しかし確実に宮野集落に上がっていったのである。

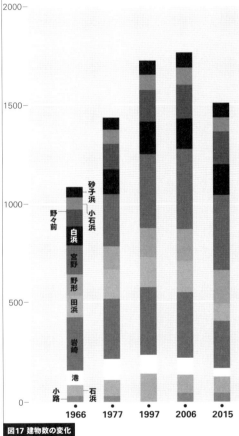

図17 建物数の変化

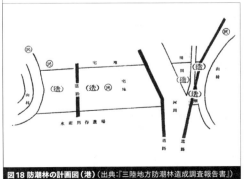

図18 防潮林の計画図（港）（出典：『三陸地方防潮林造成調査報告書』）

津波前夜の綾里

● 前夜の風景

昭和三陸津波から78年で道路や鉄道は完成を迎えていた。漁港は高度化し、防潮堤も建設されていた。住宅は標高の低いところから高いところへとじわじわと上がり続けていた。すべての集落で人口が減りつつあったが、それはとりたてて不幸ではなく、若い人が仕事を求めて都会に出ていってしまう、というどこにでもある地方の問題であった。ここを2011年3月11日に東日本大震災の津波が襲うことになる。津波の前夜の綾里はどのような風景だったのだろうか。

当時の綾里の風景はその成り立ちから大きく4つに区分できる。1つはこれまで一度も津波の被害にあったことのない古い家並み、2つめは上へ上へと形成されていった自力の高所移転の家並み、3つめは復興地の家並み、そして復興地の下の低地に形成された家並みである。

1つめの家並みは農村集落や漁村集落の構成から発達したものである。宅地の大きさや方位に統一感がない家並みであるが、地形に合わせて建物が配置され、暮らしと生業のなかで使い込まれた空間が広がっていた。

2つめの家並みは自動車の利用を前提とした大きな宅地が比較的多い。宮野は南側斜面にあり、斜面を台座のように切って宅地をつくり、宅地の南側に庭をつくり、北側に大きな住宅を建てている。宅地と宅地の間隔も空いており、ゆったりとした家並みであった。

3つめの復興地の家並みは、1935（昭和10）年以降につくられたニュータウンなのであるが、規則正しく並んだ狭い区画に住宅が押し込まれた家並みは、まるで江戸時代から続く宿場町のような景観であった。同じ復興地でも港、田浜、石浜、白浜の4つの復興地の家並みは異なっていた。港にはかつて地区のメインストリートだった県道が中央に走り、往時は商店が立ち並んでいたが、バイパスが完成してから交通量は減り、ひなびた家並みとなっていた。石浜、白浜の復興地は住宅地としての表情が強く出た静かな家並みであった。街村型のほかの復興地と異なり、斜面地に階段状につくられた田浜の復興地は、利便性の悪さから空き家化、空き地化が進んでいた。

これらの3つの家並みは現存しているが、4つめの低地の家並みは東日本大震災で流失してしまったため、それを見ることは永遠にできない。もちろんそれは特別な家並みではなく、現在に残る3つの家並みの要素を少しずつ取り出して混ぜ合わせたような家並みであった。

最後に少しだけ詳しく低地の家並みを見てみよう。住総研村上暁信委員会で作成した、低地の家並みの復元画像を見てみよう（図20）。低地では綾里川に平行するように南北方向に街路が引かれ、街路に対して間口を分割するように東西に細長い矩形の宅地が形成されていた（図19）。狭い低地を分け合って使っているためか宅地の規模は相対的に狭く、そこに伝統的な気仙民家の間取りをもった住宅がつくられていた。平面は東西に長く、南北に短いため、街路に直行するように建物が直交におかれ、それぞれの玄関には街路から細い通路を通らないとたどりつけなかった。宅地が狭いため、それぞれの外構はどうしても「住宅以外の余った土地」になり、あまり緑がなかった。車庫にしたり、人工芝や砂利、コンクリートを敷いた住宅も少なくなく、庭をつくり込んだ住宅はあまりなかった。建物は時折建て替わり、新旧の建物が混在した家並みがそこに広がっていた。

住んでいる人たちはお互いに親しく、それぞれの家に上がり込んだり、道端で話し込んだりして、濃密な空間がそこにはあった。2011年3月11日の夕方、この家並みが津波にのみ込まれた。

● 津波のあいだを描く

ここから先の本書は、津波のあいだを詳しく描き出していく。第2章と第3章では、津波のあいだに綾里の中でつくられた村の仕組みを空間と地域社会に分けて詳しく見ていく。第2章では近世の砂子浜集落から始まり、そこから地域の空間がどのように形成されていったのかを詳しく見ていく。第3章では、地域社会の組織、祭礼、生業の仕組みがどのようにつくられ、変化していったのかを詳しく見ていきたい。

第4章、第5章、第6章は、東日本大震災のあとのことを詳しくみていく。第4章は津波から綾里の人々がどう避難し、どのように避難生活を送ったのか、第5章は綾里の人々がどのように復興を進めたのか、そして第6章は来るべき次の災害に向けて、どのような継承の取り組みが行われたのかをまとめる。昭和から平成にかけての「津波のあいだ」でつくられた村の仕組みを明らかにするのが第1・2・3章だとすれば、その仕組みがどのように働いたのか、そして次なる「津波のあいだ」に向けてどのように仕組みが変わろうとしているのかを明らかにするのが第4・5・6章である。

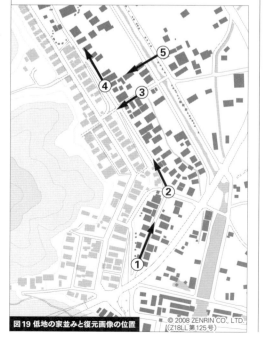

図19 低地の家並みと復元画像の位置

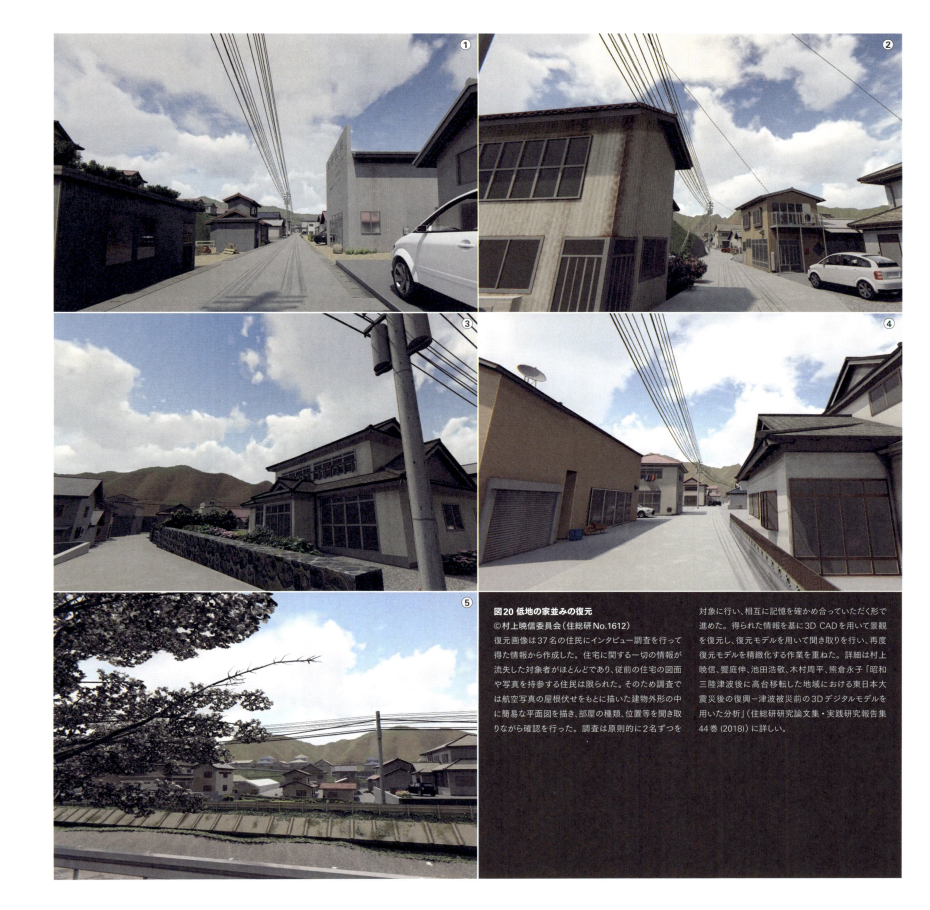

図20 低地の家並みの復元
©村上暁信委員会（住総研No.1612）
復元画像は37名の住民にインタビュー調査を行って得た情報から作成した。住宅に関する一切の情報が流失した対象者がほとんどであり、従前の住宅の図面や写真を持参する住民は限られた。そのため調査では航空写真の屋根伏せをもとに描いた建物外形の中に簡易な平面図を描き、部屋の種類、位置等を聞き取りながら確認を行った。調査は原則的に2名ずつを対象に行い、相互に記憶を確かめ合っていただく形で進めた。得られた情報を基に3D CADを用いて景観を復元し、復元モデルを用いて聞き取りを行い、再度復元モデルを精緻化する作業を重ねた。詳細は村上暁信、饗庭伸、池田浩敬、木村周平、熊倉永子「昭和三陸津波後に高台移転した地域における東日本大震災後の復興－津波被災前の3Dデジタルモデルを用いた分析」（住総研研究論文集・実践研究報告集44巻 (2018)）に詳しい。

集落移動のために現れたもう一つの景観は、
移動地の新しい集団密居集落と、湾頭旧集落位置に、
漁業関係の非住組合事務所や、納屋、工場、仮住居等の二つが、
対の集落をなしているのがみられることである。
新移入者の居住や、原地復帰者、移動集落からの分家等が次第に増せば、
二つの親村と子村のような関係がみられる。
この湾頭を退避した高地の移動集落と、
湾頭の災害地の復興集落の二重集落景観は、
津波常習地の三陸海岸における集落分布の一異彩を呈している。

――― 山口弥一郎「津波常習地三陸海岸地域の集落移動」
『山口弥一郎選集 第6巻―日本の固有生活を求めて』世界文庫、1972年

2016年3月16日／岩手県大船渡市三陸町綾里白浜

第 2 章 空 間

江戸から明治までの集落と津波

本章の役割は、津波×空間の視座から綾里の歴史を描くことにある。もっとも第1章ですでに明治から現在までのその見取り図の概略は示されている。ここではいったん近世にさかのぼって明治期までを概観した後、昭和三陸津波(1933年)後の復興に特に焦点をしぼってくわしく跡づけていこう。昭和三陸津波後の復興は、第一に高所移転によって現在の綾里地区の空間を強く規定することになり、また第二にこの高所移転を含む国家的災害復興政策の枠組みの検証と、別の方向の模索が今日的課題だからである。そのため本章では復興にかかわる政策・制度と実際の集落の動きとに特に注目しよう。

では、さっそく近世初頭から始めよう。舞台は旧気仙郡綾里村の北端に位置する砂子浜という集落である。

● 草創期から近世前半の砂子浜

越喜来湾に北面する砂子浜は、中世末に入植した土豪的な侍層と従属農民からなる小さな集落であった(図1)。この砂子浜が綾里で最も古い集落であるとは必ずしもいえないが、最も古い記録や伝承が残ることは疑いない。この集落を軸に、綾里村の近世史に何らかの見通しを与えておこう。また、明治三陸津波(1896年)後の復興の基本的な特徴を描いておこう。これらを踏まえることで、のちの昭和三陸津波後の復興の歴史性、ひとことでいえば近代性がはっきりしてくるだろう。

さて、三陸沿岸を襲った近世の大きな津波としては、17世紀初頭の慶長三陸津波(1611年)がよく知られ[1]、伊達領だけで死者5000の記録もある。死者2万以上を出したのちの明治三陸津波に匹敵、もしくはそれをしのぐ津波の高さであったともいわれる。この津波に、スペインの冒険家セバスチャン・ビスカイノ(Sebastián Vizcaíno, 1548-1624)は「東北沿岸を航行中に海上で遭遇し、浜々の大半の家が流された」と書きとめている。そのとき彼が越喜来湾上にいたことが知られているから、壊滅的な被害に遭った砂子浜の小集落をビスカイノが目にした可能性もあるだろう。

先に述べた中世末の入植者とは「スナゴハマオオヤ(砂子浜大家)」の屋号で知られる千田家のことである(図2・5)。19世紀中頃に『千田家系譜』[2]が作成されはじめるが、草分けから4世まで、すなわちおおむね17世紀の当主たちの事績はほとんどわからないようであり、したがって慶長三陸津波のことを映し出す離合や死別などの出来事も見いだせない。つづく5世仁兵衛(生年不明、1756年没)は、元禄年間に京都の東本願寺に依頼した阿弥陀像を自ら持ち帰り、これを安置する持仏堂(お御堂、図3・4)を創建した人物であり、彼が千田家の実質的な基礎をつくったとみられる。おそらく延宝の津波(1677年)は彼が生まれた頃であり、寛延の津波(1751年)は彼の晩年に起きている。

お御堂建立のことなどからして、この頃までに千田家は現在と同じ浜から屹立する崖上の平地に屋敷を構えていたと推測できる。だが、十数戸の百姓たちは今とはまるで違う粗末な家々に暮らしたのではなかったか。津波の規模は小さくても脅威であったろう。

● 綾里が全国とつながる

7世儀右衛門(1720-1774)は漁業経営で成功し[3]、千田家の「中興の祖」的な人物とみなされてきたらしい。この頃の漁業は、近在のイワシやカツオを集め、気仙商人を介して銚子の問屋に送るものだった。銚子からはむろん大運河で江戸につながっていた。いわゆる「関東登せ」であ

図1 砂子浜 (撮影:米野雅之/2017年)

[1] 慶長三陸津波を記録した資料には、伊達政宗の語った津波経験を徳川家康の近臣が記した『駿府記』ならびにビスカイノの報告書、江戸滞在中の公家の日記などがあるという。渡邊偉夫「ビスカイノが見た1661年慶長三陸津波の実態」(『歴史地震』第11号、歴史地震研究会、1995年)、同「三陸津波に来襲した貞観津波と慶長津波に関する疑問の資料(記述)」(『津波工学研究報告』第16号、東北大学工学部災害制御研究センター、1999年)。同「ビスカイノが見た慶長(1611)三陸大津波」(『月刊海洋』号外 No. 28 津波研究の最前線II──過去の津浪の事例研究、総論、海洋出版、2002年)。

[2] 筆者らは現千田家・当主、千田基久兵衛さんの協力を得て、『千田家系譜草稿』を参照させていただいた。記載によれば10代義方(義三、1820年生まれ、1881年隠居)が作成に着手した。

[3] 砂子浜大家(千田家)の商人資本化とその特質については、細井計「近世の三陸漁村にみられる商人資本の前貸支配について」(『東北の考古・歴史論集』平重道先生還暦記念会、1974年)を参照。

＊4●稲葉美代子「仙台領気仙郡綾里砂子浜の五十集商人千田家の研究」（前掲『東北の考古・歴史論集』）を参照。

り、その中心は「干鰯」と呼ばれる、イワシを干して固めた肥料であった。18世紀は全国的に増大した人口を支えるために新田開発と技術革新による増産が精力的に進められた時代だが、そのなかで自給肥料から購入肥料への転換が急ピッチで進んだのである。この漁業経営の成功は8世仁兵衛（1754-1833）の代にも続き、土蔵を建てるなど屋敷を整えたほか、天明の大飢饉（1782-88）のときに寄付をしたり、お御堂の建て替えをしたりして信心深さを示している。全国的な流通網につながることで千田家が大きな財を成したことがうかがえる。

諸種の断片的事実からの推測にとどまるが、この8世のときに千田家はその独特の墓地の形式を整えたと考えられる（図6）。海岸線に直交して山の斜面を昇る一本の軸線上に、前後二つ、いずれもほぼ正方形の基壇が大ぶりの石を積んでつくられる。前方の基壇の中心に墓石が立てられ、後方の基壇中央には四角い穴が掘られている。穴はこの家だけの火葬場であり、筵をかぶせて寝ずの番をして焼かれたお骨は、前方の基壇の石をずらすと現れる墓石下の空間に納められた。火葬はおそらく熱心な浄土真宗の信仰にかかわるものだろうが、自家でのこうした火葬は現当主の祖母の葬送まで行われたという。なお、先にふれた天明の飢饉の後、寛政年間にも津波が記録されているが（1793年）、その詳細は不明である。

● **綾里全域に商人資本が育つ**

広大な土地を有し、集落に十数戸の人々を従え、漁業経営を基盤として廻船業に進出していく千田家であったが、19世紀に入ると砂子浜大家だけが突出する状態ではなくなっていった。千田家の後を追う有力商人は、幕末には旧綾里村内に四十数名を数えるまでになっていたという＊4。この数字は地域全体の経済開発の加速度的な進展を思わせる。港・田浜・石浜といった複数の漁村を擁し、背後には岩崎・野形・宮野といった農村地帯も控える港湾の近世史について知れる

図2 戦前のスナゴハマオオヤ全景
1938年頃撮影。集落斜面から眼下の浜と越喜来湾をのぞむ。中央の大屋根が主屋。その手前のスレート屋根がお御堂。集落内には杉皮葺きの石置き屋根がみえる。（提供：千田甚久兵衛氏）

図3 現在のスナゴハマオオヤの屋敷
右が主屋、その奥に見えるのが土蔵。左手がお御堂（持仏堂）。（撮影：青井哲人／2016年9月）

図4 スナゴハマオオヤのお御堂
現在の建物は、8世二兵衛（1754〜1833）の代に改築され、屋根は1933年の津波前に茅葺きからスレート葺きに改めている。（撮影：青井哲人／2016年9月）

第2章 空間　●　035

図5 スナゴハマオオヤ（千田家）の屋敷構え（作図：青井哲人）
中世末の入植以来、砂子浜の集落はこの千田家を中心に営まれてきた。かつては他の家々が下方に並んでいた時代もあったかもしれないが、今日では、千田家が海に面して先頭に立つように見える（図1参照）。屋敷は、気仙民家としても大型の主屋、阿弥陀像をまつるお御堂（持仏堂）、膨大な文書を収蔵する土蔵で構成される。三棟で囲まれた南の庭に面して、主屋の中央に立方体のように見える部屋が「オカミ」（p.050参照）であり、これが集落社会に向いている。オカミのちょうど裏手の北側には、ふつうなら奥向きの「カッテ」と呼ばれる部屋があるが、この家では代々の当主はここにいて家族や配下の者たちを指揮したという。ふたつの顔をもつ屋敷構えというべきか。

*5 ● 安田容子「1793寛政三陸地震津波と1856安政三陸（八戸沖）地震津波の仙台藩を中心とした地域における被害」（『歴史地震』第29号、2014年、pp.153–162）を参照。

*6 ● 山口弥一郎『津浪と村』恒春閣書房、1943年、同復刻、山口弥一郎著、石井正己・川島秀一編『津浪と村』三弥井書店、2011年

ことは多くないが、それまで盛（大船渡市中心部）ばかりに娘を嫁がせていた砂子浜の千田家が、10世儀三（1824-明治初期）の代には綾里村内の港集落に娘三人を嫁がせ、千田家の「別家」としている。信頼できる男性と娘を結婚させて本家を支える家を創設するのが別家である。有力な家の別家もまた力を持つので、四十数名の有力商人のなかにはそれら別家も含まれただろうが、それ以外にも多数の商人が土地所有を基盤として頭角を現してきた。港湾の経済力向上がうかがえる。田浜の天照御祖神社が村社に選ばれるのも19世紀前半（1832年）のことという。

安政といえば黒船来航の時期だが、そのころ安政八戸沖地震（1856年）*5があり、津波被害は南部藩だけで流家93、潰家100、破損238軒と決して小さくはなかった。波高は、綾里で5〜10尺（1.5〜3.0 m程度）と推定されている。木造家屋は浸水すると思いのほか容易に浮力に持ち上げられ、波高2 m程度でも家屋が流されることがある。なお、この津波との関係はないように思われるが、幕末に漁業経営から廻船業に進出した綾里村の富豪たちは海難事故などを契機に事業に失敗するケースが多く、この頃から彼らの村政への進出が目立ちはじめることも指摘されている。明治以降、おそらく第二次世界大戦後まで、村長・議長・学校長・郵便局長や漁業組合長などの要職の多くは、彼らが地方名士として担うことになる。

こうしたさまざまな面から、〝19世紀の綾里〟がその後の村の基礎となったであろうことが推察される。気仙大工の手になる地主階層の豪壮な民家が各集落で突出するようになるのも、この頃のことではないだろうか。その差異は、その後、とりわけ戦後の1960年代から90年代にほとんど見えにくくなっていったのではないかと思われる。

● 明治三陸津波と綾里

1896年6月15日、三陸沖約200kmを震源とする巨大地震が津波を引き起こした。この明治三陸津波の死者・行方不明者は約2万2000人におよび、流出・全壊家屋数は1万2000に近かった。綾里村でも人口2251人に対して1269人の命が失われている。総人口は丘の集落（内陸の農村）を含むから、実質的には浜の集落（漁村）は全滅に近かったとみてよかろう。おそらくはこれと匹敵する規模であった慶長三陸津波（1611年）から、285年がたっていた。

明治津波後の村々の動きについては、地理学者の山口弥一郎（1902-2000）が昭和三陸津波後の1935年からの継続的な調査のなかで、数少ない生き残りの古老から詳細に聞き取っている*6。それは実に多岐にわたる知見を与えてくれるが、集落再建の実相をひと言でいうなら、それは全滅もしくは継承者を失ったイエ（すなわち漁業権）が、親類や縁者によって埋め戻される事態にほかならなかった。浜はほとんど人口の総入れ替えに近かったと推測され、村の再生を指揮したのは、やはり地主層の名士たちだった。津波で後継者を失ったイエの継承についても彼らが差配したようで、たとえば全滅のイエに縁故のある娘を入れて庇護し、数年後に婿を取らせる。彼ら有力者層のイエと自身の集落の経済とが一体的であった近世的な体質はまだ色濃く残っていただろう。であれば、彼らが自己所有地たる山の

図6 スナゴハマオオヤ（千田家）の墓

斜面を造成して集落を移そうとした数少ない試みも、第一義的には家産の保全であったとみなせるし、仮にムラの人々が個別に高所へ家を移すにしても、彼ら地主層から土地を入手する必要があっただろう。

もちろん、港湾のような複合的な地域となれば話はそう簡単ではない。複数の集落があり、港・岩崎は道に沿って家々が櫛比するなかに商店や旅館などが交じる街村状の町場をなしていた（在郷町）。港の漁家などは地主層の家産的な隷属階級という立場にとどまってはいなかっただろう。だが一般に、この頃の三陸の浜々には、まだ彼ら地主＝漁業経営者＝商人＝名士の存在感の強さを残す集落もあった。綾里ではないが、山口弥一郎は昭和津波の頃になっても旧来の土地・人民支配が続いていた集落の例を報告している。綾里では、少なくとも砂子浜は当時まだ集落も山も浜もほぼすべての土地が千田家のものであり、当主を「旦那さま」と呼ぶ習わしのあった集落住民たちは、千田家が所有する船や耕作地、山林の労働者だったのである（この関係は戦後に解消されていく）。

そして、明治津波のときはまだ、政府の姿はかすむほど遠くにあったことを指摘しておかなければならない。復旧・復興に直接に介入した形跡もないし、指針を示すことさえなかった。もっとも、皇室や政府財源から「小屋掛料」や「義援金」が分配されており、少なくとも近代皇室が救済者として辺境的な村々にも姿を（実際の姿ではないにせよ）現したことには明治という時代の画期的意義があるかもしれない。近世には藩主が担っていた役割が皇室と中央政府に移ったのである。また当時の庶民層にとってそれら救済は小さからぬ額であったらしく、義援金で家屋を再建した者も多いと山口は書いている。当時はまだ、やはり荒屋に近い家々が多かったのだろうか。先述のように地主層の主導で集落を高所へ移す試みもなかったわけではないが、頓挫した例も多く、綾里では成果らしい成果はみられない。集落の空間は、おおむね近世の状態を再現したと考えてよかろう。

「復興地」はどうして生まれたか

● 国家の変貌と
　昭和三陸津波からの復興

昭和三陸津波後の被災集落の復興は、明治三陸津波の復興とはずいぶんと様相の異なるものであった。それは国家官僚が介入し、公的資金が投入され、標準化された様々な事業の束から被災集落が必要なものを選択し実施するというように、官僚的な体系へと一変していた。復興による空間的な改造も強力に推し進められた。何がそのような変貌をもたらしたのだろうか。

昭和三陸津波発生前夜の三陸沿岸地域は、極度に疲弊していた。1929年の世界恐慌やそれに続く濱口雄幸内閣のデフレ政策などにより慢性的な不況に陥っていた。さらに東北地方では1931年に発生した大規模な冷害も重く暗い影を落とした。農家の負債は増大し、娘の身売りや欠食児童などが社会問題化し、各地で小作争議が多発した。

負債の軽減や抜本的な農山漁村への対策などを求める農村団体らによる声が大きくなるなか、1932年の第63回臨時帝国議会にて斎藤実内閣が打ち出した対策の一つが「農山漁村経済更生運動」[*7]である。それは農山漁村に、おのおのが経済的な事業共同体としてみずからを運営するよう促す政策であり、その担い手として「産業組合」[*8]の組織化が推進された。産業組合は1900年の産業組合法にさかのぼり、官僚時代の柳田國男がその普及に全国を回ったことも知られるとおりだが、1932年に経済共同体としての諸機能が大幅に強化された。さて経済更生運動は、具体的には農林省（現・農林水産省）の「農山漁村経済更生計画樹立方針」にのっとり、各府県に設置された経済更生委員会がサポートするかたちで、各町村の経済更生委員会が事業計画を樹てるのだが、そこには農業や漁業に関連する購入・販売、施設利用、金融などの共同化にかかわる事業と収支計画が並べられた。それら組合の事業に、国の資金が導入されたのである。昭和恐慌下の村々に、こうして国の指導と資金の流れが浸透する。この政策を主導したのは、内務官僚の後藤文夫、農林官僚の石黒忠篤や小平権一などいわゆる「新官僚」と呼ばれる国家官僚であった。

そして、昭和三陸津波後の復興と農山漁村経済更生運動は、「自力更生」をキーワードとする自律的な産業共同体志向、その主体としての産業組合の政策的位置づけなど、類似点が多い。実際、産業組合の4つの事業（信用事業・購買事業・販売事業・利用事業）を活用することで、津波災害からの復興を、集落の生活改善や金融改善を含め、「新漁村」への刷新の機会としてとらえていたことを示す資料（図7）も残されている。つまり、昭和三陸津波後の復興は、発災前年より開始された農山漁村経済更生運動の適用であった。災害はいつも社会不安の原因であり、同時に社会再編のチャンスでもある。そこに更生運動の道具立てが投入された。昭和三陸津波の復興を主導したのも、前述の新官僚か、彼らの流れをくむ官僚であったろう[*9]。

明治から昭和へ。津波災害復興の変貌をもたらしたのは、近代化のプロセスのなかで、官僚機構が社会全体の合理的・計画的運営を志す段階に至った国家のかたちであったといえるだろう。恐慌から戦争へ向かうなかでの国家主義的かつ革新主義的な統制国家の出現は、ドイツやイタリアの全体主義、あるいはフランスのディリジスム、アメリカのニューディール政策などとも共通点が多い。東北の一村であった綾里もまた、こうした

*7 ● 第63回臨時帝国議会で打ち出された対策は、短期的・対処療法的なものと、中長期的・抜本的なものの大きく二つに分けられる。農山漁村経済更生運動は、後者のなかでも最も重要な政策である。最終的に同運動が終了する1941年度までに9153町村（当時の市町村数の9割近い自治体に該当）が指定されるなど、大きな広がりを見せた。

*8 ● 資金力に乏しい中小の商工業者や農山漁村民を救済するべく、1900（明治33）年に公布された産業組合法に基づく共同組合。

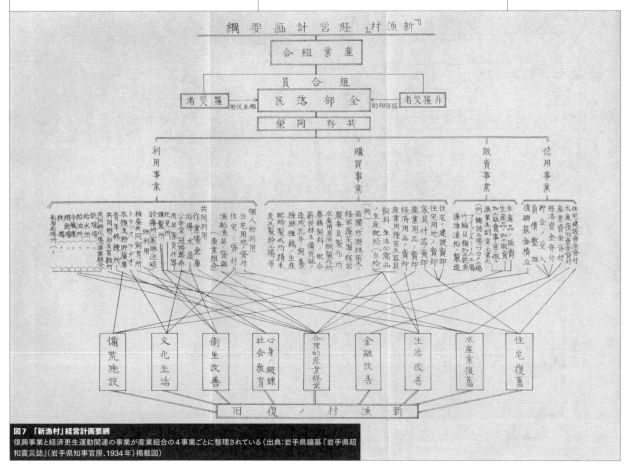

図7 「新漁村」経営計画要綱
復興事業と経済更生運動関連の事業が産業組合の4事業ごとに整理されている（出典：岩手県編纂『岩手県昭和震災誌』（岩手県知事官房、1934年）掲載図）

*9 ● 昭和三陸津波と農山漁村経済更生運動の関係については、青井哲人・岡村健太郎・石榑督和「基盤編成の1930年代──昭和恐慌下の三陸漁村と津波復興」(『近代日本の空間編成史』中川理編、思文閣出版、2017年、pp. 203–245)、森山敦子「昭和三陸津波の罹災地復興と産業組合──農山漁村経済更生運動を中心とした一九三〇年代の社会政策の進展に着目して」(2012年度明治大学修士論文、2012年)などを参照。

*10 ●『三陸津浪に因る被害町村の復興計画報告書』内務大臣官房都市計画課、1934年

世界史的な動向と無縁ではなかったのである。

● **復興地の整備**

具体的にみていこう。昭和三陸津波の発災を受けた政府および被害が大きかった岩手・宮城両県の動きは素早かった(表1)。岩手・宮城の両県知事が、発災わずか9日後に計画案を携えて上京している。また政府は、同月末の帝国議会に提出された翌年度予算案に各種復旧・復興事業費を計上し、これが1933年度一般会計追加予算(震災地救済予算)として可決された。そこでは、被災直後の救援関連費用から、土木関連の復旧工事費、漁業や農業等の産業関連の復旧費、商店の再建費などの膨大な事業が、省庁ごとに束ねられ、積み上げられていた。

ただし、確定した金額は岩手県分が約1206万円(要請額の30.9%)、宮城県分が約279万円(要請額の79.7%)と、いずれも要請額を大きく下回るものだった。これは、被災両県が要請した復旧事業と復興事業のうち、政府が後者の復興事業経費を基本的には認めなかったことに起因するが、政府も復興事業を全く認めなかったわけではなく、「街路復旧事業」および「住宅適地造成事業」の2事業については予算を確保している。前者は、既存の市街地において区画整理や道路の拡張整備などを行う事業、後者は津波による災害リスクの低い高台に新たに居住地を造成する事業であり、復旧事業の範囲を超えた「復興」にあたる。いずれも、被災者の「居住」を確保するための事業であり、例外的に予算計上が認められたのであろう。

そして、「住宅適地造成事業」に関しては、岩手県内38集落において計画が立案され、その多くが実現した。本書でくりかえし説明してきた「復興地」はこうしてつくられた。それが昭和三陸津波の復興でできたものだという認識は、今も決して失われていない。これ以降、その具体的な過程を明らかにしていこう。

● **被災集落における事業の展開**

図8は、「村落復旧配置要図」(以下「配置要図」)と題される。岩手県が架空の村を対象として復興事業の空間的なレイアウトを示したもので、計画を立案する際の、いくぶん理念的なひな形のようなものであったろう。この図からは政策立案者たちの掲げたどんな復興の姿が読み取れるだろうか。

配置要図のなかで最も重要なのは、集落の中央に「組合住宅」や「復興館」などが描かれた個所である。これは直接的には記載されていないが、被災した低地にあった旧集落から住宅および各種共同設備を高台移転させたことを示している。この高台移転は、内務省が所管する前述の「住宅適地造成事業」によるもので、同事業は土地の造成と漁港への連絡道路の整備をカバーした。移転地の選定にあたって、内務省は「1. 海浜に近きこと、2. 既往の津浪に於ける最高浸水線以上に位すること、3. 海を望み見得ること、4. 南面の高地なること、5. 飲料水の取得容易なること」[10]という5つの条件を提示している。配置要図には、過去の津波浸水線などは描かれていないため2については不明だが、1、3、4の条件はいずれも満たしていそうだ。また5については、集落の北西に描かれた貯水池から簡易水道が引かれていることが確認できる。さらに配置要図では、高台移転地が、もともと高台に立地していた旧集落と一体化するよう配置されている点、また隣接する集落との連絡道を確保している点、病院や学校、神社、寺院を避難所としてさらに高台に配置している点などから、集落の空間と社会をひとつの全体として計画しようとする意図がみてとれる。

次に、高台移転地の中に描かれた「組合住宅」に着目してみよう。「組合住宅」は、津波で失われた家を、高台の移転先に再建したものであ

	国の動き	岩手県の動き	宮城県の動き
3月3日	昭和三陸津波発生		
	内務省警保局事務官が飛行機にて被災地視察		
3月5日		復旧部と恒久対策部を分け組織的対応を決定	
3月6日	民政党救済委員会が救済案を作成、政府に実行を請願	復興委員会開催	
3月7日	岩手出身代議士により東京に三陸災害救済会設置の準備会議	復興事務局設置	
		第一回復興委員会開催	
3月8日		県震災復旧復興費内訳を作成、県議会議員との協議会に提出	宮城県水産課による「更生漁村復興図」掲載
3月9日		上記協議会にて震災復旧復興費を決定	
		海村産業組合、復興計画作成	
3月12日		知事上京、三陸災害救済会と会談	知事上京、政府に復興計画の了解と援助を求める
3月13日			知事、石黒農相・潮内務両次官を訪問、政府の援助を懇請
3月14日		両県知事政友会総裁訪問、復興費を臨時議会の追加予算として計上することを懇請	
3月15日		復興原案を政府に提出	
3月16日		東海岸罹災地産業組合救済復興対策協議会を開催	
3月17日			知事上京、復興計画の追加予算の議会提出方実現を要求
3月21-26日		大船渡、釜石、宮古にて沿岸産組復興対策協議会開催	
3月22日	第16回預金部資金運用委員会にて低利融資の仮決議案を可決		
3月24・25日	衆議院、貴族院にて震災地救済予算案可決		
4月6日		復興局を再編、経済更生課の設置	県会臨時会を開催、災害復旧費等の予算を附議し、議案を議決
5月12日	第17回預金部資金運用委員会にて「三陸地方震災復旧資金融通の件」可決		

表1 震災後約1か月間の国、および岩手・宮城県の復興計画に関連する動き
前掲『岩手県昭和震災誌』、および宮城県『宮城県昭和海嘯誌』(宮城県、1935年)、岩手日報、河北新報より作成

第2章 空間 ● 039

る。それらは、農林省が所管する「産業組合住宅復旧事業」によって、大蔵省預金部からの低利資金を県が転貸する方式で建設される仕組みだ。ここでいう「組合」は産業組合のことである。昭和三陸津波後の復興においても、産業組合は農漁業の復興事業の実施主体として機能した。住宅再建においては、建築用材の共同購入（購買事業）や、建設資金の貸し付けと回収（信用事業）を担った。

今度は漁業関連の施設に目を移そう。配置要図の漁港の付近には、「漁業倉庫」、「漁具置場」、「水産倉庫」、「共同製造所」の４つが書き込まれている。「復旧事業」のなかでは農林省所管の項目だ。事業主体は漁業組合で、積極的な共同化の方針がうかがえる。これ以降の

漁業組合は産業組合と同様の機能を備えるように変化して第二次世界大戦後の漁協につながる。そのほか、護岸工事、防浪堤、防潮林などの防災関連の施設も記載されている。さらに、高台移転地内に「育雛所」、および「稚蚕飼育所」がみえる。それぞれ鶏のひな、蚕の幼虫を飼育する施設で、農林省所管の「稚蚕共同飼育所設置事業」などにより整備されるものだ。いずれも収入が安定しない漁業者の副業として想定された。味噌や醤油などを共同で製造する「共同作業所」も目に入る。そのほか、「薪炭林」「果樹園」「桑園」「備荒林」など、副業や支出の削減、備荒などを目的として山林資源の積極的な利用ももくろまれている。これらのすべてが農山漁村経済更生運動に沿うものであることを指摘しておきたい。

最後に「復興館」である。説明には、「修練道場、集会所、託児所、図書館、組合店舗、理髪所、浴場、各種団体事務所に利用する目的で建設」するとある。農山漁村経済更生運動には共同体としての村の自活を教育で支える精神運動的な側面があり、「修練道場」がその中核にあるが、他の施設も含めた「要図」の施設セットは、それ自体が構想された新しい村落共同体の構成を示唆している。

このように、昭和三陸津波後の集落の復興では、公的資金が投入され、農山漁村経済更生の流れを受けた多岐にわたる事業が立案された。それは産業の共同化・合理化、漁村経済の改善、将来の防災、衛生改善、精神作興など、経済共同体としての村落の創出を目指していた。

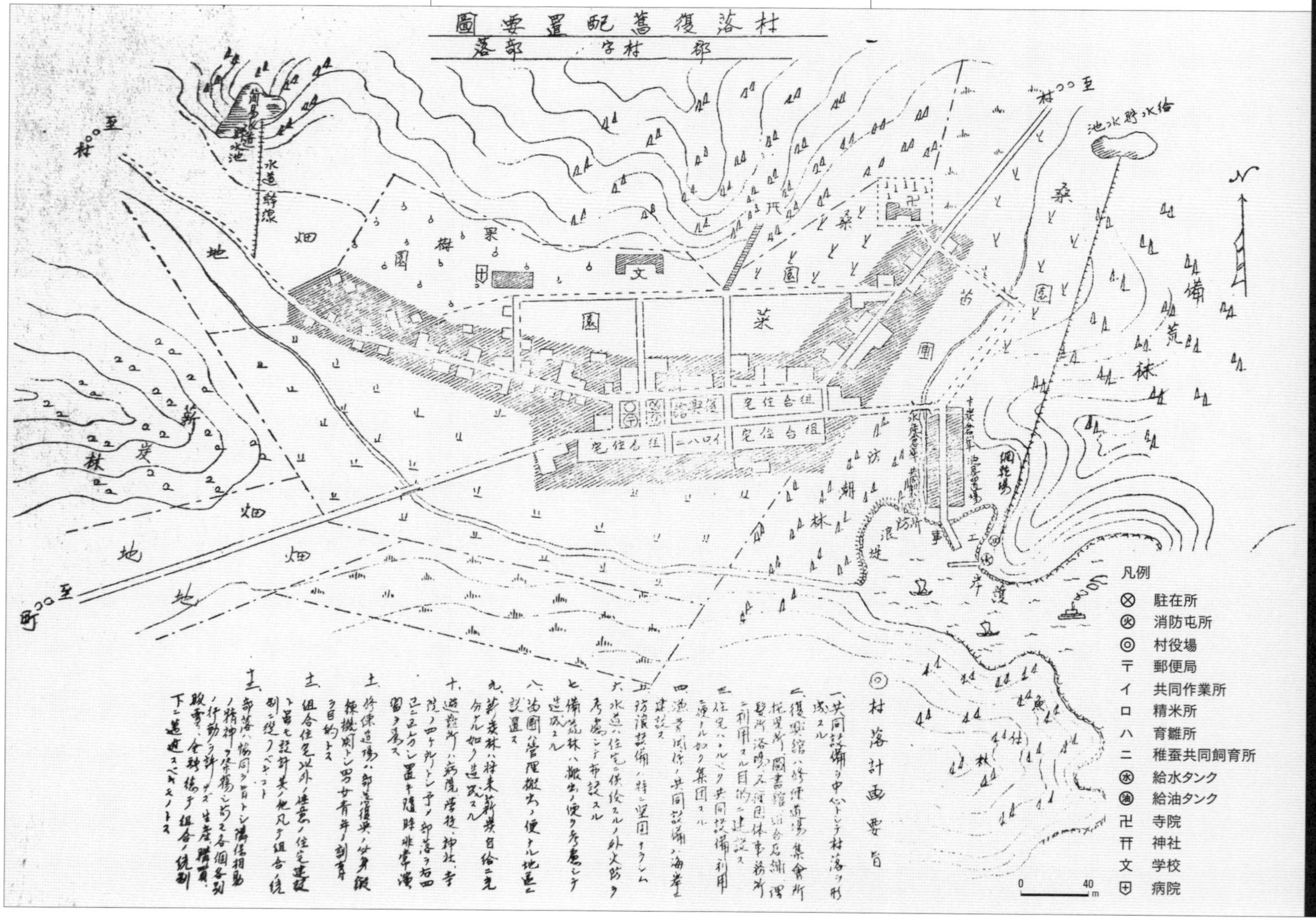

図8 村落復旧配置要図

架空の集落における「復旧」計画を岩手県がひな形として提示したものと考えられる。ただし、高台移転など「復旧」の範疇を超える事業が含まれており、実質的には「復興」計画といえる。本図のタイトルが「復旧」計画となっているのは、国の予算措置の段階において原状復帰を基本とする「復旧」事業しか認めないという建前があったためと推察される（出典：「昭和八年三月 津浪罹災関係例規 下閉伊支庁秘書課文書係」（岩手県永年保存文書）筆者撮影）

村落復旧配置要図には「村落計画要旨」として以下の項目が挙げられている。
一、共同設備ヲ中心トシテ村落ヲ形成スル
二、復興館ハ修練道場、集会場、託児所、図書館、組合店舗、理髪所、浴場、各種団体事務所ニ使用スル目的ニ建設ス
三、住宅ハナルベク共同設備使用ニ便ナル如ク集団スル
四、漁業関係ノ共同設備ハ海岸ニ建設ス
五、防浪設備ハ特ニ堅固ナラシム
六、水道ハ住宅ニ供給スルノ外火防ヲ考慮シテ布設スル
七、備荒林ハ管理搬出ノ便ヲ考慮シテ造成スル
八、苗圃ハ管理搬出ノ便ナル地区ニ設置ス
九、薪炭林ハ将来薪炭自給モ充分ナル如ク造成スル
十、避難所ハ病院、学校、神社、寺院ノ四ヶ所トシテ各部落ヲ右四区ニ区分シ置キ随時非常演習ヲ為ス
十一、修練道場ハ部落復興ノ心身鍛錬機関トシ男女青年ノ訓育ヲ目的トス
十二、組合住宅以外ノ任意ノ住宅建設ト雖モ許可其ノ他凡テ組合ノ統制ニ役ベキコト
十三、部落ハ協同ノ旨トシ隣居相助ノ精神ヲ奨揚シ苟モ各個各別ノ行動ヲ許サズ生産、購買、販売、金融、総テ組合ノ統制下ニ邁進スベキモノトス

*11 ● 青井哲人「再帰する津波、移動する集落──三陸漁村の破壊と再生」『年報都市史研究』第20号、山川出版社、2013年、pp. 58–60

*12 ● 旧土地台帳および同付属地図の分析より算出。

何がどう動いたか

● 集団移転と個別移転

前述したとおり、「住宅適地造成事業」は津波被災リスクの小さい高台に居住地を造成するもので、昭和の復興事業の根幹をなしたといってよいだろう。綾里では、石浜、港・岩崎、田浜、白浜の4か所で集団的な高台移転（以下、「集団移転」）が実現して「復興地」のまちなみができた（図9）。一方、上記4か所以外の砂子浜、小石浜、野々前の3集落ではこの事業は実施されず、被災者の個別の判断に基づき必要に応じて高台への移転がなされた（以下、「個別移転」）。しかし、集団移転が行われた集落では個別移転が行われなかったわけではなく、集団移転に参加しなかった家が個別移転していることは各地で確認できる。むしろ個別移転は、三陸沿岸集落に偏在し、集落の景観を変えてきたと考えてよいだろう。

ここでは、集団移転の例として、港・岩崎集落および田浜集落を取り上げよう。これらを例としたのは、それぞれ異なるタイプの宅地造成でそれらを代表的なものであるからである。港・岩崎集落では、おおむね平坦な道路の両側に多数の家々が取り付いており、道に家の側面（宅地の短辺、家の妻側）が並ぶ街並みとなる。対して田浜集落では、斜面を上る（いくつかの）かなり急な道の両側に家々が並び、下からみるとすべての家の正面（宅地の長辺、家の平側）がこちらを向く。前者は街道上の商店街のような街村型で、後者は斜面上の住宅団地のような階段型（ひな壇型）であるから、両者の違いは一目瞭然である*11。もう一つの個別移転の事例には、後で小石浜集落を取り上げることにしよう。

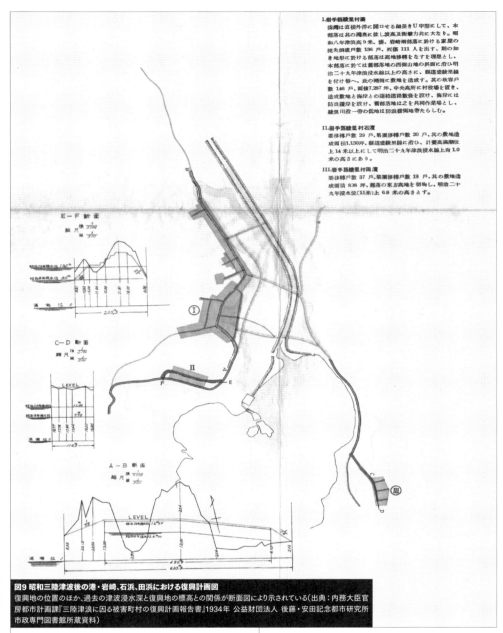

図9 昭和三陸津波後の港・岩崎、石浜、田浜における復興計画図
復興地の位置のほか、過去の津波浸水深と復興地の標高との関係が断面図により示されている（出典：内務大臣官房都市計画課『三陸津浪に因る被害町村の復興計画報告書』1934年 公益財団法人 後藤・安田記念都市研究所市政専門図書館所蔵資料）

● 港・岩崎集落の集団移転

港・岩崎集落では、隣接する港集落と岩崎集落という二つの集落が一体として住宅適地造成事業が実施された。岩手県内38集落において計画された集団移転のなかでも、こうした計画はほかに類例がない。平地の少ない限られた集落環境のなかで、先述した明治三陸津波の浸水高よりも高く、また南面する高台などといった内務省が提示した5つの条件を満たす敷地として選択されたことが見てとれる。

両集落の被害をみると、海に近い港集落は117戸中115戸が流出する壊滅的な被害を受けた。図10は被災後の港集落の様子であるが、低地にあった住宅や漁業関連施設などがすべて流されているのがわかる。一方、岩崎集落の住戸被害は63戸中19戸と、港集落と比べれば軽微である。

その後、両集落を一体として、綾里川の右岸の山を切土および盛土により造成し、そこに県道

図12 被災前の土地利用と復興地の配置
昭和三陸津波発災前の時点における土地利用を復元し、その上に復興地の場所を重ねたものである。震災前は宅地が綾里川および旧県道沿いにあったのが見てとれる（出典：旧土地台帳および同付属地図より筆者作成）

凡例：宅地／田畑／山林／雑種地／復興地／新設道路

港集落　岩崎集落　港湾　綾里川

＊13 ● 山口前掲『津浪と村』旧版では、p.34（新版ではp.46）より。その後、土地の交換なども行われた。

＊14 ●『保證責任綾里信用販売購買利用組合 昭和12年度事業報告書』に「比較的漁獲高多い為に震災住宅復旧資金貸付の返還極めて良好にして（中略）未払利息等は一件もなく成長最も良好なり」との記載がある。

＊15 ● 高台移転に際しては、新築のみならず、内陸側の別集落にあった本家の屋敷内

図10 昭和三陸津波後の港集落の被害
昭和三陸津波発災から約2か月後の昭和8年4月29日に撮影したもの（石本巳四雄撮影「綾里港全景」）。低地の建物の大半が流されたことがわかる（出典：東京帝国大学地震研究所『地震研究所彙報別冊 第一号 昭和8年3月3日三陸地方津浪に関する論文及報告』1934年）

図11 昭和9～10年ごろの造成中の復興地の様子
正確な撮影日時は不明であるが、昭和9から10年頃の港・岩崎集落の復興地の造成が完成した頃の写真。住宅が立ち並ぶ前の復興地および仮住まいの並ぶ低地の様子が写し出されている（提供：村上博是氏）

の隠居部屋を解体、移築したもの、戦後に移転するまで居住していた低地の元屋敷の材を転用したもの、復興地に簡易な家を建て戦後に建て替えたものなど、多様なバリエーションが見られた。

*16 ● 山口弥一郎旧蔵資料 番号付ノートNo.124（磐梯山慧日寺資料館所蔵）

*17 ●「綾里村の記録 昭和29年」教材映画製作協同組合

を移設して146戸分の街村状の集団移転地を整備するという大規模な計画が立案された。その後規模は105戸に縮小された[12]が、内務省が所管する前述の住宅適地造成事業により綾里村が事業主体となって概ね計画にのっとり、新に敷設された県道の両側に宅地が配置された街村型の集団移転地が整備された。こうして整備された港・岩崎集落の高台移転地＝「復興地」は、東日本大震災においても大きな被害は受けなかった。被災前後の写真（図10・11）を見比べると、地面というよりは大地そのものを改変す

る大規模な造成であるといえる。これを、重機もないなか、外部からの作業員に加え、被災住民も「ヤンタ箱」と呼ばれる箱に土砂を詰めて運ぶなど作業に加わり、発災から約2年後には工事は完成したとされる（第3章p.069図32を参照）。

復興地として選定されたのは、震災前における宅地のある低地と山林のちょうど境界に当たる場所である（図12）。急な斜面であった山林を切土しその分の土で低地を盛土し、平地をつくり出している。そして、土地を提供した人は優先的に復興地の土地を取得したとされる。また、岩手県によれば通常復興地の一戸あたりの宅地基準面積が50坪程度と定められているが、港・岩崎の復興地の場合、山林の硬い岩盤面があったからか、奥行き方向にばらつきがあり、結果として土地の面積もまちまちとなっている。それもあってか、土地の分配に当たっては面積などによる12等級に分けて抽選が行われた[13]。また、復興地の整備に際して重要なことのひとつに、簡易水道が整備された事実をあげておく。前述のとおり、内務省は高所移転地の敷地選定の要項として「飲料水の取得容易なること」を掲げている。港・岩崎集落においては、沢から簡易水道が引かれ、約10戸の家が共同で利用する共同栓が復興地内の数か所に設置された（図13）。一方、計画では共同浴場を建設することとなっていたが、こちらは実現しなかった（聞き取りによる）。

これら事業は、いずれも国庫補助金や低利資金などの公的資金が投入されて実施されたものである。それら公的資金の受け皿の一つとなったのが綾里の産業組合「保證責任綾里信用販売購買利用組合」である。震災復興に際して新たに産業組合を組織した町村も少なくなかったが、綾里の場合は1917年設立の同組合があり、同組合を改組し機能が追加された。その事業報告書には、震災住宅復旧資金の貸付が順調に返済されているとの記載があり、組合の信用事業を通じた公的資金の投入、および回収がスムースに進んでいたことがうかがえる[14]。一方で、農山漁村経済更生運動が目指した根本的な産業の合理化や漁村経済の改善といった目

標がどの程度達成されたのかという点については、綾里地区ではその証拠となる資料や証言がないため判断が難しい。

ところで、図11は復興地の造成が完成し、郵便局や消防・警察屯所（警察駐在所）、産業組合の事務所・作業所などの公的施設の建設のみが完了した状態を写したものである。この写真を見ても明らかなように、被災住民らは復興地の造成完了を待つ間、低地の元居住地に仮小屋やあるいは本設に近い住宅を建てそこで暮らしていた。では、その後どのように事態は推移したのであろうか。

住民へのインタビューによれば、復興地への移動は、1935（昭和10）年頃の復興地完成後すぐに高所移転した人から、1964（昭和39）年に高所移転した方まで、様々なケースが確認された[15]。そして、復興地での住宅建設が進んでからも、依然として低地に住み続ける人々も少なくなく、さらには新たに低地に外部から人が流入することもあり、港・岩崎集落の空間は、復興地と低地で二重化し、それぞれで生活が営まれていくこととなる。

1950年頃に綾里を訪れた地理学者の山口弥一郎が残した記述[16]によれば、港・岩崎の復興地108筆のうち、その時点で建物が建っていたのは83筆で、残りの25筆は空地もしくは耕地として利用されていたという。ほぼ同時期の港・岩崎集落の復興地の様子を撮影した記録映像[17]が残されているが（図14）、それほど空地が目につくことはない。実際、インタビューによるとこの頃の港・岩崎の復興地には、旅館や日用品を販売する商店、飲食店が立ち並び、非常に活気があったという。というのも、綾里は交通の便が悪い陸の孤島で、たとえば役場関係の職員も泊りがけで来ざるをえず、ほかにも「富山の薬売り」や海産物の仲買人などが旅館を利用していた。同様に、住民も食料品などの日用品は綾里地区内で調達していたという。

その後、1970年に日本国有鉄道盛線（現・三陸鉄道南リアス線）が開通し、同線の終着駅として綾里駅が開業して以降、大船渡方面への利便性の向上と引き換えに綾里地区内の商業は衰

図13 復興地に整備された簡易水道
（出典：『綾里村の記録—昭和29年』教材映画製作組合／提供：小澤健）

図14 復興地のまちなみ（出典：前掲『綾里村の記録』／提供：小澤健）

退していった。

　一方低地については、復興地への移転が進んだ後も、住宅は増加していったと考えられる。1954年時点の郵便局全図によれば、住宅の数は復興地のそれを上回る112戸が建っていたとされる（図15）。また、1977年の住宅地図[*18]によると、昭和三陸津波の浸水域内に、住宅95、商店15、工場3、漁業関連施設5、公共施設3が確認できる。この時点で、住宅や商店、公共施設が復興地と同程度、もしくはそれを上回るほどに多数集まっていた。復興地と低地への集落の「二重化」が見てとれる。山口弥一郎はこうした景観を「二重集落景観」と呼んだ。

　低地への居住が進んだ要因として、山口弥一郎は、土地代および住宅建設費を確保できないという金銭的要因、復興地の敷地の狭さや仕事場である浜から遠さ、盛土のため地盤が悪いといった環境的要因を挙げている。さらに、終戦後には戦地や疎開先からの引揚者が低地に住宅を建設することもあったようである。こうした「二重化」はその後も継続し、東日本大震災前の段階においても、復興地と低地にそれぞれ住宅や商店が立ち並んでいる様子が見てとれる。

● 田浜集落の集団移転地

田浜集落は沿岸部から2つの谷筋に向かって集落が広がっているが、そのうち南側の谷筋の北側斜面で住宅適地造成事業が実施された（図17）。港・岩崎集落や石浜集落の住宅適地造成事業が街村型の復興地を形成したのに対し、田浜は階段型であった。低地から歩行者が通れる程度の幅の道を斜面につくり、2段目、3段目の宅地へアクセスするようになっている（図18）。こうした階段型の住宅適地造成事業は、釜石市唐丹町の本郷(とうに)集落をはじめ、ほかの地域でも見られる[*19]。

　田浜集落の昭和三陸津波での人的被害は332名中2名（0.6%）で、家屋被害は49戸中28

[*18] ●『大船渡市・三陸町』日本住宅地図出版、1977年

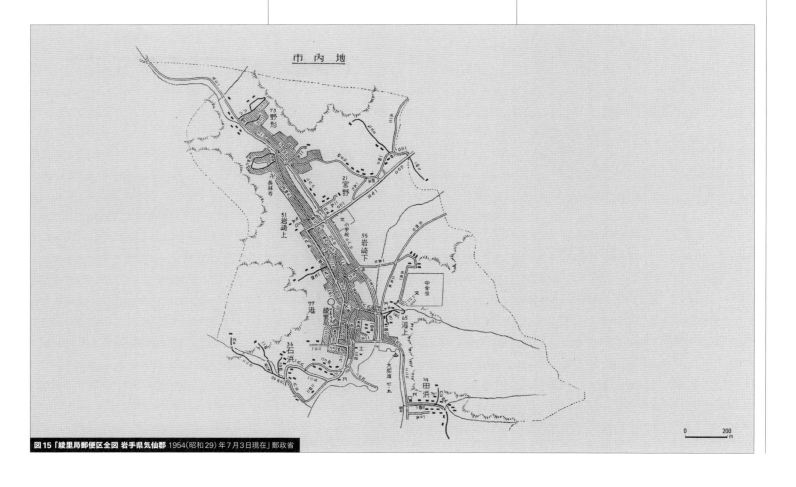

図15「綾里局郵便区全図 岩手県気仙郡 1954（昭和29）年7月3日現在」郵政省

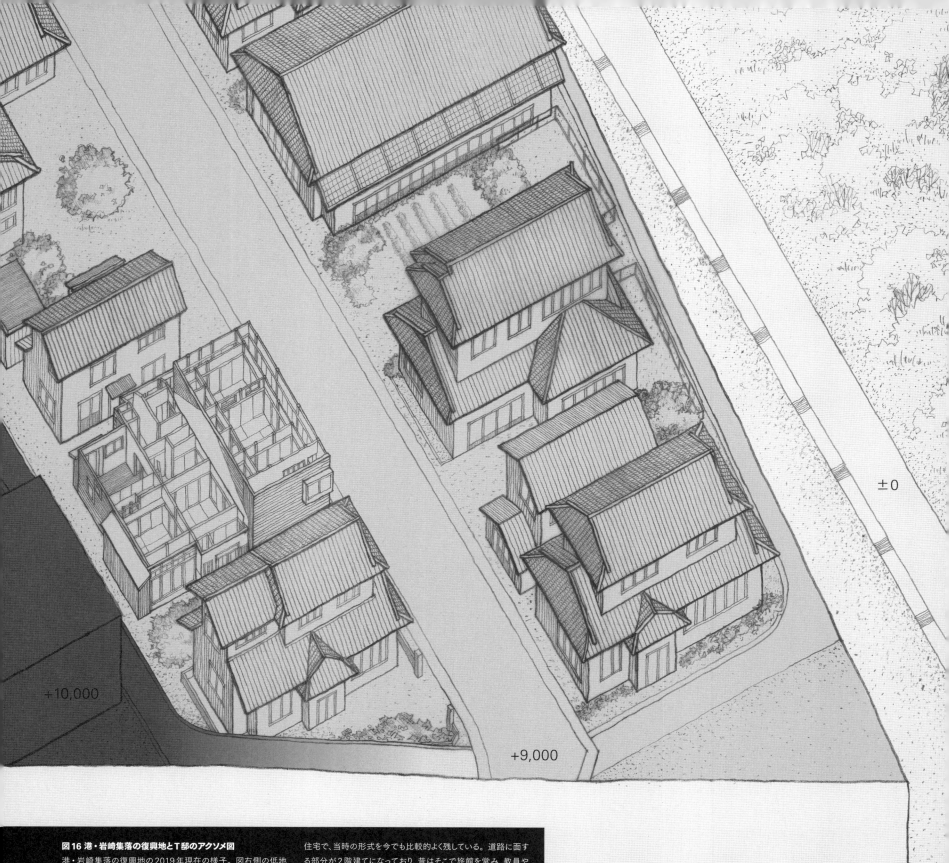

図16 港・岩崎集落の復興地とT邸のアクソメ図

港・岩崎集落の復興地の2019年現在の様子。図右側の低地が東日本大震災に伴う津波による壊滅的な被害を受けたのに対し、復興地はほとんど津波の被害を受けなかった。そのため、昭和三陸津波後に架け替えられた県道の両側に震災前の家並みが残されている。なかでも、T邸（図左中央の内部が描かれている家）は昭和三陸津波直後の1936（昭和11）年に建設された住宅で、当時の形式を今でも比較的よく残している。道路に面する部分が2階建てになっており、昔はそこで旅館を営み、教員や行商に来た富山の薬売りなどが泊まっていたという。その裏側の平屋部分には神棚のあるオカミを中心とした間取りとなっている。1970年頃まではこのあたりは商店も多くにぎわっていたが、鉄道や道路などの交通インフラの整備に伴いまちの中心がほかに移っていったという（作図：蔡安平、原図：神崎竜之介・岡村健太郎）

第2章　空間　●　045

戸(57.1％)だったが、集団移転地には16戸の家屋が建設された。造成地の区画は3段×6戸、すなわち18戸分の宅地があるように見えるが、土地を提供した地主が2戸分を取得したこと、また造成以前に墓があった場所の宅地には移転を希望する家がなく、やむを得ず隣地に入った人が2筆分を取得するかたちとなったのである[20]。

港・岩崎と同様、家屋建設の事情はバラバラだ。造成後すぐに建てられた家屋もあれば、昭和三陸津波で流された家の残材を利用してバラックを建設し、1972（昭和47）年になって現在の家に建て替えたC邸のような家もあった[21]（p.053表2も参照）。

また田浜の復興地は宅地造成面の短手寸法が浅く、一般的にはマエザシキ・オクザシキの続き間とするところ、マエザシキが4畳に圧縮される例（図18）や、ひと間のみとする例もある。

● 小石浜集落の家の移動と景観変容

これまで見てきた港・岩崎集落や田浜集落とは異なり、小石浜集落では集団移転は行われなかった。三陸全体を見渡しても個別移転による復興の例は決して少なくなく、また集団移転が行われた集落でも、いわゆる復興地とは別の場所に個人で動いた家も多い[22]。実は東日本大震災後も都市以外では個別移転のほうがむしろ多数派であり、自力あるいは親類などの縁を頼った個別判断の小さな動きの累積が、集落の景観と安全性をじわじわと変えてきたことには重要な意義があろう。

昭和三陸津波後の復興で、集団移転実施の有無を分けた条件はなんだったのか明らかではないが、内務省や県によって集落が選ばれたというよりは、集落ごとの実情に即して、集団移転を行うか否かの判断があったようである。山口弥一郎旧蔵資料として保存されている綾里村災害復興協会「昭和八年四月十日 事務経過報告書」には、集落ごとの災害以前の集落形態や土地所有の状況と、道路計画や住宅適地造成事業の範囲を破線で簡易的に示した図が添付さ

図17 田浜集落の集団移転地。斜面を3段に造成している（撮影：米野雅之／2017年）

図18 田浜集落高台集団移転地の一部（図17に示した部分）とM1邸（中央）のアクソメ図（作図：砂川晴彦・石榑督和）

[19] 釜石市唐丹町本郷では、昭和三陸津波後に階段型の高台移転地が造成され、山口弥一郎が1935年に訪ねた際には85戸が高台へ移転し、9戸が元の集落の位置へ再建されていたという。同地は明治三陸津波後に地主層が土地を提供し、集落の高台移転を進めた場所でもあった。明治の震災の際は地主をはじめとした数戸が移転したのみで、大半は元の住宅のあった位置へ復帰し、移転した数戸もしばらくすると、不便さから原位置へ戻り、昭和三陸津波では101戸全戸の流失があった。山口弥一郎「津波常習地三陸海岸地域の集落移動」（『亜細亜大学諸学紀要』第11号、亜細亜大学、1964年）より。

[20] 2014年8月の現地でのインタビューによる。

[21] 2014年8月の現地でのインタビュー、およびC邸の棟札の情報による。

[22] 三陸沿岸集落における明治三陸津波後、昭和三陸津波後それぞれの集団移転、個別移転の分布については、山口弥一郎『津浪と村』（恒春閣書房、1943年、p.135）（復刊版、三弥井書店、2011年、p.141）の図を参照。

家	家ごとの個別高所移転の過程
A	明治三陸津波で被災し、個別移転。
B	明治三陸津波で被災し、個別移転。1960年代前半に家屋を建て替え。古い家屋は親類の「e」家に提供された。
a	昭和三陸津波で被災し、家「A」のナガヤ「An」で仮住まいした後、個別移転。移転地では最初にバラックを建設し、その後に本建築を建設。
b	昭和三陸津波で被災後も原地復旧していたが、建物が老朽化したことが契機となり、1960年代前半に個別移転。家「c」とは親類。
c	昭和三陸津波で被災後も原地復旧していたが、建物が老朽化したことが契機となり、1960年代前半に個別移転。家「b」とは親類。
d	1965年頃に個別移転（理由不明）。道路敷設のために土地が買収され、2006年に現在地へ移転。
e	明治三陸津波で一家全滅。別家から人を入れ家を復興。家屋は原地復旧。昭和三陸津波で被災し家「II」のナガヤ「IIn」に仮住まい。その後、被災した元の敷地内の原地よりも高い位置にバラックを建設して居住。1963年になって親類であった「B」の家屋を譲り受け移築に。この家が崖地に建設されていたため、1980年に崖崩れの危険が指摘され現在地へ移転し、家屋を新築。
f	昭和三陸津波で被災。家「II」が所有していた畑の土地を二分し、被災した家2軒に分譲。そのうち、西側の土地を買い取って個別移転したのが家「f」。
g	昭和三陸津波で被災し、1年ほど親類の家「I」のナガヤ「In」に仮住まい。その後、家「h」の南側の山を切り崩し土地を造成して本建築を建設し、個別移転。2、3年ここに住んだ後、現在地へ移転。家屋も移築した。
h	昭和三陸津波で被災後、親類であった家「j」のザシキを間借り。家「h」が所有していた畑にバラックを建設し、個別移転。1940年にバラックを本建築に建て直した。
i	昭和三陸津波で被災後、親類であった家「A」のナガヤで1〜2年仮住まい。現在地へバラックを建設し個別移転。1963年に本建築を建設。
j	1975年ごろ家の建て替え時に個別移転。移転前の家は昭和三陸津波に家「h」が仮住まいをした。
I	主屋は1878（明治11）年竣工。小石浜屋敷と呼ばれ、小石浜の草分けといわれている。昭和三陸津波後にナガヤに家「g」が仮住まいしていた。図22・23・24。
II	主屋は1854（安政元）年竣工。昭和三陸津波後に家「e」がナガヤに仮住まい。このナガヤは東日本大震災で被災し解体され現存しない。
III	主屋は昭和三陸津波以前の築造。2018年に新築に建て替えられた。

図19 小石浜集落の家の移動
沢沿いに立地していた家屋が明治三陸津波以降、徐々に個別移転していったことがわかる。図中の家屋に振られた記号は、表の記号に対応している。記号のうち、アルファベット大文字は明治三陸津波で被災し個別移転した家、アルファベット小文字は昭和三陸津波で被災しその後に個別移転した家、ローマ数字は明治三陸津波前から存在し移転していない家である

第2章　空間　●　047

れている。この報告書に山口による手書きのメモが残されており、野々前、砂子浜、小石浜の図には「ヤメタ」と記載されている。この3つは集団移転が行われなかった集落であり、これは集落の判断を意味するように思われるのである。

では具体的に小石浜集落において個別の移転がどのように行われ、集落の景観が変わっていったのかを見ていこう[*23]（図19・20）。図19は、2010年時点で小石浜集落に存在した家が、どのような経緯で現在の場所に移動してきたのかを復原したものだ[*24]。図19では、同じ家の動きは同じ色と記号で示しており、明治三陸津波後の移転、昭和三陸津波後の間借り、昭和三陸津波以降の移動について、それぞれ線種を変えて移転の履歴を可視化した。家が現在の位置に移動する以前、どこに立地していたのかは、家の記号を丸で囲んで示している。

図19からは、集落中央を流れる沢に沿って線状に家々が並ぶ集落であった小石浜が、明治三陸津波以降、等高線に沿って高位置へと家々が上がることでじわじわ変貌していったプロセスが見てとれる。かつての集落では、小石浜の草分けであるI家よりも大半の家屋が低い位置に建っていた（図22・23・24のI邸）。

山口によれば、明治三陸津波後に小石浜では6戸が山腹へ移っただけで、あとは原地に家を再建したという。2010年時点で存在した家で言えば「A」「B」「C」の3軒が明治三陸津波後に個別に高台移転をしている。このほか明治三陸津波の際の被災について確認できたのは「e」のみであったが、大半の家屋が昭和三陸津波まで低地に家を持っており、山口が記録したように明治三陸津波後に個別移転した家は少数であったようである。

昭和三陸津波後には、被災した「a」「e」「f」「g」「h」「i」が個別移転をした。個別移転を行ったほとんどの家が1、2年の間、親類の家の座敷やナガヤ（綾里では物置小屋をナガヤという）を間借りして仮住まいを行った後に、高台移転をしている。このとき、明治三陸津波後に高台移転し、昭和三陸津波で被災しなかった家「A」や「C」の座敷やナガヤが、仮住まい先となっている。経済的な理由から高台移転しても本建築を建てられなかった家では、まずバラックをつくり、戦後になってから本建築を建てた。

一方で、昭和三陸津波で被災しながらも、再度、原地に再建した家もあった。家「b」「c」は昭和三陸津波後、原地に家屋を再建し住み続け、昭和30年代後半になって家屋が老朽化したことをきっかけに個別に高所移転している。時期からすれば、家屋の老朽化とともにチリ地震から津波の危険性が再認識された可能性があるだろう。

他方で、動いていない家は、沢沿いでありながらこれまでの津波の遡上範囲よりも標高が高い位置に立地する。こうした家のうち「I」や「II」は、昭和三陸津波後に親類の仮住まいの場所となっていた。

明治三陸津波以前は沢に沿って線状に展開していた小石浜集落は、明治三陸津波後、昭和三陸津波後、昭和30年代後半に家ごとに個別高所移転が行われたことで、標高が高い場所に家屋が点在する景観へと変容していった。

[*23] 石榑督和・岡村健太郎・青井哲人・吉田郁子・石田和久・小見山滉平・門間翔大・池田薫・西恭平「岩手県大船渡市三陸町綾里地区における昭和三陸津波後の復興過程に関する研究　その4　個別高所移転による集落景観の変容」『学術講演梗概集DVD』日本建築学会、2016年、pp. 443–444

[*24] 2015年8月26日から同月29日にかけて小石浜集落で聞き取り調査を行い、それをもとに図20および表2を作成した。

図20　2017年の小石浜集落
集落中心を流れる沢を境に北側（右側）に家が集中している。沢の北側の方が地形の傾斜が強く、短い距離で標高が上がるため居住地として選択された可能性が高い（撮影：米野雅之／2017年）

図21 三陸鉄道恋し浜駅から小石浜集落を見る
北側斜面(左側)の方が急峻であることがわかる。対岸に見えるのは越喜来の崎浜(撮影:石榑督和/2016年)

図22 中央の家が小石浜集落の草分けであるI邸
I邸よりも低い土地は東日本大震災の津波で倒壊した(撮影:米野雅之/2017年)

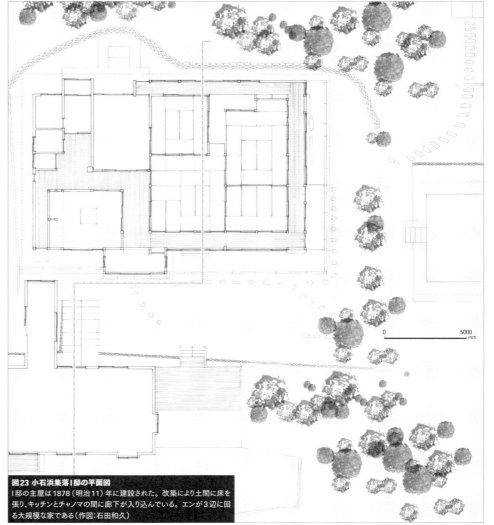

図23 小石浜集落I邸の平面図
I邸の主屋は1878(明治11)年に建設された。改築により土間に床を張り、キッチンとチャノマの間に廊下が入り込んでいる。エンが3辺に回る大規模な家である(作図:石田和久)

図24 小石浜集落I邸の断面図
主屋には長屋門を抜けてアクセスする。現在のナガヤモンに建て替える以前のナガヤモンは、安政年間に築造されたものであった。かつてナガヤモンの1階では牛・馬・豚などの家畜を飼育し、2階では麦や米、家畜の餌を保管していた。昭和三陸津波後には親類の仮住まいの場所ともなった(作図:小見山滉平)

第2章　空間　●　049

復興地に建てられた家

昭和三陸津波後の住宅再建に対しては、公的資金を供給するスキームが準備された。また岩手県では、「漁村住宅設計仕様」を作成し、「耐震耐浪的構造」を推奨するなど、住宅の近代化を目指す動きもみられた。ところが、前述したとおり、復興地での住宅建設時期は被災直後の1935年から遅いものでは64年とかなりの幅があり、また新築のみならず移築もみられるなど、移転までのプロセスは多様である。一方、住宅の形式そのものは、例外なく気仙大工[*25]と呼ばれる地場の大工集団の作法にのっとったものとなっている。

図25〜27は、1935年に建設され石浜集落に現在も残るN邸の実測図面である（p.053表2も参照）。間口約6.5間、奥行き約9.5間の細長い敷地形状に沿って入母屋平屋の住宅が配されている。玄関は東側にあり平入りで、復興地の真ん中に通された県道から一度敷地のなかに入ってからアクセスする。間取りについては、神棚と仏壇のあるオカミ[*26]と呼ばれる部屋を中心としている点、オカミ／カッテとマエザシキ／オクザシキの間仕切りの位置が1間分ずれている点など、伝統的な気仙民家の形式をよく示している。ただし、階段型の田浜集落の復興地では、敷地規模の制約からザシキが圧縮されるケースが多いことはすでに述べた。

一方、図28・29は、通り側が2階建てとなっている事例である。1937（昭和12）年に建設され岩崎集落に現在も残るT邸である（図28・29、p.053表2も参照）。こうした2階建ての形式は港・岩崎集落で、道路に面した部分は商店となっているケースが多い。このT邸の場合、1階をどのように使っていたのかは不明であるが、2階については旅館や下宿として使っていたとのことである[*27]。そして裏手には神棚や仏壇のある非常に立派なオカミ（図30）を含む平屋があるが、ザシキ相当部分は一階にはなく、通り沿いの2階に載せたかたちとなっている。このように、通りに面した部分が2階建てとなっている事例は、商店が多く立地した港・岩崎集落によくみられ、当初から2階建ての家もあれば、後に増築された家もある。

そのほか、もともとドマであったところに床が張られ、また戸外にあった風呂や便所が屋内化する、囲炉裏が掘りごたつに転用されるといった改変は多くの住宅で広く行われている。

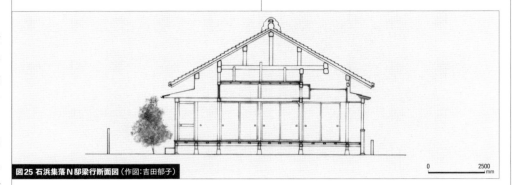
図25 石浜集落N邸梁行断面図（作図：吉田郁子）

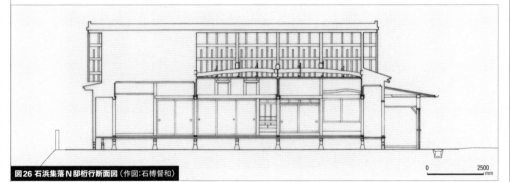
図26 石浜集落N邸桁行断面図（作図：石榑督和）

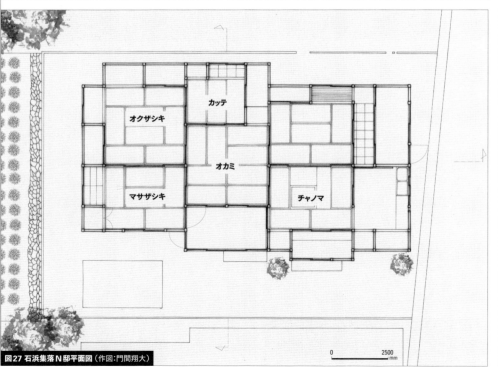
図27 石浜集落N邸平面図（作図：門間翔大）

*25 ● 岩手県の気仙地方出身の大工集団の呼称。技術力が高く、民家はもちろんのこと、建具や細工までなんでもこなすことで知られる。また、出稼ぎで東北のみならず北海道や関東などでも仕事をした。気仙大工については、高橋恒夫『気仙大工──東北の大工集団』（INAX、1992年）、平山憲治『気仙大工──歴史と人物群像』（NSK地方出版社、1978年）、同『気仙大工雑纂』（耕風社、1992年）、同『気仙大工道具考』（気仙大工研究所、1994年）ほか。

*26 ● 気仙地域を含む仙台藩の領内では「オカミ」と呼ばれ、南部藩の領内ではほぼ同様の機能をもつヘヤが「ジョイ（ジョウイ）」と呼ばれる。仏壇は仏間など別のヘヤにあることもある。また、今はほとんど使われていないが、以前は囲炉裏が切られていることも多かった。

*27 ● 綾里地区は交通の便が悪かったからか薬などの行商が泊まるケースや、小学校の教員などが下宿するケースが多かったという。

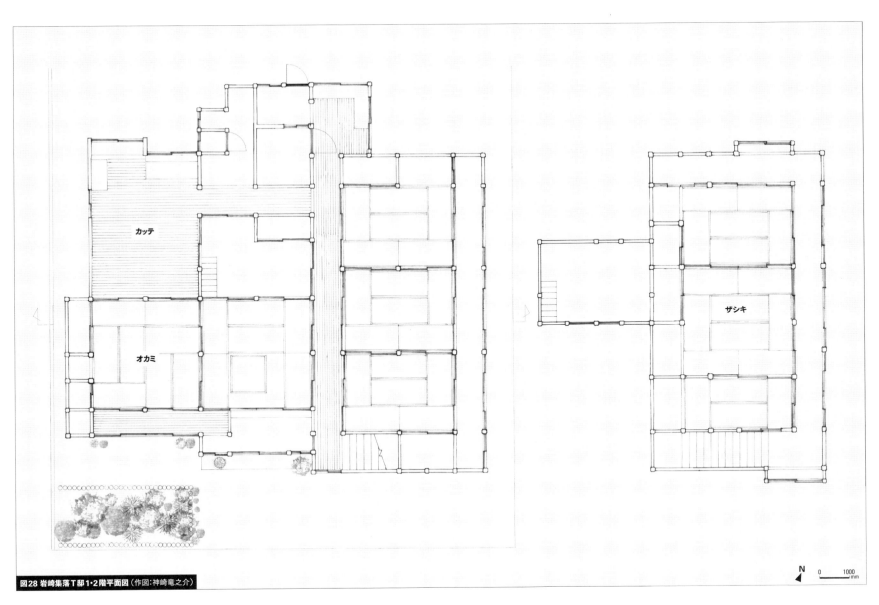

図28 岩崎集落T邸1・2階平面図（作図：神崎竜之介）

図29 同桁行断面図（作図：岡村健太郎）

図30 オカミの神棚（撮影：青井哲人／2014年）

第2章　空間　●　051

気仙の大工たち

● 誰が建てたのか

最後に、昭和三陸津波の際に復興地につくられた住宅の、実際の建設にかかわった人々とその技術・文化について述べたい。

筆者らは、2014年に港・岩崎・石浜・田浜の復興地に残る昭和津波後の再建家屋の調査を行ったが、調査対象全12棟のうち、棟札[*28]が確認できたものが10例ある（表2）。棟札は、大工が上棟時に棟束に打ち付けるもので、綾里では「棟箱」にほかのさまざまな興味深い封入物とともに納められる。家の解体までほとんど誰も触れることなく小屋裏に残される（図31〜33）。実際に棟札をみると、板の表面に3柱の神号を、裏面に上棟の年月日、建主（戸主）、木挽棟梁、大工棟梁の名を記すのが基本的な型である。10棟の例を通覧すると、木挽棟梁については、3棟で坂本徳治、2棟で熊谷松之助の名が重なるが、大工棟梁はみな違う。港のS邸と岩崎のT邸、田浜のM1邸では、大工棟梁は建主の親類。岩崎のY邸は建主自身に大工経験があり、その師匠に仕事を頼んだ。綾里は人口に比して奇妙なほど大工の数が多いのだ。

● 気仙大工輩出地としての綾里

現在の陸前高田・大船渡両市および釜石市の一部（唐丹）はかつては気仙郡で、先述の気仙大工の輩出地である。綾里もその一部だ。港・田浜・白浜・小石浜・砂子浜などを浜の漁村とすれば、丘の農村集落である宮野・野形などが多数の大工を擁する。耕作地が限られるため人口吸収力が低かったこれら地域では、男たちの多くが大工になり、近世より仙台を中心に藩内各地へ、明治以降はさらに北海道へと仕事を求めて移動した。

1933年の昭和三陸津波は集中的に多数の職人を必要とする事態を招来した。いわゆる復興地の住宅数に限れば村内で140戸ほどだが、自力での高台移転や、低地での建築も多数あったはずだ。この頃の綾里にはどれほどの大工がいたのだろうか。想像を働かせるため、聞き取りから第二次世界大戦後期の概況を紹介しよう。

話を聞いたのは1937年生まれのHさんと、1939年生まれのAさんで、ふたりとも大工経験者である。彼らが中学校の頃というから昭和25〜30（1950〜55）年頃の話であるが、旧綾里村の全中学生数が約140名で、男が半数の70名とすると、このうち高校に進学するのは約1割でみな比較的家が安定している子であり、残りの60名強のほとんどが漁師か大工になり、また数名だが船大工になる者がいたという。宮野・野形の大工の家では息子が何人いてもみな大工になったという[*29]。1952（昭和27）年生まれのSさんが大工になる頃、つまり1970（昭和45）年前後には大工の数はピークに達する。村の人口4000に対し、大工組合の会員数つまり経営単位が約60あり、所属する大工の数は100名を超えたという[*30]。

かつては村内での結婚も多く、諸関係をたどれば皆だいたい親類だなどとよく語られる。そして綾里は気仙大工の一大輩出地であったのだから、どの家も親類に必ず大工が見つかるどころか、近い親類に大工が何人もいて誰に頼めばよいか困ることさえ少なくないという。昭和三陸津波の後の住宅再建についても、いくらか実情が想像されてこよう。

● 木挽と大工

家作にかかわる職種には、木挽、大工、左官、板金職人などがあるが、大工は多くの人数がいるのに左官や板金は盛など都市部に依存していたというから、職人の分布には地域的に大きな偏りと協力関係があったようだ。

木挽は全盛期でも10人ほどだった。地域によっては大鋸挽などともいい、山に入って適切な木を必要な量だけ選び、伐り出し、大鋸を使って材を挽き切る、製材の職人だ。気仙大工は傑出した技能集団として知られるが[*31]、彼らも山の神に直接ふれる木挽たちの高度な技能とその専門性には敬意を払う。棟札が原則的に木挽棟梁を大工より上位に記すのもこうした関係の現れだ。

大工の家ではその子を親類など他所の家に入れる。弟子入り先では、師匠の家の雑用や

*28 ● 棟札一般については、佐藤正彦『天井裏の文化史——棟札は語る』（講談社、1995年）、水藤真『棟札の研究』（思文閣出版、2005年）。気仙地域の伝統的な建築儀礼では、建築前に、計画された家の中心と四隅にあたる場所に五行に関係するといわれる五色の旗を立て、中央の柱には矢板（矢羽根）が据えつけられる。また、上棟時には中央付近の棟束に棟箱が打ちつけられるとともに、先の矢板を固定することもある。棟箱には、棟札以外に女性の毛髪や道具類が納められる。この種の棟箱は気仙地域のほかに彼らの出稼ぎ圏である仙台地方や北海道にもみられるという。船の進水時に中心部に納められる「船魂」も、女性の髪をはじめ封入物に共通点が多いという。

*29 ● 宮野・野形など丘の農村あるいは大工輩出地からみると、それぞれの湾内で漁村を営む人々は「浜の人」と呼ばれた。1950年代には浜の人から大工が出ることはまだなかったという。それほど浜と丘とは別世界だったのかもしれない。しかし、60年代には浜から丘へ越境して大工になる者も現れるほどの好況を迎えるが、70年代後半に大工は減少を始める。

図31
小屋裏の棟束に「棟箱」が打ちつけられており、なかに棟札が納められている（撮影：青井哲人／2015年）

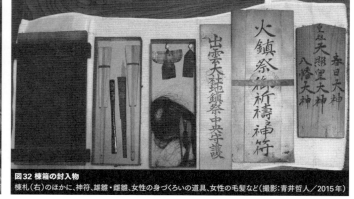

図32 棟箱の封入物
棟札（右）のほかに、神符、雄雛・雌雛、女性の身づくろいの道具、女性の毛髪など（撮影：青井哲人／2015年）

*30 ● おそらく毎年二十数名程度が大工修業を始め、その大部分がまもなく出稼ぎに旅立った。Aさんは仲間とともに北海道へ出て、1964年の東京五輪の頃からは型枠工などもやり、つごう18年間も出稼ぎ生活を送ったという。

*31 ● 気仙大工の仕事の特徴は、曲り物の梁を幾重にも編むように組んだ複雑な木組み、「隅虹梁」と呼ばれる隅部の火打梁、箕甲返しの本格的な入母屋屋根などにみられる。綾里では桁に拳鼻をつくり出したり、軒裏に隅扇垂木を見せたりと、堂宮の技術ももつことを誇示するような事例も少なくない。側柱の位置から桁を外へ持ち出す「船枻造」によって軒の出を大きくするのは、大型民家の平面や軒高に対する比例を確保する意味もあろう。

畑仕事をこなしつつ、現場を手伝って仕事を覚える（4年間）。これで梁などにほぞ穴をあける仕事くらいはできるようになるが、自分で墨付けができ、棟梁を張れるようになるのには10年程度かかる。Sさんの場合はこうした修業をしながら、釜石の職業訓練学校に通うのが息抜きだったというが、1970年には三陸鉄道が開通し、高校進学率が急激に高まり、産業構造・就業構造の転換のなかで大工になる者の数は急速に減った。

● 屋根にみる気仙民家の変遷

現在、気仙民家を受け継ぐ綾里の家屋はみな瓦葺きだが、近世では豪農の家は茅葺きで、綾里でも砂子浜大家は1939〜40（昭和14〜15）年の改築以前は茅葺きだった。他方、最も安価な屋根は、木挽が製材時に剥いだ皮を用いる、杉皮葺きの石置き屋根であった。

昭和三陸津波後、復興地造成を待たずに低地に建てたバラックは、写真をみるかぎりみな杉皮葺きで石をのせている。その頃には型成形のセメント瓦も各地に普及しており、終戦直後には村内にセメント瓦の製造業者も現れてこれが流行する。和瓦は気仙郡では明治中後期に民家に用いられはじめるらしいが、普及は遅れた。1935（昭和10）年以降、復興地に順次建てられていった家屋の多くはセメント瓦で次第に和瓦に置き換えられたが、裕福な家では最初から和瓦葺きであった。このほか、復興地ではないが地主層の邸宅の付属棟などに天然スレート葺きの屋根をみることがある。これは出稼ぎを通じて大工が仙台から持ち帰ったものであろうが、綾里にはあまり広まらなかった。

● 結び

明治の津波復興は大幅な空間の書き換えを伴わなかった。人口では浜々の漁村はほとんど総入れ替えに近い状況であったにもかかわらず、近世以来の集落社会や漁業権の仕組みを保存したまま、人口の充塡と社会の回復が図られた。

大局的にはそう考えてよいだろう。これに対して、昭和の津波復興は国家が農山漁村にそれなりに強く介入・浸透したことによって、空間が計画的に改変された。それはなぜだったか。ひとつには明治維新以降の日本の産業化や市場経済が世界と切り離せない自律的な運動となり、それがつくり出した社会矛盾が、ついには経済恐慌の連続と戦争に向かう動静のなかで国が放っておけない課題となったからだった。昭和の津波復興はこのことと深く結びついた社会改革の問題として取り組まれ、小さな村落の社会と空間さえもが開発の対象となり、標準を踏まえて計画化され、そこに資金が投じられていったのである。これは戦後から1995年の阪神・淡路大震災にいたるまで洗練されていった開発主義的な「近代復興」がその姿を現した瞬間であり、そして、東日本大震災ではそれはすでに無効化していたにもかかわらずまたしても被災地を席巻した（第5章を参照）。

しかし、かといって昭和の津波復興を官僚主導の一方的なものとして見すぎるのはよくない。むしろ村の社会こそがこの政策を活用しながら、適切な高さに、迅速的に、居住地を移したともいえる。本書では集団移転のみならず、個別の段階的な高所移動の重要性をも指摘している。実態としてそれらは有力地主層の名士としての主導や親類関係をたどった土地取得、親類関係に結びついた気仙大工の存在といったものに深いレベルで支えられていたし、それらはすべて近世以来の歴史に根ざしていた。大工についていえば、綾里の大工数は戦後の人口増加と高度成長のなかでさらに出稼ぎの回路をひろげながら増加し、彼らの後継者たちが東日本大震災の津波復興でも活躍するのである（第6章も参照）。

他方で指摘しておかなければならないのは、高所に動いた集落レイアウトが戦時・戦後の人口増加を受け止められず、低地に集落がよみがえるようにして広がってしまったために、結果として各集落の空間（景観）はおおづかみにいえば「二重化」したことである。これが数十年後、つまり2011年3月の津波に遭う集落の基本的な特徴だったといってよいだろう。

集落	家	棟札の情報	
石浜	I邸	年記	1937年4月8日
		家主（戸主）	I.H.（47歳）
		木挽棟梁	熊谷松之助
		大工棟梁	古内善左衛門
	N邸	年記	1935年旧9月13日
		家主（戸主）	N.T.（53歳）
		木挽棟梁	坂本徳治
		大工棟梁	坂本春治
港	S邸	年記	1937年旧6月4日
		家主（戸主）	S.K.（22歳）
		木挽棟梁	坂本徳治
		大工棟梁	今野政義
岩崎	T邸	年記	1936年旧2月20日（上棟式）
		家主（戸主）	T.S.
		木挽棟梁	坂本徳治
		大工棟梁	吉田徳三郎
	Y邸	年記	1964年1月26日
		家主（戸主）	Y.M.
		木挽棟梁	大森進
		大工棟梁	阿部惣治
田浜	M1邸	年記	1935年4月吉日
		家主（戸主）	M.T.
		木挽棟梁	熊谷松之助
		大工棟梁	熊谷藤四郎
	M1邸改築	年記	1961年3月31日（上棟）
		家主（戸主）	M.T.（77歳）
		木挽棟梁	熊谷松之助（63歳）
		大工棟梁	中村源蔵（30歳）
	K邸	年記	1935年4月10日
		家主（戸主）	K.K.
		木挽棟梁	佐々木秋吉
		大工棟梁	熊澤栄治
	C邸	年記	1972年6月29日
		家主（戸主）	T.N.（39歳）
		木挽棟梁	吉善木伐
		大工棟梁	花輪政男
	M2邸	年記	1956年4月13日
		家主（戸主）	M.Y.（56歳）
		木挽棟梁	佐藤久則
		大工棟梁	花輪傳伍郎（60歳）
	M3邸	年記	1935年4月吉日
		家主（戸主）	M.E.（29歳）
		木挽棟梁	熊澤栄治
		大工棟梁	中村民治

表2 実測した家屋の棟札の情報

昭和三陸津波の復興にみられる歴史の重層性のもうひとつは、家屋をつくる大工集団の存在である。つまり近世に根ざす気仙大工の存在だが、それが明治以降も人工吸収力の低い綾里地区が出稼ぎ、つまり北海道などの遠方への進出という回路をもつことによって、村内で輩出する大工の数をさらに増やし、これが昭和三陸津波後の迅速な家屋復興の、きわめて具体的な力となった経緯を考えることができる。

次章では、生業と文化、社会と信仰といった彩り豊かなレイヤーを重ねる。津波と復興の歴史も、そうした厚みある複合体としての村のなかで考え直す必要があるからだ。

何故に折角移った村が原地に復帰するか、
その経済的関係が主因であることは知られるが、
果たしてそれのみであろうか。
元屋敷とか、氏神とか、海に対するなどの民俗学的問題でも含んでいるとすれば、
これは到底津浪直後の官庁の報告書にのみゆだねておくわけにはいかない

——— 山口弥一郎「序に代えて　三陸の旅」『津浪と村』恒春閣書房、1943
（山口弥一郎著、石井正己＋川島秀一編『津浪と村』三弥井書店、2011）

2014年3月14日／岩手県大船渡市三陸町綾里田浜上、1933年の昭和三陸津波からの集団移転地

第3章　社会

綾里という地域社会

前頁に引いた文章で、山口弥一郎は、高所移転がうまくいかない背景に「元屋敷とか、氏神とか、海に対するなどの民俗学的問題」があることを示唆する。では、山口が集団移動の成功例の一つとして、「綾里村の復興は、県の指導にひきずられずに、村人自身積極的に計画をすすめ、一致して建築に邁進している点で特異性がある」[*1]と書く綾里においてはどうだったのだろうか。

綾里における津波での死者数が、明治三陸津波から昭和三陸津波へ、そして東日本大震災へと時代を下るに従い大きく減っているのは、第1章で指摘のとおりである。3度の津波のあいだで、地域社会はどのように変容してきたのか。本章では、綾里という地域を考えるための前提として、社会組織、信仰、生業などに着目しながら、山口のいう「民俗学的問題」の影響について、検討していきたい。

● 3つの湾、11の集落

綾里は岩手県南部の太平洋沿岸、気仙地方に位置し、3つの小さな湾(港湾、綾里湾、越喜来湾)に面する。土地利用的に見れば綾里の面積の9割は山林であり、集落は主に沿岸部の、湾に流れ込む川沿いから河口あたりの、あまり広くないが比較的平坦な土地に位置していた。主な生業は、明治期以降は漁業、農業、林業であり、現在11ある集落を大まかにカテゴライズすれば、8つが漁業中心(小路、石浜、港、田浜、野々前、白浜、砂子浜、小石浜)、二つが林業・農業中心(野形、宮野)、残る一つ(岩崎)が両者の複合である(14ページの地図参照)。このような地理的な状況のなかで、綾里という地域社会はどのように構成されてきたのだろうか。次に、歴史について概観する。

● 変動のなかの綾里

綾里という地名の由来としては、しばしば綾姫伝説[*2](図1)が語られるが、『三陸町史』では綾里という集落の成立は15世紀中頃だと推測している[*3]。いくつかの館の跡[*4](図2)が往時の様子をしのばせるが、気仙地方は鎌倉時代より葛西氏領となり、その後、葛西氏の没落とともに伊達氏の影響下に入った。綾里を含む旧気仙郡北東部の村々(唐丹・吉浜・越喜来・綾里)は仙台藩の北端であり、まとめて「奥四ケ浜」と呼ばれた、いわば"辺境の地"であったが、後述のように海を通じた人や事物、文化の活発な交流があった。

江戸期の綾里の主要な産業としては、塩煮がある。寒冷地で米が獲れず、漁網用のワラも外部から購入していた。その点でも塩は重要であり、また大量の燃料と人手が必要になる製塩は地域内の勢力関係と結びついていた。

18世紀後半には、この地にも定置網漁が導入される一方、五十集商人が現れはじめ、かつお節や魚粕などを扱った。そうしたなかでもとりわけ栄えたのが千田家(砂子浜大屋)であり、千田家は村を代表し年貢の徴収などを行う肝煎を務めた(第2章参照)。綾里には、この千田家を含め、「オオヤ」などと呼ばれ、伝統的・血縁的な正統性、あるいは塩煮、定置網、交易、そして山林個人所有が可能になる明治期以降には山林経営などの事業家として、周囲に対して持続的に大きな影響力を持った家もあった[*5]。

さて明治初期、気仙地方および綾里の行政的な位置づけは幾度となく変更されたが、1889(明治22)年に綾里村となり、安定した。この過程で綾里村の村役場は千田家のある砂子浜から、人口の多い港集落に移った。ここから70年弱存続した綾里村では、14代11人の村長が村政を執った。この間に特筆すべき出来事を挙げれば、筆頭には1896(明治29)年の明治三陸津波が挙げられる。人口統計(図3)に示されるように、明治期、綾里の人口は漸増していた。しかし明治三陸津波では人口2251人のうち死者が1269人と、半分以下にまで減少した[*6]。ここでは詳述できないが、この被害は綾里の政治経済や文化に大きな影響を与えたはずである。だが人口はすぐに増加に転じる。復興においては「家の再興」が目指され[*7]、遠縁の者を養子にする、生き残った者同士を結婚させるなどして、「家」を継承させた。加えて経済的な好機と見た「よそ者」もやってきた。こうした事態は、山口弥一郎が「津浪後は旅の者で満たされる」と記したとおりである[*8]。

大正から昭和の初期は相次ぐ凶作や経済恐慌で、出稼ぎも増えていたが、綾里では重要な現金獲得源だった鮑の採取権をめぐり、村を二分するいわゆる「鮑騒動」が起きた。これが一応の和解を見た1928(昭和3)年の5年後の1933(昭和8)年には、昭和三陸津波が起きる。山口弥一郎も描いたように復興には村が一丸となり、復

図1 綾織姫(綾里川ダム)(撮影:木村周平/2013年)

図2 平館の跡
綾里の中では比較的広い平地に島のように浮かぶ(撮影:木村周平/2013年)

[*1] ● 山口弥一郎著、石井正己+川島秀一編『津浪と村』三弥井書店、2011年、p.46

[*2] ● 綾姫は綾里の人々に地域のシンボルとみなされ、綾里内には綾姫にまつわるキビツ岩や、綾姫を祭神とする白山神社(野形集落)も存在する。その姿は『昭和七年版 綾里村誌』(綾里尋常高等小学校編、共和印刷企画部、1977年)の表紙の図版から、東日本大震災直前に完成し、避難所となった地区公民館「綾里ホール」まで繰り返し登場する。

[*3] ● 三陸町史編集委員会『三陸町史 第二巻 歴史編』1992年、p.115。「綾里」の地名は1401(応永8)年の寄進状にみられており、葛西道光から華蔵寺(陸前高田市小友町)へ、綾里の塩を寄進していたことが記されている。(陸前高田市史編集委員会『陸前高田市史 第11巻 資料編(Ⅰ)』2001年 p.53)

[*4] ● 平館には、千葉家(屋号野面)が管理する雷神神社、および忠魂碑や明治・昭和の津波の碑などが並ぶ空間がある。

[*5] ● これは名子制度と呼ばれる(山口弥一郎「名子制度と縁族集団よりみた漁村の形態──陸中重茂村 鵜磯・荒巻(津浪による集落占居形態の研究 第三報)」『社会経済史学』21巻1号、社会経済史学会、1955年、pp.50-58)。

[*6] ● 三陸町史編集委員会『三陸町史 第四巻 津波編』1989年、p.178

[*7] ● 北原糸子は綾里の隣の赤崎地区、特に合足集落を中心における家の変遷について、資料から丁寧に明らかにしている(北原糸子「災害と家族」『津波工学研究報告』9号、東北大学工学部災害制御研究センター、1992年、pp.203-231)。

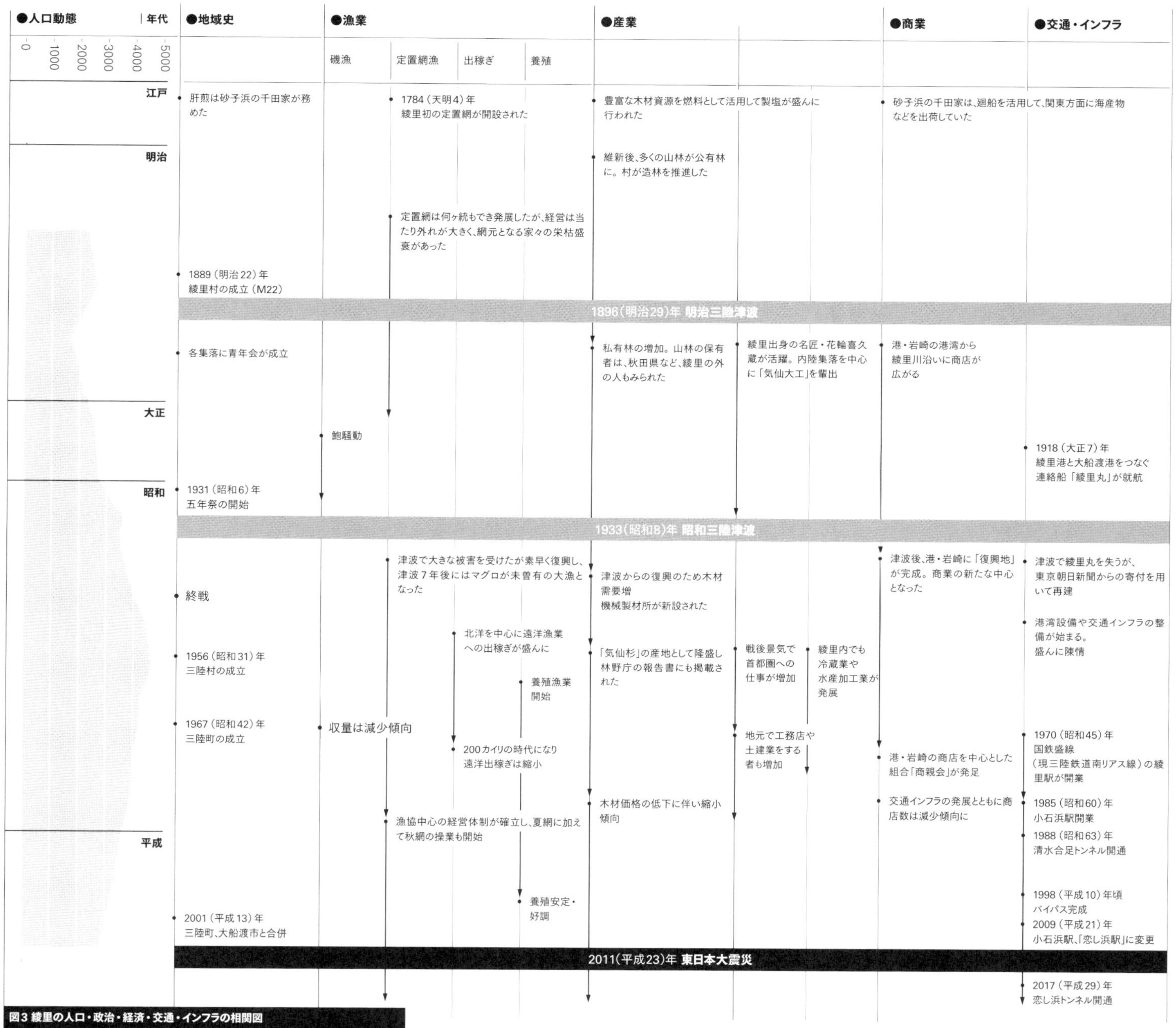

*8 ● 山口前掲『津浪と村』参照。山口はそこで、遠縁の者に家を継がせると、すぐに出て行ってしまい、その空いたところに経済的に貧しい旅の者(よそ者)が入り込む、という流れを指摘し、それによって津波の経験や記憶が失われてしまうことを懸念している。

*9 ●「鮑騒動」の漁民側のリーダーで、第二次世界大戦後に三陸町長となる野々村善二郎は満州開拓の流れに加わった。また戦中、綾里では出征した人々に地域の様子を事細かに記した『綾里村銃後だより』(綾里村銃後通信連絡部報記念出版会、『綾里村銃後だより』1985年)を7年にわたって送り続けており、その数は80号を超えた。

*10 ● この時期、林業生産も拡大している。綾里では明治期以降、早くから村有林および私有林で造林が行われていたが、私有に関しては少数の大規模所有、多数の小規模所有に分かれていた。

年代	●地域史	●漁業 磯漁	定置網漁	出稼ぎ	養殖	●産業	●商業	●交通・インフラ
江戸	肝煎は砂子浜の千田家が務めた		1784(天明4)年 綾里初の定置網が開設された			豊富な木材資源を燃料として活用して製塩が盛んに行われた	砂子浜の千田家は、廻船を活用して、関東方面に海産物などを出荷していた	
明治	1889(明治22)年 綾里村の成立(M22)		定置網は何ヶ統もでき発展したが、経営は当たり外れが大きく、網元となる家々の栄枯盛衰があった			維新後、多くの山林が公有林に。村が造林を推進した		
1896(明治29)年 明治三陸津波								
	各集落に青年会が成立					私有林の増加。山林の保有者は、秋田県など、綾里の外の人もみられた / 綾里出身の名匠・花輪喜久蔵が活躍。内陸集落を中心に「気仙大工」を輩出	港・岩崎の港湾から綾里川沿いに商店が広がる	
大正		鮑騒動						1918(大正7)年 綾里港と大船渡港をつなぐ連絡船「綾里丸」が就航
昭和	1931(昭和6)年 五年祭の開始							
1933(昭和8)年 昭和三陸津波								
	津波で大きな被害を受けたが素早く復興し、津波7年後にはマグロが未曽有の大漁となった					津波からの復興のため木材需要増 機械製材所が新設された	津波後、港・岩崎に「復興地」が完成。商業の新たな中心となった	津波で綾里丸を失うが、東京朝日新聞からの寄付を用いて再建
	終戦			北洋を中心に遠洋漁業への出稼ぎが盛んに		「気仙杉」の産地として隆盛し林野庁の報告書にも掲載された / 戦後景気で首都圏への仕事が増加		港湾設備や交通インフラの整備が始まる。盛んに陳情
	1956(昭和31)年 三陸村の成立				養殖漁業開始	綾里内でも冷蔵業や水産加工業が発展		
	1967(昭和42)年 三陸町の成立	収量は減少傾向		200カイリの時代になり遠洋出稼ぎは縮小		地元で工務店や土建業をする者も増加	港・岩崎の商店を中心とした組合「商親会」が発足	1970(昭和45)年 国鉄盛線(現三陸鉄道南リアス線)の綾里駅が開業
	漁協中心の経営体制が確立し、夏網に加えて秋網の操業も開始					木材価格の低下に伴い縮小傾向	交通インフラの発展とともに商店数は減少傾向に	1985(昭和60)年 小石浜駅開業 / 1988(昭和63)年 清水合足トンネル開通
平成	2001(平成13)年 三陸町、大船渡市と合併				養殖安定・好調			1998(平成10)年頃 バイパス完成 / 2009(平成21)年 小石浜駅、「恋し浜駅」に変更
2011(平成23)年 東日本大震災								
								2017(平成29)年 恋し浜トンネル開通

図3 綾里の人口・政治・経済・交通・インフラの相関図
昭和三陸津波の素早い立ち直りや、昭和中期から後期の地域の活気が読み取れる

興地の整備などが進められたが、しだいに時代は戦争の空気に染まっていく*9。

　第二次世界大戦後、引揚者などによって人口が増加した綾里では、漁業の成長とともに発展期を迎える*10。野々村善二郎村長時代の1956(昭和31)年、「昭和の大合併」の流れのなかで吉浜・越喜来と合併して三陸村が成立する。三陸村時代の綾里は、人口が1960(昭和35)年にピークの4631人となる。そして1967(昭和42)年には三陸町となったが、このころから平成の初めまでの20年から30年間が、養殖漁業の安定・増産や交通・産業インフラの整備の影響もあり、綾里の成熟期だといえる。バブルの頃には、政策的なふるさとづくりによる盛り上がりの反面、高齢化や若年人口の減少などの問題も現れはじめる。

　2001(平成13)年、三陸町(佐々木菊夫町長)は大船渡市と合併し、綾里は現在の「大船渡市三陸町綾里」となった。人口減はしだいに顕著になり、震災前に人口はピーク時の3分の2以下となり、3000人を下回った。震災後もこの人口減少は継続している。

　綾里の歴史や人口の動きには、三陸沿岸の他地域と重なる部分が少なくない。この地域の未来を考えるため、綾里を追いかけよう。

● 綾里というまとまり

前頁で述べたとおり、綾里は山がちな地形で、港湾、綾里湾、越喜来湾に面しており、地理的にはひとまとまりとは言い難い。この条件下で、綾里という地域社会はどのように、どんなまとまりを維持してきたのだろうか。東日本大震災後に盛んに「コミュニティの団結」が語られたが、それは綾里についてもいえるのだろうか。

山口弥一郎は昭和三陸津波後の綾里の集団移転について、村が一致して邁進したと書いている。これは綾里の地域としてのまとまりが強固なものであることを示唆するものである。しかし詳しく見てみると、綾里は様々なレベルのまとまりによって構成されていることがわかる。以下、本章では集落組織、信仰、生業という3つに焦点を当て、そうしたまとまりを再構成する。

● 基礎的な単位としての「家」

前頁でも述べた通り、明治三陸津波では「家の再興」が復興の軸になっていた（図6）。

一般に家は生活と生産の単位であり、「ムラ」とは、そうしたものとしての家を基礎とし、その生産や生活を成り立たせる結びつきとされるが[11]、こうした視角は、綾里を考えるうえでも有用に思われる。各家は一つのまとまりとして生業や事業経営などの経済活動を行い、家の拡大を目指す。家の富はある程度になると建物（屋敷や蔵）や土地（農地や山林）、あるいは生産手段（船など）に転化され、安定やさらなる拡大が図られる。そうした家にとって、存続は至上命題であり、そこでは血縁に基づく継承が基本的な原則となる。しかしいざというときには明治三陸津波のときのように、養子などの仕組みを使って柔軟に対応することもできるし、別家（何かあったときに本家を継ぐ）や分家（本家を継がない家の成員が、土地などの財産を本家からもらい独立する）をつくることもある。さらに、こうした家々が同族集団として地域で一つの勢力圏をなすこともある。

家同士は潜在的には競争関係にありつつ、血縁や縁組による相互関係や、生業や信仰に基づいたまとまりを形成したりもする。住民への聞き取り調査でも、家々の間にきわめて複雑に関係が張りめぐらされていることがわかった。そして、このような独立しつつ相互関係のなかにある家々の、地理的なまとまりとして、現時点では「集落[12]」が存在する。

● 集落というまとまり

綾里の人々にとって、現在11ある集落は、地縁的なまとまりの基礎的な単位をなす。ただし、現在は公民館などの行政的制度と結びついているが、字と一対一の対応ではない。歴史的な記録を見ても[13]、必ずしも安定的・固定的な単位とはいえない。集落が現在のようなかたちで、「家」と「ムラ」とを、あるいは生活と行政とを媒介する制度として確立したのはおそらく明治三陸津波以降のことであり、その意味で集落は近代的な存在だといえる。

現在、各集落には基本的に全戸が加入する組織（集落会や契約会、町内会などと呼ばれ、集まりにはおもに家の年長男性が参加する）が存在する。これは次に見る石浜の事例のように、集落の家々の互助的な組織であり、また意思決定機関として会費を集め必要な事業を行い、五年祭や災害対応などでは集落をまとめる役割を果たすが、活動にはばらつきがある。また集落によってはこの下に青年組織や女性組織があることもある。

この集落組織の成り立ちは十分にはわかっていない。史料的には明治30年代頃から、集落を単位とするような「青年会」や「契約会」などの組織の設立が読み取れる[14]。だが石浜などいくつかを除き、多くは現存するものとは名称も構成員の世代も異なる。それゆえ、現在の集落会は、この時点で組織されたものがどこかの時点で変化していった、ないし別組織として組織された、という両方の可能性がある。

以下、1910（明治43）年に成立し、そのままの名で現在まで存続しているわずかな例である石浜集落の「方正会」の事例を示す（図4）。

史料と聞き取りから戦後期の姿を再構成すると、方正会は共有の財産（山林やふのりを取る浜）や品物（お膳や太鼓など）を持ち、住民に対して貸し付けを行ったり、冠婚葬祭でお膳を貸したりする、互助組織という色合いを持っていた。それに加えて集落の行事を実施すること、集落の祭礼（「お天王さま」）をとり仕切ることなどの役割ももっていた。ただし、祭礼の際には構成員は同じながら「方正会」ではなく、「崇敬講」という名前を名乗る。さらに方正会の下には、若い世代の男性の「壮年会」（「青年部」とも、現在は「公民館」）、女性の婦人部（こちらも年齢に応じて、「山の神」「婦人部」「女子会」）が別に存在していた。

このように集落の組織は、経済的・政治的・宗教的な側面をもち、血縁や生業、信仰に基づくまとまりと関わりながら、地縁的な単位としての集落の統合に役立ってきた。

ただし、石浜の例でいえば、各世帯が経済的に安定するにつれ互助的な活動は弱まり、行政への陳情などを行う、外向きに集落を代表する

図4『石浜方正会会員名簿』（石浜方正会所蔵）

図5『昭和七年版 綾里村誌』

[11] 植田今日子『存続の岐路に立つむら──ダム・災害・限界集落の先に』（昭和堂、2016年）などを参照。

[12] 綾里では歴史的に「集落」という意味合いで「部落」という言葉が使われてきたが、以下ではより一般的な表現である「集落」で統一する。

[13] 明治期には行政上の単位として組が存在した。千田家文書には1890（明治23）年の小石浜組の「契約書」が残っている（三陸町史編集委員会『三陸町史 第二巻 歴史編』1992年、pp.454–455）。また前掲『綾里村誌』1932年版には「区長」の記載があり、それに従えば1891（明治24）年から1924（大正13）年まで9つ、1926（大正15）年から1930（昭和5）年まで10の区が存在した。

[14]『気仙郡綾里村々是調査』岩手県農会、1916年、一橋大学附属図書館所蔵。青年会は、明治20年代から全国的に組織されはじめたようである。三上陽三編『気仙郡綾里村誌』綾里尋常高等小学校、1923年（東京大学史料編纂所所蔵）によれば、綾里でも1912（明治45）年に綾里青年貯金会が組織され、1914（大正3）年に綾里青年会に改称し、1918（大正7）年には綾里村女子会が結成された（pp.38–39）。だが前掲『昭和7年版 綾里村誌』では、青年団の成立は1929（昭和4）年とされている（p.146）。

*15 ● 村社、御山の信仰圏は綾里一円とされてきた（次節を参照）。また女性の「カミマイリ」や「ヨゲ」（いつ頃からかは不明）は、綾里内の神社を順に回った。

*16 ● 綾里地区消防百周年記念事業実行委員会 1998年『金馬簾：岩手県三陸町・綾里地区消防百年のあゆみ』p25。

*17 ● ここで筆者らは、ベネディクト・アンダーソン（白石隆・白石さや訳『定本 想像の共同体：ナショナリズムの起源と決行』書籍工房早山、2007年）による「想像の共同体」論を背景に、家や集落のようには日常のなかで実体的な役割を持つわけではない「（綾里）村」というまとまりに人々がリアリティをもったのは、それをイメージさせる様々な装置があったからこそであり、その装置が失われることで「綾里」もリアリティを失いうるのではないか、と考えている。

*18 ● 合併にあたり、それまでの村が所有していた山林の一部をそれまでの村単位で管理することとした。村は行政的には統合されたが、この財産管理という点では残った。

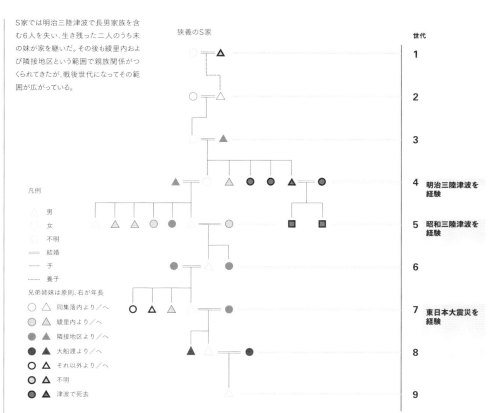

図6 S家 家系図
図中の第7世代のY氏（1946年生まれ）による。S家の継承に関わらなかった人の婚姻関係などは省略している。

図7 綾里小学校
高台に移転した中学校と異なり、低地に残る小学校には、東日本大震災では1階まで水が入った。だが平時には綾里の人々が集まるパブリックスペースであり、五年祭や盆踊りなどで利用された（撮影：木村周平／2017年）

図8 運動会
毎年秋に行われた運動会は、五年祭と並んで、綾里の人々が情熱を傾け、集落ごとに競い合ったイベントであり、「綾里」という全体を人々に想像させる装置でもあった（綾里地区公民館が保管する運動会パンフレットより）

性格を強めていった。また祭礼などの活動のピークは昭和50年代（1975～85年）頃のようで、それ以降、若者人口の減少に伴い、下部組織の統合や活動の縮小などが起きてもいる。

● 集落の集合としての綾里

集落を成り立たせているのが地縁をベースにした家同士の日常的な関係性だとすれば、それより大きな「綾里」というまとまりは、少なくとも明治期以降は、それまでとの歴史的なつながりを維持し、また信仰に支えられつつも*15、まずは行政的な意味での村という制度を意味したと考えられる。人々は戸籍などの制度を通じて直接「綾里村」と結びつけられ、この「村」は、役場と村長・議員をもつのに加え、小・中学校の校区、消防や青年団、農協や漁協などを組織する単位となった。1873（明治6）年には綾里小学校が早くも開校し（図7）、また1898（明治31）年には、1896（明治29）年の大津波を受け、綾里全体として災害への対応を行う組織として綾里壮年効成会が結成された*16。これは現在の消防団の前身である。このように、人々はそれらの日常的な活動や、周辺地域との比較・対立を通じて「綾里」というまとまりを実体あるものとして想像し、帰属意識を抱いてきた*17。そこには『綾里村誌』（図5）や戦争中の『綾里村銃後だより』の編集も寄与しただろう。

こうした近代的制度としての村は、それまでの地縁的なまとまりを利用してまず下位区分としての組や区が整備され、それが時間をかけて現在の集落のあり様になっていったと考えられる。それに伴い、集落は「綾里」という全体を構成する基礎単位として人々に意識され、集落ごとの特徴や性格についてのイメージとも結びついていった。この結果として、「綾里」は集落の集合として立ち現れるようになったのではないだろうか。

● 想像の解体？

行政的な単位としての綾里は三陸村（町）の成立で重要な基盤を失ったが、財産区*18や漁協などの組織の存在によって人々に意識され続けた。そして、綾里は様々な人々のまとまりを包括するものであり、集落を単位として綾里全体が参加する五年祭などの行事、盆踊りや運動会（図8）などのイベントは、「集落の集合としての綾里」を象徴的に表現してきた。

しかし、大船渡市との合併は綾里の行政的な単位としての実質的な役割をさらに弱めた。また今や五年祭や運動会が行われておらず、津波による綾里外、あるいは宮野など特定集落への移転の増加は、集落というまとまりをも揺るがせている。中学校の統合も検討される現在、綾里というまとまりのもつリアリティは、重要な時期を迎えているといえるだろう。

多様な信仰と人々のつながり

綾里は熊野修験や羽黒派の出羽三山修験といった山岳信仰の影響を濃密に受けてきた地域である（図14）。また、漁師など自然と関わる職業の人びとも、大漁や豊作を願い、それぞれの信仰のあり方をつくり上げてきた。こうした背景から、現在においても信仰は綾里の日常において重要な位置を占めている。以下では綾里における信仰のあり方を見ていくが、その特徴として、信仰を担うまとまりが一様ではない点が挙げられる[*19]。

● **家・同族における信仰**

信仰における最小の単位は「家」であり、家によって氏神祭祀を行うものがある。氏神は室内に設けられた神棚にまつられるほか、屋敷の裏手等に祠堂を設けてまつっていることも多い（図12）。

家よりも大きなまとまりの範囲としては同族があり、同族による信仰として、岩崎集落の小迫権現講が挙げられる。小迫権現講に加入する16戸は「千田家のいわゆる一族郎党」だと説明される。中心となる本家は葛西家の落人伝承を有し、現当主で17代目となる旧家である。小迫権現講では、現在も毎年1月8日前後に「八日行」という山岳信仰に関連する行事が実施されている。八日行では、まず講の男性たちが風呂に入って体を清め、その後、市杵島神社（図13）の神官から祈祷を受ける。神事の後は、16戸の戸主たちが集まって、餅料理などを食し、深夜まで花札をするなどして過ごす。ただし、時代とともに行事は縮小傾向にある。

● **より大きな単位での信仰**

家や同族よりも大きなまとまりとしては、①聖徳太子信仰（岩崎上契約会）のような契約会（図10）②集落を挙げて神社の縁日を行うような信仰と集落組織がほとんど同一化したまとまり（図11）、③漁業者を主とした金毘羅講のように集落単位の職業によるまとまり、④同じくジェンダーによるまとまりが挙げられる。この②のうち、前々頁でも挙げた石浜集落の崇敬講は、市杵島神社の敷地内にある二つの神社（熊野神社と八坂神社）の氏子集団である。石浜の自治組織は「方正会」と呼ばれるが、「方正会会員は自動的に崇敬講の講員になる」とされ、石浜集落に居住する家は皆崇敬講の運営資金に出資するという。このように理念上は方正会と崇敬講は別組織だが、実質的には同一組織である。なお他集落ではこうした自治、氏子組織の区別もないところも多い。

ジェンダーのまとまりとしては、女性の巡拝習俗や山の神講がみられる。例えば、田浜や白浜などでは、女性たちが綾里各地の神仏や祠堂を巡礼する「ヨウゲ（ヨウギ）」と呼ばれる行事が実施されて

図9 田浜の天照御祖神社（村社）（撮影：木村周平／2016年）

図10 岩崎集落の太子堂
岩崎上契約会は岩崎集落において、山林の共同経営等を行っている組織である。契約会の総会は11月中旬の土日に行われる。総会後、契約会員たちは聖徳太子像（オダイシサマ）をまつる太子堂に参拝した後、ベットウ家で飲食する。太子堂は1994（平成6）年に修復されており、その修復経費は岩崎上契約会の寄付によって賄われた。なお、太子堂には6体のオシラサマも祀られている（提供：千田登氏）

図11 港集落の秋葉神社
港集落の秋葉神社は、もともと近世期に個人が勧請した神社であるが、1905（明治38）年に港集落住民から成る「湊戸主会」が地主に申し入れて敷地を譲り受け、港集落全体の神社となった。その後、1983（昭和58）年には港集落住民らによって御堂が再建された（三陸町史編集委員会『三陸町史 第三巻 教育・社会編』1989年、pp.572-577、撮影：木村周平／2018年）

図12 小石浜集落のある家の氏神
小石浜集落では、約30世帯の中で16の氏神がみられるといい、その種類は薬師如来、えびす、稲荷、聖徳太子、八幡様、明神、金比羅様、不動明王等と多様である（撮影：木村周平／2013年）

*19 ● 本項は筆者らの既発表論文（木村周平・辻本侑生「地域社会の災害復興と「復興儀礼」：津波被災地のある「失敗」事例から」『現代民俗学研究』第10号、現代民俗学会、2018年）の一部を加筆修正したものである。

*20 ● 港集落では、春と秋の年2回、神社3か所（秋葉、天照、市杵島）を巡礼し、その後昼ご飯を食べる。石浜集落でも「春ヨウゲ」「秋ヨウゲ」の2回が行われる。

＊21 ● また、宮城県小牛田の山の神神社への代参も行われている。

いる＊[20]。また、石浜では女性だけの山の神講があり、現在も1月の土曜日の吉日に集まり、山の神の掛け軸をかけて安産や家族の健康などを祈って拝んだ後、ホテルでの共同飲食や歌や踊りの披露などを行っている＊[21]。

● 信仰に基づくまとまりと災害

以上のように、綾里における信仰のあり方は、異なった系譜を持つ信仰を外部から受け入れながら、歴史的に積み重なって変容してきた。さらに、集落全体や契約会のような組織、漁業者、あるいは女性のような多様なまとまりに結びついて、現在まで残ってきたと考えられる(図15)。

ただし調査においては信仰と津波との直接的な関連は見いだせなかった。確かに、綾里に所在する神社等はリアス式海岸の地形特有の張り出した岬や高台に所在し、過去の津波や東日本大震災でも流出を免れているし、山口弥一郎が指摘していた津波による高所移転の以前の屋敷地(元屋敷)については、移転後も畑地や納屋として利用され続ける傾向はある。とはいえ、綾里では低地居住と信仰の関係は見いだせないし、信仰に関わる様々な行事についても、津波災害との直接的な関連性はみられない。

だが人々の暮らしの中でとらえた場合、信仰に伴う様々な行事では、そこに属する人々が定期的に集い、ともに飲食し、語らう姿がみられる。そうした「ハナシカタリ」の中で、過去の災害に関する記憶や伝承が受け継がれてきたということは、十分にありうることである。

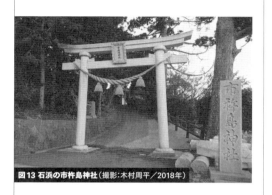

図13 石浜の市杵島神社(撮影:木村周平／2018年)

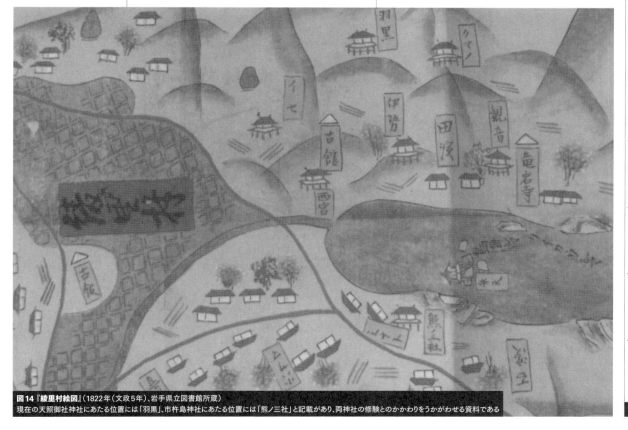

図14『綾里村絵図』(1822年(文政5年)、岩手県立図書館所蔵)
現在の天照御社神社にあたる位置には「羽黒」、市杵島神社にあたる位置には「熊ノ三社」と記載があり、両神社の修験とのかかわりをうかがわせる資料である

	信仰行事 全体	信仰行事 集落・組織・職業など	信仰行事 家・同族	漁業 採集	漁業 養殖	漁業 漁船	漁業 定置	農業
1月		金毘羅講(唄い込み、鳥追い) 小正月 悪魔払い	正月(元朝参り)	アワビ	ワカメ間引き			
2月		ヨウゲ(春祈祷)		マツモ・フノリ	メカブ採集		切り上げ	
3月				ツノマタ	養殖ワカメ収穫・出荷	イサダ		麦土入れ
4月				天然ワカメ				稲播種
5月		明神様縁日(砂子浜) 藤二大明神縁日(田浜)			ホタテ耳吊り		乗立祝い	稲田植え
6月	五年祭			ウニ、テングサ、ノリ	ホタテ、ワカメ採苗、ホヤ旬	イカ(6～11月頃まで)、サンマ(8～11月頃まで)	夏網(8月一杯)マグロ、ワラサ、スルメ、ブリなど	
7月		コウセン不動縁日(岩崎下) お天王さま(石浜)						麦刈り取り
8月	夏祭り(盆踊り)	お盆(念仏剣舞、灯篭流しなど)			ワカメ種付け			
9月		明神様縁日(白浜、野々前) 村社秋の例大祭(田浜) 秋葉神社縁日(港) ヨウゲ(秋祈祷)		コンブ			秋網(9月～1月まで)サケなど	
10月	体育祭				ワカメ側つけ			稲収獲
11月			太子堂縁日(岩崎上)		ワカメ網替え、ホタテカゴに移す			麦播き
12月		恵比寿講(田浜など)	八日行(岩崎上)	アワビ	ホタテ旬			麦踏み

図15 信仰にかかわる行事の暦 聞き取り調査により作成

● 五年祭

気仙地方では「五年祭」と呼ばれる、4年ないし5年に一度のサイクルで規模の大きな祭りを行う慣行が見られる。綾里では5年に一度で、「五年祭」と呼ばれる。これは天照御祖神社（通称「村社」）と市杵島神社（通称「御山」）の二つの神社の氏子が参加する祭礼だが、両神社の氏子圏は綾里という地域社会でほぼ重なり合っている*22。そうしたなかで実施される五年祭は、綾里のすべての集落が参加し、実施するものだと理解されている*23。その意味で五年祭は各集落、および綾里という地域社会のまとまりを活性化させ、意識させるものととらえることができる。

以下、基本的な流れを順を追って流れを整理する。まず前年のうちから少しずつ準備を始め、年が明けると両神社の宮司と各集落の両神社の氏子総代が集まり、正式に日程を決める。

各集落でもひと月以上前から、道具のメンテナンスや、踊りの練習を開始する。また当日が近づくと、神輿が渡御するあたりを中心に、地区内を飾りつける。

そして1週間前になると神輿の担ぎ手たちは、6泊7日*24のオコモリを行う。オコモリをするのは猿田彦（神輿の先導役）を務める一人と、両神輿の16人の陸尺（神輿の担ぎ手、各集落から出す）であり、オコモリの間は禊をして祭りの準備や神輿の掃除を行う。

また前日には集落ごとにカサゾロエと呼ばれる予行練習を行う。深夜12時、宮司が神輿に神霊を移す。

そして当日は市杵島神社から神輿が村社に向けて出発し、朝8時ごろに祭儀を村社で行い、9時には二つの神輿が村社を出発し*25、周辺の集落で基本的には決められたルートを渡御する（図18）。陸尺は白装束、マスクをし、しゃべってはいけない。神輿はギジム*26ので、前後を各集落の獅子舞（ゴンゲンサマ）が付き添ってルートから外れないように神輿のご機嫌を取り、それに山車や子どもたちによるササラなどの道中踊りが続く（図17）。12時ごろには御旅所である綾里小学校に到着し、神輿に集落ごとの祭り組が、ゴンゲンサマや女性による手踊りなどを奉納する。神輿は小学校を再び出発して15時ごろ村社と御山それぞれに帰ってきて祭儀をし、終了する。

翌日、集落ごとにカサコワシとしてもう一度ゴンゲンサマの踊りを行い、直会を行う。

● 五年祭の成り立ち

記録によれば*27、かつて延寿院と呼ばれた天照御祖神社と、かつて南光院と呼ばれた市杵島神社は、それぞれの祭日（旧暦3月16日と15日）に例祭を行っていた。しかし明治初期から村社で代々法印を務めてきた熊谷家が神職を出さなくなると、村社の社掌は、血縁関係もあった御山の中島家が務めてきた。五年祭が1931（昭和6）年に開始されたときには両神社はそうした状況にあった。開始のきっかけとしては昭和天皇の即位や村社の本殿改築・正遷宮が考えられているが*28、不明な部分も多い。

● 集落ごとの芸能

先に示した流れにおいて、五年祭で重要な要素を占めるのが、集落ごとの芸能である。なかでもギジム神輿の前後につき、誘導する役割を担うゴンゲンサマはその中心である（図22）。砂子浜を除く各集落では五年祭に合わせて1か月以上かけて、踊り、笛、太鼓、そして子どもたちの「ササラ」の練習をする。そして当日、異なる節・舞をもつ踊りを、誇りをもって披露する*29。この準備や本番ではかなりの物入りとなるが、集落の団結が強まるという。

獅子頭（カッシャ）には飛来や漂着説などの由来をもつものもある。舞い方は、宮城県石巻の渡波から、大船渡の新山神社に伝わり、そこで改良されて地の森権現となったものが伝播し、それぞれで発展したという。

図16 岩崎集落の五年祭の集合写真
1953（昭和28）年とされる（提供：小澤健氏）

図17 ギジム御輿、2016（平成28）年（撮影：木村周平）

*22 ● 綾里尋常高等小学校『気仙郡綾里村郷土教育資料』1940年、pp.493–508（岩手県立図書館蔵）には天照御祖神社について「氏子507、氏子区域綾里村一円」とあり、市杵島神社については「崇敬者約500、崇敬区域綾里村一円」とある。

*23 ● ただし、どのような形で祭礼に参加するかは、集落によって違いがみられる。例えば1941（昭和16）年の五年祭の記録（「村社大祭雑観記」『綾里銃後だより』37号、1941年4月25日、前掲『綾里村銃後だより』p.282）には、「獅子舞ハ砂子浜ノ一部落ヲ除イタ外十部落ヨリ各二頭ヅヽ都合二十頭モ出揃」ったと記されており、砂子浜集落のみが獅子舞を出していなかったことがわかる。

*24 ● 日数は近年短縮傾向にあった。

*25 ● 少なくとも1990年代には羽黒山山伏の一団が参加し、そのほら貝の音を出発の合図としていたようである（「三陸町綾里五年祭　祭りで地域おこし」『東海新報』1991年6月4日）。

*26 ● 神輿が担ぎ手のコントロールを超えて、意図せざる方向に進んでしまうことを指す。

*27 ● 『岩手県管轄地誌』（1880年）陸前高田市史編集委員会『陸前高田市史 第11巻 資料編（Ⅰ）』2001年、p.716 および綾里尋常高等小学校1940年『気仙郡綾里村郷土教育資料』（1940年、pp.496-498。また、1894（明治27）年に熊谷家19代目の名で、当時の村長に向けて神輿を請願しているが、神輿は1896（明治29）年に完成、明治三陸津波直前の旧暦3月16日に例祭を行っている。

*28 ● 前掲『昭和七年版 綾里村誌』には、1931（昭和6）年本殿改築や石段の修築などを行い、3月17日（旧正月29日）に仮遷宮を行い、5月2日（旧3月15日）に正遷宮を奉行、「尚正遷宮に際しては各集落より各種の余興相出で盛大を極めたり」とあり、これが「五

年祭」の起源となった可能性がある。

＊29 ● 例えば小石浜には3つのカッシャがあり、トオリ、ダイカグラ、コバヤシという3つの踊りがある。トオリは踊る場所を確保する、ダイカグラがメイン、コバヤシは踊り終わってお神酒をもらって帰るときに踊るのだという。

＊30 ● 1936（昭和11）年の石浜方正会役員会では、「村社天照御祖神社例大祭ニ関スル諸催物」について話し合いが行われ、「他部落ニ遜色ナキ様努カスル事」が決議されているように、こうした競争意識は五年祭において持続的にあるものと考えられる（石浜方正会『役員会決議録』石浜方正会所蔵）。

● 五年祭の継続と変化

五年祭において重要なのは、あくまで各集落を単位とし、両神社と集落の氏子代表たちの合議で実施されるという、定形的な流れがある一方で、回ごとに進化していることである。

五年祭には、集落間の形式的な統合に加え、内容面での差異化（競争）というモードも存在していた。五年祭の構成単位は集落であり、だからこそ集落内の団結や他の集落との競争意識が生まれる（図16）＊30。そのため、経済状況や人口増を反映し、獅子頭を新たにつくって数を増やしたり、踊りを壮麗にしたりするなど、様々な工夫を凝らしたり、ということが行われてきた（図19〜21）。

さらに、五年祭は地域社会の事情によって影響を受けてきた。その経緯のなかで特に目を引くのは、1970（昭和45）年の実施である。5年に一度であれば本来は翌年であったものを、この年、長年の悲願であった国鉄（現在は三陸鉄道）が開業することを記念して実施を1年早め、また新暦の3月に行われたのである。そしてこの次の回は、正規の周期に戻し、6年後の1976（昭和51）年に行われているが、新暦6月に移され、それ以降はこの時期に挙行されることとなった。その理由は「ワカメ養殖の繁忙期を避けるため」と説明される。

なお、五年祭は2006（平成18）年に中止となり、震災がなければ2011（平成23）年に行われている予定であった。震災後、開催が期待された2016（平成28）年にも残念ながら行われず、村社のみの単独開催となった。しかし、そのせいもあるのか、その後に行われた各集落での神社のご縁日がより盛大になり、ゴンゲンサマや神輿なども出たり、さらに2017（平成29）年6月には御山が例祭を行うなど、綾里内部で新しい動きが出てきている。

これまで五年祭は綾里という地域社会のまとまりを象徴的に示すものであった。今後、五年祭を含めて地域社会がどのように変化していくか、推移が注目される。

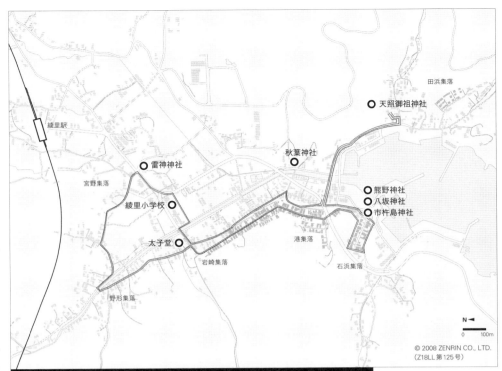

図18 五年祭神輿渡御ルート
まず、石浜の市杵島神社の神輿が出発し、田浜の天照御祖神社まで向かう。そこで天照御祖神社の神輿と合流し、天照御祖神社の神輿を先頭としてふたつの神輿が連なりつつ、石浜の復興地、港、岩崎の復興地、さらには野形、宮野の一部などを通り、綾里小学校に至る。綾里小学校を出ると、綾里川沿いに海に向かって進み、海の近くまでくるとふたつの神輿は分かれ、それぞれの神社に戻っていく

天照御祖神社の神輿ルート
市杵島神社の神輿ルート

図19 1996年の五年祭での漁港周辺の飾りつけ（撮影：川島秀一氏）

図20 1996年の五年祭で集合し、出番を待つ各集落の人々
撮影：川島秀一氏

図21 大蛇神楽を踊る大権現
大権現は平成3（1991）年に木製のものが登場し、次の平成8（1996）年には同じ大きさだが軽量化し重機を使って稼動できる大権現が制作された（平成13（2001）年の五年祭映像より）

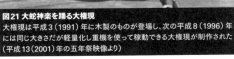

図22 ゴンゲンサマ（小石浜飛龍権現）
写真は2013年の荷捌き施設落成式より（撮影：木村周平／2013年）

生業と経済

綾里の生業としては、おもに漁業、農業、林業があり、そのほかに商工業などがある。以前から季節的な出稼ぎ労働も少なくなかったが、交通インフラの整備とともに綾里に住み地区外に通勤する人も多くなっている。以下、それぞれの業種の様子を概観する（なお、漁業については次頁で詳述）。

● **林業の盛衰**

綾里は全面積のうち実に9割以上を林野が占めている（図23）[31]。時代を通じて、営林がそれのみで生業となったわけではないが[32]、安定した収入が見込めたため、漁業や農業を補助する役割を担ったり、各種の組織・団体の財源となったりしてきた。

近世には、その多くが村林、一部が藩所有の御林であり、村林は入会として木材としての伐採や、薪としての利用、山菜などの採集が行われていた。また、この豊富な森林を利用して行われていたのが塩業である。綾里には千田家をはじめ、複数の釜で盛んに塩煮を行っていた。この製塩のために御林の木材を利用することも可能になっていたようであり、その点では山林の利用は弾力的であった[33]。しかし、当時は重要な貨幣獲得源であったこの塩業も、明治期に入ると、塩の専売制が取られると衰退していく[34]。

気仙地方では明治初期、ほかの地域のようには林野が国有化されず、公有地（村有地）となった。綾里では早くから村を挙げて造林が行われたが、そこでは林業による村の経済的安定と同時に、漁業への影響も考慮されていた[35]。明治期後半になると国有林払い下げ等で私有林も増加したが、そこでは近世期より実質的に山林を私有していた千田家に加え、陸前高田や秋田の資産家など、綾里内外の少数の者が集中的に所有する傾向があった。公的・私的な営林は大正年間にさらに加速的に進められたが、他方で製炭業も細々と行われていた。

さて戦中・戦後には開墾や牧畜業の導入なども行われたが、地域内外での木材需要の高まりもあり、造林はそれまで以上に盛んになる。1950（昭和25）年の時点で民有林の多くを私有林が占めるようになっている。木材需要は続き、造林が安定した収入を見込めたこともあり、集落や組織（漁協や消防団など）、複数住民による組合や個人など、様々な単位での所有や貸借が行われ、綾里の林野は権利関係を複雑化させつつ、積極的に利用された。

こうして林業は1955（昭和30）年頃にピークを迎えるが、昭和40年代には、大船渡における製材業の発展に伴い町内の製材業は苦境に陥り、昭和50年代（1975-85）から全国的に国産用材の価格が低下すると、それに伴って綾里の林業も衰退していった[36]。

● **気仙大工とネットワーク**

林業に関連する仕事として大工がある（第2章も参照）。気仙地方は近世から大工職人を輩出する地域である。綾里では宮野や野形といった内陸の集落で多くの大工・木挽きを輩出しており[37]、綾里出身の名工に花輪喜久蔵（1868-1942）がいる。

「気仙大工」と呼ばれた彼らは、明治期には岩手県内や宮城県北部を主たる出稼ぎ先として民家や寺社の建築を行い、明治後期から大正初期にかけて東北本線の開通などで市場が広がると、朝鮮、台湾、樺太といった外地にも進出していった。また1923（大正13）年の関東大震災で東京での建築需要が高まったことにより、東京への出稼ぎが増加した[38]。

第二次世界大戦後も、県内や北海道、東京、埼玉など全国へ季節的な出稼ぎに出たが、そこでは綾里出身者同士のネットワークが重要な役割を果たした。綾里内に残る者の一部はインフラ整備を中心とした土木建設業に向かい、今回の復興でも大きな役割を果たした。

● **自給のための農業**

気候が比較的冷涼かつ平坦地の少ない綾里では、農業は小規模に営まれてきていた。明治期、様々な改良や開田も試みられたが、水田耕作は小規模にとどまり、農業の主力は畑作であった。綾里の人びとは屋敷周りに加え、昭和三陸津波で高所移転する以前に屋敷を構えていた低地[39]

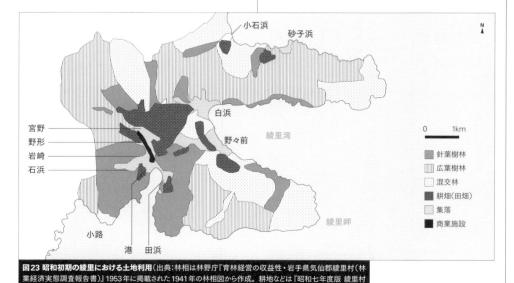

図23 昭和初期の綾里における土地利用（出典：林相は林野庁『育林経営の収益性・岩手県気仙郡綾里村（林業経済実態調査報告書）』1953年に掲載された1941年の林相図から作成。耕地などは『昭和七年度版 綾里村誌』および旧版地形図より作成した）

---

[31] 1950（昭和25）年当時で、綾里の面積は約3,007町歩といわれ、その93％（約2,799町歩）までが林野で占められていた。前掲『三陸町史 第六巻 産業編』p.503

[32] 炭焼き、木挽きなどの山林に関連する生業はある。

[33] 前掲『三陸町史 第六巻 産業編』p.394

[34] 戦後直後には米や野菜と換金するものが必要になり、製塩を再開する動きもあった。

[35] 1885（明治18）年の綾里村勧業会評決報告（前掲『三陸町史 第六巻 産業編』pp.423-427）では「第三条 山林ヲ養成スルハ目下ノ急務ニシテ、尤モ注意セザルベカラズ、殊ニ沿海地方ニアリテハ、漁産ノ蕃殖上ニ於テ肝要ナルハ、世人ノ熟知スル処ナリシニ……」と書かれている。

[36] 綾里には製材所が昭和40年代には6つあったが、50年代に4つ、平成20年頃にひとつが廃業し、現在残るのは1社である。

[37] 『三陸町史 第六巻 産業編』p.506によれば、昭和25（1950）年、宮野の42戸中、専業農家は5戸であり、兼業農家37戸のうち9戸が大工業に従事していた。なお木挽きは基本的に地元で働いてきたが、現在その数はきわめてわずかになっている。

[38] 川本忠平「気仙大工出稼の移動範囲と距離的性格の一考察」『岩手大学学藝学部研究年報』3巻1号、岩手大学学藝学部學會、1951年、pp.112-125

[39] たとえば、白浜集落では昭和三陸津波以前の屋敷地は「ヤシキドコ」と呼ばれる。高台移転後もヤシキドコの所有権は同じ家が持ち、畑や納屋などが立地した。そのため、昭和三陸津波以後に生まれた人びとも、どの家のヤシキドコがどこなのか、把握している場合が多い。

*40 ● しかし経営悪化が、昭和25(1950)年頃にはもう厳しく、綾里農協は醤油製造をやめ、水道事業を村に移管し、信用、購買、販売に専念(三陸町史編集委員会『三陸町史 第六巻 産業編』1991年、p.365)。

*41 ● ただし、扱う品物の種類が変化していくこと(例:鍛冶屋から餅屋、そして製菓販売へ、など)はごく普通に見られた。

や、太平洋に突き出した半島など、様々なところでモザイク状に畑地を開発し、雑穀や麦、大豆、イモ類、野菜などを生産してきた。他方で農業による現金獲得を目指し、戦前には養蚕、戦後には畜産の導入もみられた。

なお、農業組織としては、明治後期に設立された農会と産業組合が戦時中の1944(昭和19)年に農業会として組織し直されたが、戦後解散し、1948(昭和23)年に綾里農業協同組合となった。組合員545人と多くの世帯が加入したが、経営に苦しんだ*40。その後、1962(昭和37)年からの話し合いを経て、1974(昭和49)年に三陸町農協に統合された。

● 商業

綾里では近世期においては、砂子浜集落の千田家が海産物の商品生産と廻船による魚肥などの遠隔地移出によって隆盛した。千田家は塩業も行っており、海洋交通が中心のこの時代、綾里の政治・経済の中心は砂子浜であったといえる。しかし、明治中期以降、役場などの行政機能は、人口が集まる港集落へと移される。

こうして、港湾に面し、村社を擁する田浜集落と、御山を擁する石浜集落を含めたいわゆる「前浜」が綾里の中心地となる。港周辺から綾里川沿いに岩崎へ向かうあたりに商店や旅館などが並んだ。

しかしこの地域は海に近い低地であり、明治・昭和の津波では壊滅的な被害を受ける。そのため港・岩崎集落では山を切り崩してかさ上げした復興地が造成され、多くの家や商店が復興地に移転することとなった。移転後も被災前の家業を営むことができるように、復興地を通る県道に面して建てられた住居の中には二階建てとするものもあった。こうして港・岩崎集落にはひととおりの商業機能が再びそろい*41、綾里に暮らす人びとや、仕事(役場への出張や教員としての赴任、海産物の仲買等)で綾里を訪れる人びとによってにぎわいが生みだされていった。とはいえ、すべての商店が復興地に移転したわけではなく、津波の被害を受けた低地で継続して商売を営む者もあった。

港・岩崎で商業が発展する一方、漁業を行う中で経営を多角化し、水産加工業や運輸業などを営む者もいた。特に田浜集落において顕著で、昭和30年代後半(1960年以降)頃から浜にはいくつかの加工場や冷蔵倉庫が立ち並んでいった。これは田浜においては復興地から浜の方に住まいを下げていく動きに結びついた。

港・岩崎のにぎわいは、交通インフラの整備・自動車利用の増加とともに陰りを見せ始める。復興地の商店主たちは組合(「商親会」)を結成し、初売りや縁日といったイベントを行うなどして、綾里のまちを盛り上げていた。しかし、1970(昭和45)年の三陸鉄道の開通、1988(昭和63)年の清水合足トンネル開通によって大船渡市街地へのアクセスが容易になり、さらに1998(平成10)年の県道9号綾里バイパスの開通の影響で低地にも商店が並びはじめ、商業地は拡散していった。

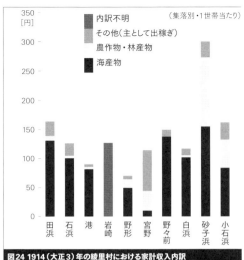

図24 1914(大正3)年の綾里村における家計収入内訳
1世帯当たりの収入は砂子浜集落が群を抜いて金額が多く、砂子浜大家が有していた圧倒的な経済力がうかがえる。また、内陸の野形・宮野集落は農業による自給が多いことから相対的に金額が少なく、宮野集落は気仙大工による出稼ぎの比重も大きかったと推察される(出典:岩手県農会『気仙郡綾里々是調査』1916年(一橋大学付属図書館蔵)より作成)

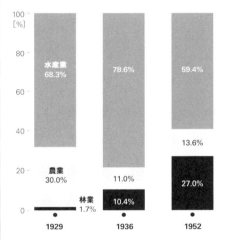

※畜産および養蚕は農業に含む。工業は生産額不詳により除外されている。

図25 綾里村の総生産額の産業別割合
1933(昭和8)年の昭和三陸津波後に、綾里の産業において林業の占める比重が大きくなったことが読み取れる。昭和三陸津波後の綾里では住宅や漁船の復旧に用いる材木の需要が増え、製材所が1か所から3か所に増加した。(出典:林野庁『山村経済実態調査書 昭和28年度』1954年、p.6より算出)

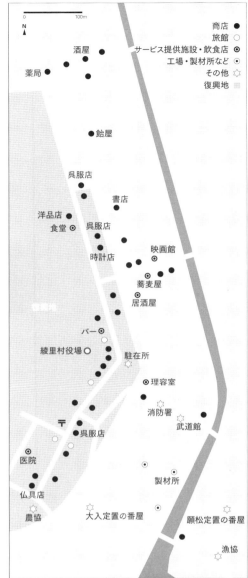

図26 1950~55年ごろの復興地の商店等分布図
聞き取り調査より作成。復興地の商店街には、旅館、食堂、商店、呉服屋、バーなどがみられた。他方で、低地にも商店がみられたほか、映画館や居酒屋などの娯楽施設が立地し、にぎわいをみせていた

第3章 社会 ● 065

● 漁業とその変容

綾里では近世までは採集漁業や合木舟(かっこぶね)での沿岸漁業が中心であったが、江戸中期になると、他の地域から網漁業が伝えられ、製塩や廻船業などを営んでいた大きな家や寺社などがこうした建網漁業にも参入した。このうち砂子浜の千田家は、五十集商人として魚粕やかつお節・まぐろ節などの海産物を集荷し、気仙沼や銚子、さらには江戸の商人と交易を行うとともに、地元では金融も営み、隆盛した。

綾里周辺はよい漁場であり、定置の漁場は10以上も開発され、家々はある程度資本を蓄えると、事業の拡大・多角化の一環として定置網経営などに参入した。しかし、定置網は大漁の際には莫大な収入につながるものの、経年的な生産量は不安定であった。そのため網元は多角化(山林経営など)によって経済的安定を図ったが、それでも、ひとつの定置網の経営者が次々と代わることは少なくなかった[*42]。このことは（少なくとも聞き取りで明らかになる昭和初期以降において）綾里における政治・経済的なヒエラルキーの流動性につながっているようである。

● 漁業者の階層分化と「鮑騒動」

近代期までの綾里においては、その時点時点の少数のダンナ的な有力漁家(網元)と、多数の零細漁師(名子)に分かれており、両者の間には、血縁・地縁等とも重なり合いながら恩顧庇護的な関係が結ばれていた[*43]。そして、多数を占める零細漁家にとって、高額の現金収入を得られる地先での鮑の磯漁は非常に重要な位置を占めていた。

大正初期の『気仙郡綾里村々是調査』では漁業者が利益に結びつきやすい鮑漁業に集中している状況が懸念され、遠洋漁業やワカメ養殖などへの転業が促されている。こうしたなか、大正3(1913)年、当時の漁業組合は、漁民個々人で鮑を採取し換金していたのを、新たに組織された捕鮑(ほほう)組合に「採鮑権」として貸し付け、漁民には組合の株の配当と鮑取の賃料収入が入るように変更した。これは漁業世帯に、現金収入が鮑に偏らないよう、鮑収入を安定させつつ村外にも働きに出られるようにする方途であったが、現実には鮑収入が低下し、漁民は不満を募らせた。これは村を二分する対立となり、漁業組合の総会での乱闘で逮捕者も出る大騒動となった。これがいわゆる「鮑騒動」である(争議解決は1928(昭和3)年とされる)[*44]。

明治三陸津波の後、人口も増加する中で、貴重な資源である鮑をめぐって起きたこの事件は、単なる富裕層対貧困層、ないしは山手集落対浜手集落の対立に収まらない、綾里のなかの複雑な関係と、それが変容していく様子を読み取るべきであろう。

●「旅の者で満たされる」

定置網は数十人規模の労働力を必要とする。そこで働くため、綾里の内外から男性たちが集まってきたので、大きな定置網の番屋のある港集落は活気があった。また逆に、綾里から外部に出稼ぎにいく若者たちもあった。これとは山口弥一郎が「津浪後は旅の者で満たされる」と書くのは、こうした働き口を求めて移動する人々のことである。

『綾里村銃後だより』を見ると、1937(昭和12)年頃から各地の漁場や北海道の炭鉱等、大工業以外においても出稼ぎが増加したことが読み取れる[*45]。この背景には、1937～1938(昭和12～13)年の気仙郡における主要魚種の不漁(マグロ、サバ、マスなど)、そして日中戦争に伴う対中鮑輸出業への打撃[*46]が背景にあると推察される。

こうした戦前の出稼ぎは、戦後の遠洋漁業における出稼ぎへと連なっていった。聞き取りに

[*42] ● たとえば、最も長く続いているとされる大入は、江戸末期～明治初期まで田浜の橋本兵治郎、明治中期から田浜の野村栄吉(屋号カミ)と気仙町安部氏との協働、明治後期は田浜の村上平七郎(屋号カッチ)を経て西風平治郎、その後しばらく休業し、1924(大正13)年に明治漁業株式会社が経営することとなった。その後昭和に入り釜石の三陸製氷、ついで釜石の佐々木喜一を経て、1942(昭和17)年に綾里建網実行組合が漁協組合長・木下秀雄氏の呼びかけで成立した。その後、何度か組合を作り直しつつ現在に至る。綾里漁業組合『海に生きるもの 綾里漁協創立50周年記念誌』1999年、pp.146-147。

[*43] ● 綾里にはおそらく、資本家対労働者という単純な図式ではなく、上述のような複雑な社会関係があったため、鮑騒動は、様々なわだかまりは残しても、綾里という地域社会の決定的な分断にはつながらなかったのだろうと推測される。

[*44] ● 山下文男『綾里村鮑騒動始末記』青磁社、1988年

[*45] ● 1939年の『綾里村銃後だより』には、「従来村民トシテ出稼ギスルモノ最モ尠ナク然ルニ事変以来各方面ニ出稼ギスルモノ自然ニ多クナリ本年ノ如キハ各地ノ漁場或ハ北海道夕張炭鉱樺太方面行頗多ク」という記述がある(前掲『綾里村銃後だより』p.95)。

[*46] ●「鮑漁業の方は御承知の通り、日支事変の影響に暴落の止むなきに至って居ります」(『部報』4号、昭和13(1938)年10月25日、前掲『綾里村銃後だより』p.45

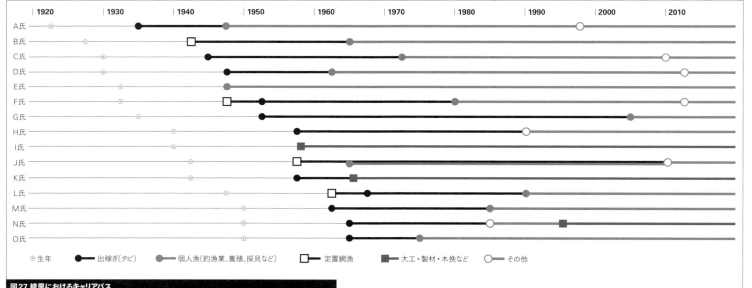

図27 綾里におけるキャリアパス
2013(平成25)年8月～2018(平成30)年3月にかけてお話を伺った15名の方のキャリアパスを図示した

*47 ● この背景には、背景にはオイルショックや、200カイリの設定による北洋サケ・マス漁業制限（1970年代後半）による北洋漁業の衰退もあったと考えられる。

*48 ● ヤマアテともいう。海上で適切な位置に到達するために複数のランドマーク（山の頂上や高い建物など）を利用する技法。

*49 ● 震災直前に漁業就業者が500人を超えていたのに対し、2013（平成25）年時点で400人を割っており、減少傾向にある（『大船渡市統計書』2016年版、大船渡市）。

おいても遠洋漁船への乗船が「タビ」という言葉で表現され、「みんな若いときに船のってタビして稼ぐ」といわれた（図27）。

図27からも読み取れるように、遠洋漁業等の「タビ」は高収入が得られることからも、多くの漁師が若いうちに経験するキャリアであった。話を伺う中では、北洋のサケ・マス船や捕鯨船など、多様なタビの経験が聞かれた。若者たちは独立するまでタビで得た収入を実家に入れ、それぞれの家の経済状況の改善に貢献した。またそうした収入を元手としてすまいの建て替えや移転を行う家や、水産加工業や冷蔵業経営などの事業に乗り出す家も現れてきた。

● **漁協と戦後漁業**

さて、「鮑騒動」のような地域内での対立を避けるためには、漁業世帯全体を経済的に安定させ、アワビのような地先資源のみに依存せず、階層分化を招かない持続的な漁業体系をつくり上げていく必要があった。こうした背景を踏まえ、1949（昭和24）年に成立した綾里漁協は、綾里の漁業のあり方や、金融面も含めた世帯経営に介入していく。

まず、昭和30年代には養殖漁業が始まり、1955（昭和30）年にノリ、1957（昭和32）年にカキ、1959（昭和34）年にワカメがそれぞれ開始される。そして1960（昭和35）年に起きたチリ地震津波の頃から徐々に港湾施設の整備が進む。こうして、漁協主導で地域の漁業の経営の安定化、健全化が図られていく（もちろん個々の漁業者の工夫や努力も忘れてはならないが）。

いくつか試験的に行われた養殖のうち、まずワカメが軌道に乗り、1970（昭和45）年に塩蔵も開始される。またこれに前後して、小石浜でも養殖研究会の試行錯誤の結果、ホタテ養殖が軌道に乗っていった（図28、29）。

さらに漁協は昭和50年代には不安定だった大きな定置（大入、願松）の経営に乗り出し、漁協と組合員の共同経営という形にした*47。定置での収益を上げるため、大入漁場が1984（昭和59）年に秋免許を取得し通年化、願松漁場も

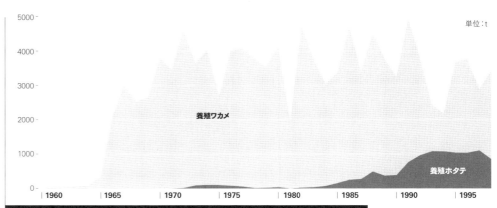

図28 綾里漁協における養殖ワカメ・養殖ホタテの生産量推移
昭和40年代から養殖ワカメ、1985（昭和60）年ごろから養殖ホタテ生産量が急増していくが、他方で、年度ごとの生産量の変動が激しいことも読み取れ、養殖漁業であっても海の状況に大きく左右されることもうかがえる（出典：綾里漁業協同組合『海に生きるもの 綾里漁協創立50年記念誌』1999年、pp.76-81）

図29 ワカメ養殖の作業風景（芯ぬき）
刈り取ってボイル、塩蔵したワカメの芯を一つ一つ手作業で抜いていく。春先（3〜4月）の綾里は、ワカメの出荷に向けて忙しい季節である（撮影：辻本侑生／2018年）

図30 白浜の立石神社に奉納された失せ物絵馬
綾里各地の神社や祠堂の中をのぞくと、様々な漁具が描かれた紙がはられていることに気づく。これは、漁師が漁業に用いる道具を失うことを縁起が悪いこと捉え、海に落としたり失くしたりした漁具を描き、奉納しているものである。これらは「失せ物絵馬」と呼ばれる（撮影：辻本侑生／2017年）

1989（平成元）年に周年化したように、現在では周年経営が主である。しかし、こうした努力にもかかわらず、次第に定置網は収量が減少し、結果として綾里の漁業は養殖中心になっていく。

だが、ここで忘れてはならないのは、漁業が綾里の人々の暮らしの中に深く根づいているということである。ヤマカケ*48はもちろん、磯浜の地名や風や天候の読み方などは綾里の景観と切り離せない。さらに漁業は危険を伴い、収入面でも当たり外れの大きな生業である。そのため、氏神や船霊、恵比寿講や金毘羅講などの信仰実践が行われてきたし、子どもたちによる小正月の大漁唄い込みなど、地域的な行事にもつながっていた（図30）。

漁業者の日々の生活や人生は、いつ、何が捕（採）れるかに基づいて組織されていた。女性たちも、沿岸・採取漁業では男性と共に船に乗った。定置の漁船には乗らないまでも、無事を神に祈った。行商は女性の仕事であり、陸での加工や養殖に関わる作業は、夫婦一緒に働くことが多かった。楽しみも多いがその反面、自然と向き合うゆえの不安定さもあり、肉体労働が続く生活だ。そのため、自らの仕事に誇りをもっていても、子どもに跡を継ぐことを求めない漁業者も増えている。

綾里の養殖漁業は昭和の末期から平成初期頃にピークを迎えた。これを地域の活性化に結びつけるべく、平成10年代には大権現の制作や元旦・お盆のお祭りの盛大化など、いわゆる「あやの里まちづくり」の活動も動いており、綾里が"最高の輝き"を見せていた時代であったともいえる。

その後、上述のような背景で、漁業人口の減少や高齢化などが顕在化してくるなかで、東日本大震災の津波が起きた*49。

津波と地域社会

本章ではこれまで、社会組織、信仰、生業という切り口で、綾里のまとまりを見てきた。以下ではそれを背景に、人々の暮らしの変容を跡づける。

● **昭和三陸津波の襲来**

昭和三陸津波前、綾里で活気がある地域は港周辺だった。定置網が2ヶ統あり、そこで働くために広田村（現・陸前高田市）など外からも若い男たちが来て、番屋で寝泊まりしていた。そこから商店や家々は綾里川沿いに、綾里小学校のほうまで並び、反対に綾里川の左岸、港からみて右手の低地には田畑が広がり、峠を越えて別の集落に続く道沿いに家が点在していた。

こうした景観を、1933（昭和8）年3月3日深夜、明治三陸津波から37年の時を経て、大規模な地震と津波が再び襲った。揺れが大きかったこと、明治津波の経験者がいたことで避難行動が促され、明治と比べて死者は少なかった。

津波後、人々は流失を免れた家に集まって寝泊まりし、救助や捜索、倒壊した建物の片付け、支援物資の分配などに協力して取り組んだ[*50]。津波の被害を直接受けなかった野形や宮野の人びとも、炊き出しなどに協力した。さらに、岩手県の内陸部各地の青年団などが、救援や片付けの支援、物資の提供のために綾里村を訪れた。そして津波から18日後の3月21日には綾里村会の承認を得たうえで、地域の有力者たちを中心として「綾里村復興協会」（復興会）が結成され、港・岩崎の集落を高所に移すこと、朝日新聞社からの寄付金を用いて連絡船「綾里丸」を復旧することなどが決められた[*51]。こうした迅速な対応の背景には、国・県による、前年に始まった「農山漁村経済更生運動」の枠組みを利用した復興政策があった（第2章参照）。

● **各集落の復興と綾里の「成功」**

港・岩崎・田浜・石浜・白浜の各集落では、周辺部の丘陵や山裾などに「復興地」と呼ばれる新たな住宅地の区画を造成し、家屋の集団移転を実施した。

当時は大型の重機がなかったため、復興地の造成は主に人力で行った。斜面に発破をかけ、つるはしで掘り、トロッコ、ヤンタバコ（背負い箱）で土を運んだ（図32）。男女問わず住民も力を出し合い、津波の2年後の1935（昭和10）年頃には完成したとされる。

港・岩崎の復興地は、当初60戸の計画を、分散移転を避けるため村側で146戸に拡大し、宅地面積も1戸あたり50坪程度とした。宅地は、広さなどに応じて、価格を12等級に分けられた[*52]。さらに集合水道がつくられ、役場や警察などの公共施設も移転し、県道も復興地を通るようつけ替えられるなど、復興地に集落が定着する工夫がなされた。その結果、1937、1938（昭和12、13）年頃には復興地に家が建ち、通り沿いには商店や宿屋なども並び、綾里の中心地となった。他方で、土地を購入して家屋を建てるのは経済的負担が大きいため、まず低地に再建し、数年から数十年の時間が経ってから移動した家もあった。

ほかの集落の復興地を見よう。石浜では計画どおり整地されたが、経済的理由からか復興地に入らず自力再建した家もあった。田浜の復興地は当初、2段の住宅群とする予定であったが難航し、3段の復興地となった。各区画は60〜80坪とやや広いが奥行きは狭く、急斜面で、道路も細い。なお、家の大きさは3.5間×7間（約25坪）であったというが[*53]、おそらくどの家も復興地では同規模であっただろう。ほぼ集落全体が被害を受けた白浜では、高台に土地のある家は自分の土地に、土地のない家が集落内での話し合いに従ってまとまって高台移転し、道路もつけ替えた。

小路・野々前・砂子浜の集落は浜からすぐのところで高低差があり、空間的に浜に宅地が広がりにくく、被害もわずかであった。小石浜はそれよりなだらかで被害も大きかったが、集団移転は行わず、被災した家がそれぞれに再建した（表1）。

1935（昭和10）年に綾里を訪れた山口弥一郎は、この地の復興地を成功事例だと『津浪と村』に記している。それに対し、以上から明らかになるのは、

①高台移転は県の方針だが、その実施の意思決定は、集落が行い、村がとりまとめていたこと。

②県道つけ替えなど、現地に戻らないための工夫がなされていたこと。

③実際に移転するかは各世帯の判断であり、必ずしも造成が終わってすぐ全戸が家を建てたわけではない、ということである。復興地造成中、人々は親類などの家に住むか、低地にバラックを建てて住んでいた。造成完了後、土地だけ購入し時間がたってから移った人も、その土地を売ってしまった人もおり、復興地はつねに流動的であった。

● **復興地のその後**

その後、綾里の復興地が東日本大震災に至るまでにたどった道のりは決して単純、単一ではない。港・岩崎では高台造成中にまずは商売は低地で再開した家もあり、元の土地の権利を失わなかったため、戦中・戦後の混乱のなかそのまま低地に住み続けた人々もいた。その結果、低地が空になることはなく、港から綾里川までの範囲では高台・低地が連続し、住宅と店舗が混在する地域になっていった。

石浜では、復興地の家はそこにとどまったが、興味深いことに、復興地に入らず自力再建した家も、徐々に沢を上る方向、高いほうへと移動し

図31『事務経過報告書』（本章注50を参照）

[*50] 石浜方正会の『役員会決議録』には、津波翌日の3月4日昼過ぎに開催された役員会の記録が残されており、「流失物品係」「配給物品係」「倒壊家屋跡始末係」の役割分担を決定したことが記されている。

[*51] 綾里村災害復興協会『事務経過報告書』1933（昭和8）年4月10日、山口弥一郎旧蔵資料、磐梯山慧日寺資料館所蔵

[*52] 山口弥一郎によれば、1等級の土地価格は坪4円30銭であり、等級が1段階下がるごとに価格が20銭安くなった（山口前掲『津浪と村』）。聞き取りによれば、村長が希望を取りまとめ、家を失った人から優先的に割り当てたとされるが、他方で土地の提供者や有力者は優遇された面もあったようである。

[*53] はじめは杉皮で葺いて石を置く屋根であったが、葺き替えが定期的に必要だったため、隣近所、共同で屋根を葺き替える互助会としての「ユイ」、金銭的には6人ほどで頼母子講を行い対処していた。昭和30年代にセメント瓦に変わっていった。

*54 ● 山口弥一郎は、昭和三陸津波発生から18年後の1951（昭和26）年8月に綾里を再訪した際、1935（昭和10）年の調査をもとに「成功例」であると評した復興地に空き地が目立ち、低地に家が立ち並んでいることに気づいた。山口は、綾里では他地域のように高所移転してから低地に戻る人は少なく、復興地完成当初に適当な移転地が得られず、その後、土地の価格高騰などで移転の機会を逸し、低地にそのまま居住している人々が一定数いることをノートに書き留めている。そして山口は、高所移転の「成功」にもかかわらず低地居住が併存する状況が生じた理由は、復興地の敷地が陥没するといったうわさなど、「敷地造成の際の村人の感情問題等」に関連するのではないかと、ノートに記している（「論文下稿　昭和26.9.24〜昭和27.11.8」山口弥一郎旧蔵資料、番号付ノートNo.124、磐梯山慧日寺資料館所蔵）。ただし、山口弥一郎はこの論点について、管見の限り、その後公刊した学術論文や博士論文において言及していない。

ていった。この背景には遠洋漁業などによる各世帯の資本の蓄積、それによる家の建て替えの進行があったと考えられる。空いた浜周辺は倉庫になり、後に企業が借り受けた。

田浜でもこの時期、すまいの移転が行われた。田浜では、資本が蓄積した家は定置網経営に乗り出したり、大きな船を購入して漁船漁業に参入したり、水産加工場などを開業したりした。こうした事業者は地域の若者・女性・高齢者を雇用するなど、集落の経済を底上げした。事業は必ずしも安定して成功していたとはいえない面もあったが、事業体が入れ代わり立ち代わり登場し、集落内外の副収入源となった。浜近くの空間（津波前の宅地）、あるいはより広く便のいい場所を求め田浜の外に店舗や工場などが建てられていき、その過程で復興地から出ていく家もあった。

それに対して、白浜では県道沿いやそれより高い土地に住宅が増加した。浜には海水浴場がつくられたりしたが、県道より低いほうにすまいを移転する者はなかった（図33）。

集団移転しなかった小石浜などでも、やはり時代が下るにつれ少しずつ景観の変化が現れた（第2章参照）。家を建てるには資金が必要であり、それぞれの家でお金を準備できたときに移転しており、そのとき、おそらく広い土地を求めて、畑などに使っていた高いほうの場所に移動している。

このように復興地形成後の綾里には、より高台へ上がる動きも（石浜、小石浜など）、下がる動きも（港・岩崎、田浜など）見られた。繰り返しになるが、すまいの建て替えや移動は家ごとの判断であり、そこには家族状況や経済活動、周囲の家との関係や集落内の取り決め、土地の有無など、様々な要因が関わり、家ごとの状況で、選択の範囲も集落内、綾里内、あるいはその外へと変わってくるだろう。山口弥一郎の言う「民俗学的問題」は、そうした視点からとらえ直す必要がある*54。

	●主な生業	●規模	●昭和の津波までの集落景観	●明治三陸津波での被害（流失戸数／被災前戸数）	●昭和三陸津波での被害（流失戸数／被災前戸数）	●復興地・戸数	●戦後の景観変容
小路	漁	小	浜付近平地狭小、高台に集落				変化小
石浜	漁	中	川沿いの細い平地に集落	25/28	27/47	有/20	奥へ上がる
港	漁・商	大	浜沿いの広い平地に集落	118/118	115/117	有/146	高・低並行
岩崎	漁・農・商	大	広い平地、川沿いに集落	24/46	51/63		高・低並行
田浜	漁	中	浜沿いの平地に集落	58/64	28/49	有/18	浜へ下がる
野形	農・林	中	内陸、川沿いの平地に集落	-	-		変化小
宮野	農・林	中→大	内陸、なだらかな丘陵に分散	-	-		規模拡大
野々前	漁	中	浜付近の平地狭小、陸手に集落	4/34	6/64		変化小
白浜	漁	中	浜付近の低地に集落	31/36	33/42	有/15	変化小
砂子浜	漁	小	浜付近の平地狭小、陸手に集落	3/18	5/21		変化小
小石浜	漁	小	川沿いの細く平地に集落	13/23	11/29		奥へ上がる

表1 綾里の各集落の津波後の景観変容 昭和三陸津波まで小路は石浜に含まれていた　明治三陸津波での被害戸数は三陸町史編集委員会『三陸町史 第四巻 津波編』1989年、p.178、昭和三陸津波での被害戸数は同p.293による

図32 ヤンタ箱
出典：綾里村銃後通信連絡部報記念出版会『綾里村銃後だより』1985年

港復興地

石浜復興地

田浜復興地

白浜復興地

図33 綾里の各集落の津波後の景観変容（撮影：木村周平／2012年）

綾里という「直線」

本書の冒頭では津波のあいだの大きな時間を考えるため、周期と直線という、印象的なモデルを提示している。ここではそれを導きの糸に、綾里が歩んできた時間について考察する。

● **自然の時間と暮らし**

リアス式海岸に位置する綾里では、山や海の厳しくも豊かな自然のもとにあり、そうした自然のあり方に寄り添った暮らしが形成されてきた。自然は日、月、年、あるいはもっと長い周期のサイクルをもつ。人々は暮らしのなかで、外部社会からの影響も受けつつ、自然に関する知識や信仰を育み、様々な慣習・技術や漁業・農業暦などとともに、それらに適した世帯のあり方、ライフコースをつくりだしてきた。しかし一方で、漁獲高の変化や津波など、この地域の自然は大きく変動もする。人々は、個々の技や感覚を生かし、その都度の工夫をしつつ生計を成り立たせてきた。

綾里では、自給以上の農業は困難であり、収穫物を貯蔵しづらい漁業に依拠せざるを得ないため、人々の生活は概して楽ではなかった。しかしそうしたなかでも蓄積に成功する家も現れる。人間社会が直線的な蓄積・発展を目指すものならば、生業を含めた経済活動においてもそうであろう。一度の収益が大きかったのは定置網経営であったが、失敗のリスクもきわめて大きかった。だから山林経営などうまく事業を多角化しリスクヘッジできた家も、商業・製造業に手を出して没落したケースもある。明治以降昭和末期に至るまで、林業は漁業に比べて派手ではないが確実な収入源であり、家々や組織・グループは山林を購入、あるいは借り受けて、造林を行った。

● **綾里の近代化と綾里丸**

明治以降、綾里にも近代化の波は及んでいく。行政組織としての村や、学校教育などが目につくところであろう。それまでも外部との交通によって人や文化のやり取りは行われていたが、それが加速していった。

そうした交通の例として挙げられるのが、村が主導して1916（大正6）年に就航した定期船・綾里丸である（図34）[*55]。綾里丸は綾里の殿見島を朝7時半頃に出て、末崎の細浦を経由し、大船渡に行き、午後15時頃に戻る。波が大きい日は休みになるなどの脆弱さはあったが、貴重な移動手段であった。人々は日々の必要だけでなく、修学旅行や出征のようなイベントでも綾里丸を使った。外部への実質的かつ象徴的な窓である綾里丸は、1933（昭和8）年の津波後にもすぐに再建造され、その後、1970（昭和45）年頃まで運行された。

外部との関係が増すことで、綾里は日本という国家の政治的・経済的・社会的構造のなかに位置づけられていく。明治・昭和三陸津波での援助や復興は、そうした動きを進める契機の一つとなったと考えられる。とりわけ昭和三陸津波においては、国家の用意した枠組みの中で高台移転を含めた復興が行われた。さらに若者の出征や、保健衛生政策は、人々の暮らしのなかにまで国家の影響を浸透させていった。

こうして綾里は、自然の時間と国家の時間の間を生きることになる。津波後の定置網の大漁は復興を後押しし、漁業の収益を基に国へ戦闘機を献上する者もいた。克明な『綾里村銃後だより』は、戦中においても、生業や祭礼などの地域に根差した時間が流れていたことと、その反面、戦争が激しくなるなかで昭和三陸津波の記念式典が行われなくなっていったことの双方を、鮮やかに示している[*56]。

● **陸路交通の進展**

戦後、綾里を含めた後の三陸町地域でまず行われたことに、大船渡へのバス路線の開通への動きがある[*57]。不安定な海上交通を補完するべく導入されたバスは、綾里から赤崎の長崎まわりで盛へ行くものであり、その道のりには大崖道路などの難所もあった（図38）。自動車が日本社会に普及するなか、交通網の整備が地域の発展につながるとして、綾里村、そして1956（昭和31）年に成立した三陸村は、根気強く国や県に陳情を行い、道路整備を進めた。翌年に結成された「三陸沿岸国道並びに鉄道完遂促進期成同盟会」は、沿岸国道の着工（1958（昭和33）年）と、「三陸縦貫鉄道盛線（釜石〜盛）」の建設着工線化（1962（昭和37）年）という成果を上げた。盛線はその後、地元の熱心な働きかけで綾里を経由する路線に変更され、1970（昭和45）年に盛〜綾里間が開通することになる（図37）。

このように、戦後の綾里にとっての国家とは、貧しい郷里たる綾里を発展させるのに必要なインフラ整備を進める資源を引き出す、陳情の相手であった。このことは戦後の国土開発のあり方を考えれば決して特別なことではない。地域は様々なネットワークを使ってインフラ整備に邁進した。若者たちは戦後の復興好況のなか、遠洋漁業や大都市などでの賃労働に向かい、綾里では少しずつ暮らしが上向いていった。

図34 綾里丸
朝日新聞が資金提供したため、朝日新聞の社旗が描かれていた（市杵島神社所蔵）

[*55] ● 綾里丸は石油発動機船である。それ以前の海産物や木材の出荷には、田浜の野々村家の「観力丸」や「観世丸」が貢献したとされる（『三陸町の昔がたり』昭和57年版、三陸町老人クラブ連合会、1982年、p.79）。

[*56] ● 津波記念日についての経緯は、6章108ページ参照。

[*57] ● 三陸町史編集委員会1992『三陸町史 第2巻 歴史編』（p.564）に、気仙郡町村会長から県への救済請願（昭和24年3月15日）が掲載されており、そこに「奥四ヶ浜方面に於ては一昨年以来、会合を重ねること48回に及んで漸く開通を見たバスすらも、悪路のため運行中止の日が多く」とある。

＊58 ● 前掲『海に生きるもの 綾里漁協創立50年記念誌』p.30

＊59 ● 前掲『海に生きるもの 綾里漁協創立50年記念誌』pp.206–217

＊60 ● この例として石浜集落の鳥追いが挙げられる。鳥追いは若者によって深夜に行われていたが、会社勤めの住民が増すなかで、まず時間変更が行われ、その後実施が見送られるようになった。

● **綾里の周期と直線**

こうしたことは港湾整備でも同様である。既に述べたように綾里漁協は積極的に漁業のあり方に介入し、漁業者の生活安定に努める傍ら、地道な陳情を通じて港湾整備を進めてきた。全国的には1950（昭和25）年に「漁港法」が制定され、翌年から漁港整備が始まったが、綾里漁港では整備が進まず、「綾里漁港修築期成同盟会」が組織され、ようやく1957（昭和32）年に開始され、1973（昭和47）年に完成した＊58（図35、36）。

興味深いのは、この時期に漁協が進めていった養殖漁業の進展に伴って、新たな災害被害も生まれていることである。記録を見ると＊59、1968（昭和43）年十勝沖地震津波、1969（44）年タイワンボウズ、1970（45）年、1972（47）年、1975（50）年、1977（52）年低気圧災害……と、繰り返し養殖施設が被害を受けている。港湾整備、新たな漁業は、暮らしの安定とともに、地域の新たな災害の脆弱性も生み出したのである。

国家と、綾里と、自然の時間は、時に重なり、時にすれ違う。1960（昭和35）年、港湾施設整備の契機のひとつとなったチリ地震津波が発生した時、東京では60年安保闘争のさなかであった。また1970（昭和45）年、綾里に気象ロケット観測所が設立され、三陸町は「科学の町」というキャッチフレーズを用いるようになる。

同年、綾里の人々は悲願であった盛線開通を記念し、五年祭を1年早めて行った。盛線はその3年後には盛線は吉浜にまで延伸するが、開通が時宜を逸したのか、自動車の普及や道路整備の影響で当初から赤字続きで、国鉄再建法により廃止されることになった。この盛線は1984（昭和59）年、第三セクターの三陸鉄道南リアス線として運行が継続する。

戦後のインフラ整備とともに形づくられてきた綾里の「直線」は、地域にとってよい結果も、悪い結果ももたらした。大船渡などへの通勤・通学・通院が容易になる一方、綾里に住みながら従来の生業につかない人々も増加した。綾里内部の商業・産業はしだいに衰退し、生活時間のズレから、伝統的な行事＊60や寄合の日程調整も難しくなりつつある。

津波という大きな自然の変動は、またいずれ回帰する。それに向けて今後、綾里はどのような

図35 東日本大震災前の綾里漁港（提供：佐藤 榮氏）

図36 綾里漁港
1990年代の綾里漁港でのワカメ養殖作業の様子（提供：佐藤 榮氏）

図37 三陸鉄道綾里駅
三陸鉄道に運営が移管された昭和59（1984）年に吉浜～釜石間が新たに開通し、翌昭和60（1985）年には小石浜駅も開業した。さらに昭和61（1986）年から平成4（1992）年まで、夏期限定で白浜海岸臨時駅が設置された（撮影：木村周平／2013年）

図38 大崖道路
赤崎方面から海沿いに小路を通り石浜に至る道で、バスもここを通った（提供：小澤 健氏）

線を描くのか。行政への最後の陳情項目であった恋し浜トンネルが開通したいま、それを見直すべき時が来ているのではないだろうか。

第3章 社会 ● 071

小石浜の事例

本章ではこれまで、地域社会のあり方を、おもに昭和三陸津波から東日本大震災までの間に起きた様々な変化に焦点を当てて論じてきた。最後には、小石浜という集落を取り上げてみたい。

● 小石浜という集落

小石浜は昭和三陸津波のころから世帯数が20〜30ほどの小さな集落である。現在も数戸を除いてほぼ全世帯が漁業に従事している。隣接する砂子浜と歴史的に深いつながりがあり（両集落併せて双浜と呼ばれる）、現在も子供会・消防団等は共同で、漁業でも二集落にまたがって行われることが多い。

戦後しばらくまで小石浜は綾里のなかでも相対的に貧しい地域であった。かつては廻船問屋を営む家もあり、家の大小（貧富）の差はあったようだが*61、しだいに平準化された（津波の影響もあった可能性がある）。その後、後述の養殖の影響もあり、現在は、意思決定は全集落一致で、活動も集落を挙げて、という傾向が強い。とりわけ五年祭などで活躍する獅子舞は「小石浜飛龍権現」と名づけられ、集落内で継承されており、綾里全体のイベントでは綾里を代表して舞いが行われる。

集落会は基本的には全世帯が加入しており、基本的には各家の男性の年長者（50〜60代が中心）が寄合に参加し、役職に就く。女性は婦人会に関わり*62、若い男性は消防団に、漁業者であれば養殖組合（研究会）に参加する。集落会はかつて入会（いりあい）での採鮑の利益を財源としていたほか*63、山を借りて造林していた。高台の駅近くに建つ立派な公民館は集落の公共財だが、その建設費の負担は各家が分け持った。

● ホタテ養殖とブランド化

上述のとおり漁業を行う世帯が多いが、自家用の田畑*64で米・麦・雑穀、あるいは白菜や大根などの野菜をつくっており、かつては養蚕や畜産も行われた。

漁業は伝統的には採集と沿岸漁業、そして比較的小型の定置網が行われてきたが、現在の中心はなんといっても養殖である。養殖は昭和30年代に始まり*65、まずノリ、ワカメ、ホヤ、そしてホタテと様々なものが試された。そうしたなかで、集落の養殖組合（特に若手を中心とした「研究会」）がホタテ養殖について試行錯誤を重ね、さらに浜全体での収量を制限して質を高めるという努力を行ったことで、徐々に質・量が安定していった。そして1988（昭和63）年には築地で日本一高い値を付けたという（なお、この年、三陸鉄道に小石浜駅が設置された）。

養殖のサイクルとしては、4〜6月に受精した種を集め、9月頃、2cmくらいになったらカゴに移し、浮力調整をしたりしながら成長させ、11〜12月頃、4cmくらいに成長したところでより広いカゴに移す（場合によって間引いたり、選別したりする）。そして翌年の春先の5月頃、8〜9cmになったところで、貝のミミに穴をあけて吊るし（ミミ吊りという）、収穫するまで成長させる（図39）。

その後もホタテ養殖は成長を続けた。そこで小石浜の人々が目をつけたのは販売方法である。主流の共販制度*66では、「小石浜のホタテ」を強くアピールできない。彼らが取ったのは、直販とブランド化という方法であったが、漁協・漁連の理解を得て実現するまでには大変な労力を必要とした。

直販は2003（平成15）年のお歳暮シーズンに開始された。これは消費者にとっても出荷側にとっても利益となるもので、年を追うごとに注文は増えていった。ブランド名「恋し浜ホタテ」が商標登録されたのは2008（平成20）年である。様々な名前が候補に挙がるなか、地域の方の詠んだ短歌が決め手となった*67。そしてこの名は、話題を求めていた三陸鉄道の目にとまり、あれよあれよという間に、小石浜駅も恋し浜駅に改称された（平成21（2009）年）。三陸鉄道はこれを観光の目玉とし、観光客用のイベントを行ったり、「鉄道ダンシ」などのキャラクターを登場させたりと、南リアス線の需要拡大を試みている（図41）。

このように、「恋し浜ホタテ」においては、いわゆる「6次産業」的活動が行われてきた。その結果、東北新幹線でも名を冠した駅弁が販売され、遠く離れた地域からの注文も入るようになった。こうして形成された継続的なネットワークは、結果的に、震災時の支援にもつながったのである。

*61 ● 前掲『三陸町史』4巻に再録された『岩手県昭和震災誌』（岩手県、1934年）における小石浜の被害には「海岸付近の家は皆流失せり。津波は小川に沿って奥の方まで浸入し奥の方の大きな家のみは外観上変化なく残りて目立ちたり」三陸町史編集委員会1989年『三陸町史 第四巻 津波編』（p.260）とあり、「大きな家」があったことがうかがえる。

*62 ● 婦人部は正式には綾里漁協婦人部の小石浜支部。かつては、結婚した女性は若妻会に入り、子供が育って嫁が来ると、姑は若妻会から卒業して婦人会に入ったが、今では若妻会はほぼない。

*63 ● 近世期から砂子浜・甫嶺（越喜来地区）との共同の入会をもつ。複数集落共同の入会は珍しいが、これについては現在調査中である。

*64 ● 浜に近い家屋の周囲だけでなく、集落よりも高い山林を開墾した田畑もあったようだ。なお、現在の公民館もかつては田んぼであったところを買い、斜面だったものを埋めて整備した。

*65 ● 昭和38（1963）年の「沿岸漁業等振興法」にもとづく養殖施設の整備への助成など、制度や政策の影響もあった。

*66 ● 共販制度では、岩手県漁連で10日に1回入札があり、入札で取ったところの下請け業者がトラックでホタテを集荷に来る。定めたルートで主に都市部に出荷されるため、ほぼ首都圏に行き、綾里の人が食べられなくなることもあった。それに比べ直販は販路が自由になるが、直販だけだと、意欲があってよく採れる若い人だけが儲かり、年配の方は困ってしまうので、共販制度の継続は重要だという。実際、現時点でも収穫量の大部分は共販で、ごく一部が直販に回っている。

*67 ● この短歌は次のようなものである。「三陸の 藍（愛）の磯辺の恋し浜 かもめ止まりて 潮風あまし」

図39 ホタテの耳吊り作業（撮影：木村周平／2016年）

図40 震災後のホタテ出荷の共同作業（撮影：木村周平／2013年）

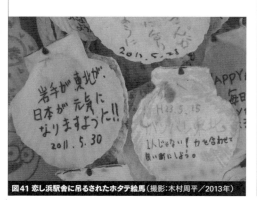
図41 恋し浜駅舎に吊るされたホタテ絵馬（撮影：木村周平／2013年）

*68 ● 江戸期から明治初期まで綾里の中心は砂子浜であった。そこから政治・経済・文化の中心は港・岩崎などの前浜に移った。しかしひょっとしたら次に小石浜が綾里の中心になる時代が来るのかもしれない。

● **津波時の対応**

小石浜と津波については第2章でも詳細に論じられているため、3点だけ挙げる。（1）漁業が好況となった昭和30年代頃から、徐々に高台にすまいを移転する動きがみられたこと。これは自動車（軽トラック）の普及で移動が負担にならなくなったことや、高いほうに道路（県道9号）があり、かつ広い土地があったことが影響を与えたと思われる。（2）東日本大震災時には集落のほぼ全員が40日にわたって公民館で共同生活を行い、集落内の被害対応にあたったこと。これには養殖に関わる日常的な協働の経験が役立ったと言える（図40）。そして（3）ホタテを通して形成されたネットワークが復興に役立ったこと。長野県佐久市などからの具体的な支援もあったが、何より外部者を受け入れ、つながりをつくる経験が、震災後の様々な支援を呼び込み、綾里のなかでもいち早く漁業設備が再建され、漁業を再開できたといえる（図42）。

● **小石浜のこれから**

先述のとおり、ホタテ養殖の成功には集落の人々の努力があった。中心となった「研究会」はもともと「海苔養殖研究会」という名前であり、綾里養殖組合小石浜支部の下部組織である。彼らは、漁場の温度や水質などの継続的な観測、様々な地域からの稚貝や地種での育成実験、育成方法の工夫、さらにはムール貝やホヤなど別の種の養殖実験、活発な研究成果発表やPR活動まで様々なことを行ってきた。

綾里の他集落と比較して気づくのは、この研究会が集落の青年会のような位置にあり、集落組織とのつながりがスムーズだということである。高齢化は進んでいるし、付着物や貝毒の発生など、ホタテ養殖に問題がないわけではない。しかし青年時代の自発的な創意工夫と生業での成功がつながり、ブランド化・直販を通じた外部との交流の増加で、若者が集落に残って働くインセンティブが生まれ、それが若者の離郷を防ぐ

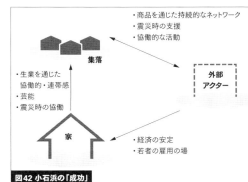

図42 小石浜の「成功」

図43 恋し浜トンネル開通式（撮影：木村周平／2017年3月）

図44 恋し浜ホタテデッキ（撮影：木村周平／2016年）

要因となっている。そこでは小石浜の、綾里の中心地から遠い小集落というマイナスが、逆によい効果をもたらしたといえるかもしれない。

以上のように、小石浜においてはホタテ養殖を基点として、様々な活動が展開されている。そのなかで特筆すべきは、震災直後からNPO法人三陸ボランティアダイバーズの支援を受け入れ、海中清掃にとどまらず恋し浜駅前のホタテデッキの建設と活用などの新たな展開が生まれていることであろう（図44）。さらに2017（平成29）年3月には、50年来の念願であった県道9号のトンネルが完成し、小石浜と綾里の中心部は一気に近づいた（図43）。

これらは震災後の綾里のなかでも目立つ、明るいニュースである*68。もちろん、ホタテデッキの活動の継続性、肝心のホタテ養殖をめぐる不安など、小石浜が抱える問題はないわけではない。しかし、山口弥一郎が昭和三陸津波後に見た綾里の復興の成功に替わる、現在の小石浜の成功が、結果的にではあれ、生業活動と集落組織とがうまく結びついたなかで起きているという点は重要である。

以上、本章では昭和三陸津波から東日本大震災までの間を中心に、山口弥一郎のいう「民俗学的問題」を解きほぐしてきた。「津浪常習地」とはいえ、地域社会のあらゆる側面が津波に向けて形成されているわけではない。しかし津波は社会の様々な側面に入り込み、複雑に影響を及ぼす。地域社会としてのまとまりが解体しつつある綾里は、次の津波をどう迎えることになるだろうか。

綾里の村上善治翁などの話にもあったが、二十九年の津浪の経験から、
八年の地震でも津浪が来るかも知れない、来るとしても直ぐではないと逃げる準備をして、
かつ浜にでて見た人もあり、サラサラと浜の小石がなって海水が引いたので、
津浪と直観して叫んだとも言っている。
単に経験などと言う言葉で表すのには実に尊い犠牲の払われている体験である。
これを生かすことは我々後世の者の仕事である

――― 山口弥一郎「第一篇 八 津浪の話」『津浪と村』恒春閣書房、1943
（山口弥一郎著、石井正己＋川島秀一編『津浪と村』三弥井書店、2011）

2014年3月14日／岩手県大船渡市三陸町綾里小路

第4章　避難

東日本大震災時の津波避難

本章の扉に引用した山口弥一郎の言葉にもあるように、津波被災経験者の体験談といった尊い犠牲の上に得られた貴重な情報を集め、それらを生かすよう後世に伝えることは、その時代を生きる者の務めであると考える。本章では、綾里における東日本大震災後に行った聞き取り調査で得られた情報から、人々は津波からどのように逃げたのか、または逃げなかったのか、それはなぜなのか、避難生活から得られた教訓、あるいは生かされた知恵はどんなものだったのか、検討していきたい。

● 綾里での津波被害

綾里はほかの三陸沿岸地区と同様に、明治三陸津波（1896年・明治29年）、昭和三陸津波（1933年・昭和8年）によって、繰り返し大きな被害を受けている。明治三陸津波では、1269人の死者・行方不明者を、昭和三陸津波でも、181人の死者・行方不明者を出している。

その後、これまでの章でも述べたような住宅の高所移転や防潮堤の整備が進んだ一方で、港・岩崎集落ではかつて津波で被災した低地でも市街化が進み、東日本大震災の津波浸水域の約4割を建物用地が占め、145戸が全壊し、死者・行方不明者27名の方が犠牲になられた。

この津波を起こした地震、2011（平成23）年東北地方太平洋沖地震は、3月11日14時46分に発生した。津波は、気象庁の大船渡の検潮所（長崎）で第一波（引き波）が14時50分頃観測された。最大（観測）波は、15時18分に観測され、地震発生から到達まで32分であった。

● 国の調査から明らかになった東日本大震災での津波避難行動

綾里の避難行動について述べる前に東日本大震災の津波被災地域全体での避難行動の特徴について国の調査結果に基づき、簡単に触れておきたい。

津波で大きな被害を受けた東北地方を中心とする太平洋沿岸部では、津波からの避難行動に関する大がかりな実態調査が、国土交通省と内閣府によって行われている。綾里での調査結果の前に、これらの調査から明らかになった行動の特徴をいくつか挙げると、1）揺れが収まった後、すぐに避難を開始している人は少ない、2）津波が来るのを見ていた人が多い、3）半数程度が車で避難している、といったことが挙げられる。

国土交通省調査の結果[1]

国土交通省では、2011（平成23）年度に東日本大震災の津波被災現況調査の一環として、「津波からの避難実態調査」を実施した。分析結果を見ると、揺れが収まった直後の行動では、「外に出て様子を見た」が最も多く40.0％、次いで「テレビやラジオで地震情報を知ろうとした」が27.7％、「家族などの安否を確かめる電話・メール」が3番目で23.8％、「家族や近所の人に声をかけたり相談した」が4番目で23.1％、「何もせず、すぐ避難した」は5番目で21.3％であった。

津波を見たかどうかでは、津波に巻き込まれた、あるいは巻き込まれる寸前だった、が合わせて21.4％、「少し離れたところから、津波が来るのを見ていた」は最も多く42.9％で特にリアス式海岸部では53.0％に上った。

発災から日没までまったく移動していない人は全サンプルの4.4％おり、その中では「自宅・近所にいた」人が54.6％と最も多く、そのうちの約24.0％が「津波に巻き込まれた」、または「津波に巻き込まれる寸前だった」と回答している。

津波到達前に避難を開始した人のうち、「車」を利用した人は約55.0％、「徒歩」の人は43.0％であったが、リアス部では「徒歩」が52.5％で最も多く、一方で平野部では「車」が約63.0％で最も多い。

避難した場所は、「津波の危険がない屋外の高台」が最も多く約24.0％で、次が「学校」（約21.0％）、「その他の指定された避難場所」（約18.0％）の順であった。リアス部に限ると、「津波の危険がない屋外の高台」の割合がさらに高く約31.0％、次いで「その他の指定された避難場所」（約22.0％）が多かった。

内閣府調査の結果[2]

内閣府が2012（平成24）年度に実施した「東日本大震災時の地震・津波避難に関する調査」のうち、「住民アンケート調査」の分析結果を見ると、地震直後の行動では、「地震や津波に関する情報を入手しようとした」が最も多く約24.0％で、次いで「出先から自宅に戻った」で21.0％と多かった。

最初に避難したきっかけは、「揺れ具合から津波が来ると思った」が圧倒的に多く45.6％、次いで「大津波警報を見聞きした」（27.9％）、「周囲にいた人から避難するよう呼びかけられた」（27.0％）、「家族が避難しようと言った」（21.9％）の順となっている。

地震後、最初に避難し始めたのは揺れが収まって5分以内が15.4％、以降累積で、10分以内は32.1％、20分以内は49.8％、30分以内が61.6％であった。また、避難手段は「車」が52.5％で最も多く、徒歩が42.7％であった。最初に避難した場所に津波が迫ってきた人は35.5％で、そのうち23.0％が再避難をしている。

● 綾里ではどう逃げたのか

綾里での津波避難行動に関する聞き取り調査を2013年から14年にかけて、港・岩崎・石浜・田浜・小石浜の5つの集落で行った[3]。綾里でも、前述の国の調査から得られた結果と同様の行動が数多く見られた。

まっすぐ避難先へ向かった人は少ない

地震発生時に集落内にいた住民に地震直後の

---

[1] ● この調査は、国土交通省が、被災した自治体の防災・避難計画や市街地の設計を検討する際や、大規模な津波災害などが予想されている地方公共団体における避難対策の検討においても参考・活用されることを目的に、2011年9〜12月に実施した調査であり、津波の浸水被害を受けた、青森、岩手、宮城、福島、茨城、千葉の計6県のうち、太平洋岸に位置する62市町村の個人や事業所などを対象とし、それぞれ49市町村において調査票を回収している。サンプル数は、個人が1万603人、事業所が1万985事業所で、調査員が避難所・仮設住宅・自宅などへ訪問し、聞き取り調査を実施した。

[2] ● ここでは、内閣官房東日本大震災対応総括室、および内閣府（防災担当）が、東日本大震災時の地震・津波避難について、被災者・関係者がどのように行動したかなどの対応状況の実態を詳細に調査し、記録として残すとともに、今後の対策につなげていくことを目的として、2012年に実施した4つの調査（住民アンケート調査、避難支援者ヒアリング調査、集落ヒアリング調査、Webアンケート調査）のうちの住民アンケート調査結果の一部を引用した。この調査は、岩手・宮城・福島内の津波浸水地域を含む27市町の居住者に対して、訪問留置方式でアンケートを実施したもので、調査協力を依頼した1万3646人のうち、回答のあった1万1400人を対象として分析・集計を行ったものである。

＊3●綾里を対象とした津波避難行動に関する調査は、富士常葉大学（現・常葉大学）、首都大学東京、筑波大学との共同で行われた。

小石浜集落は、2013年3月4～11日の1週間、港・岩崎集落については、8月19～24日、12月24～27日の4日間および2014年3月4～9日の6日間、石浜集落は2014年8月29～9月3日の5日間、田浜集落は、2015年8月24日～28日の5日間、12月23日～24日の2日間、1)震災時の避難行動、2)震災後の避難生活、について聞き取った。2010年の国勢調査で、小石浜集落は31世帯118人、港集落は46世帯148人、岩崎集落は179世帯562人、石浜集落は49世帯166人、田浜集落は69世帯233人であった。

行動をたずねたところ、「自宅に戻る、あるいは自宅で待機」が39％と最も多いが、特に海の様子が集落内から見えやすい小石浜集落、田浜集落などでは多く、平らな市街地が広がっている港・岩崎集落や県道の高架橋によって視界が遮られ海が見えにくい石浜集落などでは比較的少ない。次いで多いのが「津波観察」の34％で、「即避難した」は32％で3番目であった。防潮堤で海が見えず平らな市街地が比較的広がっている港・岩崎集落では、すぐに避難した人の割合が64％と他集落と比べると高かった（図1）。

また、避難途中に避難先以外の場所に立ち寄ったり、いったん海のほうへ戻ったりといった避難中断行動があったか否かについて見てみると、まっすぐ避難先に向かわずに立ち寄ったり戻ったりしている人が3分の2以上を占めており、まっすぐ避難先へ向かった人は3分の1未満であった（図3）。

津波観察行動は多い

地震発生時に集落内にいた住民の地震直後の行動のなかでは、「津波観察」は「自宅に戻る、あるいは自宅待機」に次いで多く、特に集落内の高台から海がよく見える小石浜集落では、その割合が47％と特に高かった。また最も割合が低い田浜集落でも24％であり、全体的に割合は高い（図1）。

津波を見ていた場所については、「地震発生時にいた場所よりも低い所から見ていた」という人が、「地震発生時にいた場所よりも高いところから見ていた」という人をわずかに上回り38％

であった。特に防潮堤で海が見えず平らな市街地が比較的広がっている港・岩崎集落では、海のほうに降りていって見ていた人が全体の3分の2を占めている（図2）。

船の沖出しは大きなリスクと背中合わせ

船の沖出しなど所有する船舶の保護をした人、あるいはしようとした人は、聞き取りを行った62人中合わせて11人（18％）いた（図1）。特に、県道の高架橋によって視界が遮られ海が見えにくい石浜集落では船舶保護を試みる行動が多くなされたが、聞き取りをした人の中で実際に船を沖

出しした人はいなかった。一方、田浜集落では聞き取りを行った人のうち3人が実際に船の沖出しをしている。聞いた話では、田浜集落で7～8隻、綾里全体で大小合わせて20隻くらいの船が沖出しされたとのことであった。

綾里漁港は奥行きが浅く外海まで近いので全速力で行けば10～15分ほどで安全な場所へ行けると判断し早い段階で沖出しを決め実行した人もあれば、ほかの船が出ているのを見て追随した人もいた。後発の人の中には、海の色が茶色に濁るのを見て危険を感じながら船を走らせ、安全な場所で船を停めた5分後に津波が来て、間一髪のところで助かったという人もいた。

図1 地震発生時に集落内にいた住民の地震直後の行動 単位：％

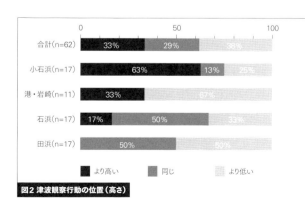

図2 津波観察行動の位置（高さ）

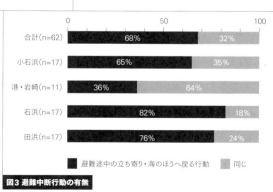

図3 避難中断行動の有無

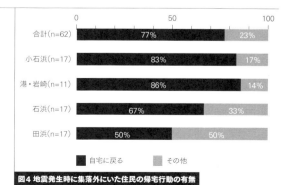

図4 地震発生時に集落外にいた住民の帰宅行動の有無

地震直後は自宅（家族）が気になる

地震発生時に集落外にいた住民の77％が直後に自宅へ戻ろうとしている（図4）。地震発生当日は津波の来襲により海沿いの道路は重大な危険があったにもかかわらず、危険を冒してでも帰ろうと試みた人が多かった。すでに通行止めになっていて迂回（うかい）を余儀なくされた人もいた。また、結局その日のうちに自宅にはたどり着けなかった人もいた。

地震発生直後は、家族の安否や自宅の被災状況が気になり、外出先から自宅へ戻るという行動が数多く見られた。

津波からの避難は、「つなみてんでんこ」という言葉からもわかるように、本来一刻を争うものであり、津波観察や物を取りに自宅へいったん戻るために、高い所から低い場所に下りたり、寄り道をしたり、その場にとどまったりせず、直ちに高台へ向かうことが基本である。今回の行動を反面教師とし、まずは各自が自分の命を守るために高いところへ逃げるという基本は普遍である。

● **津波遭遇時犠牲者がいた場所**

田浜集落の聞き取り調査では、東日本大震災の津波で集落内で亡くなられた方々7名がどの場所で、どのように津波に遭ったかについても複数の方から証言を得ることができた。その結果、田浜集落では犠牲者全員が屋内にとどまった状況で津波に遭遇していることがわかった。集落内で犠牲者が発生した家屋の場所を右の図5に示した。

なぜ屋内にとどまったのかという理由までは確認することは不可能であるが、1960（昭和35）年のチリ地震津波や1933年の昭和三陸津波を経験していたり、1896年の明治三陸津波の被害を両親や祖父母から聞いて知っているお年寄りなどから「明治のときも水はここまで来なかった」とか、「この家は明治の津波でも残った」といった話を聞いたという方々も多く、そうした意識が影響したのではないか、ということも推測される。しかし、東日本大震災では明治三陸津波の浸水域を超えてさらに高いところまで浸水した場所もあり、田浜集落においては、そうした浸水域の〝縁〟に位置した家屋等において犠牲者が発生していることがわかる。

地震の後、港のすぐ近くの自宅から数軒分坂を上った親戚宅に避難したし、その家ごと津波に流され亡くなった方は、普段の避難訓練のときは、さらに離れた高台の決められた避難先に逃げていた、とのことであった。津波避難においては、「このあたりで大丈夫だろう」とか、「ここまでは来ないだろう」といった思い込みがそれ以上の避難を思いとどまらせてしまったのではないかと推測される。津波避難では、可能な限りとどまることなく、より高きを目指して行くことが肝要である。

● **防潮堤の整備と防災意識の変化**

防潮堤の建設は、物理的に津波被害を抑止、あるいは軽減する効果があるとともに、その内側に住む住民に対しては大きな安心感を提供する。また、それと同時に「その防潮堤の津波防御効果の限界」については十分に認識されないままに、盲目的な信頼感、安心感を醸成し、結果として千年に一度といわれるような防潮堤を越える大きな津波が来た際には浸水してしまう危険性のある低地への居住に対する躊躇をなくし、「津波から逃げなくても大丈夫だ」という意識の低下を招いた。行政は常に「防潮堤の防御効果の限界」を住民に正しく伝え続け、住民もそれを十分に理解し、次の世代へ引き継いでいくことが重要である。

● **集落での言い伝えと防災意識**

小石浜集落はリアス式海岸の典型的な集落であり、沢沿いに集落がありその両側には山が迫っているため、避難に際しては沢に平行ではなく直角の方向に逃げ、まずは高台に上がってから水平移動する、といった経路がとられている。この集落では地震の前から「沢沿いに逃げるな」ということが言われていた。

石浜集落では、津波に対する意識が高く、同集落出身で年間の半分（夏期）は石浜で過ごしていた、津波災害史研究家である山下文男氏の影響も大きい。集落の会合などに山下氏が出席した際に津波についての話をする機会が多かったため、集落内で自然と「つなみてんでんこ」の考え方が定着していたとのことであった。そのため、石浜集落での津波避難に関する意識は高く、年に1回の防災訓練では熱心に避難訓練を行っていた。その結果、地震の後、ワカメのボイルに使用する罐などの道具を上げようと海岸に取りにいくなどの行動も見られなかったし、船舶保護のため危険を冒して低地へ移動してはいるものの船の沖出しは断念し、高台への避難をした人も多く、集落内にいて津波で亡くなった方はいない。

● **一人一人はどう逃げたのか**

綾里地区の5集落、計32人の方の東日本大震災当日の避難行動のうち、集落内での動きを図にしたものを次ページ以降に示す。一人一人がどのような目的で、どこを通って、どこに移動したのか、ここではあえてその行動を〝まとめる〟ことは避けたい。一人一人の避難の軌跡を追っていただきたい。

＊4 ● 図5の中の道路、海岸線、家屋流出ライン以外の線は、敷地割を示した線である。

図5 田浜集落における家屋流失ラインと津波遭遇時犠牲者がいた場所との関係 ＊4
『岩手県住宅地図 大船渡市』たちばな出版、2013をもとに筆者作成

一人一人はどう逃げたのか

図6〜9に聞き取った32人の津波避難動線を示す。(国土地理院地図に情報を付加して作成)

対象とした集落

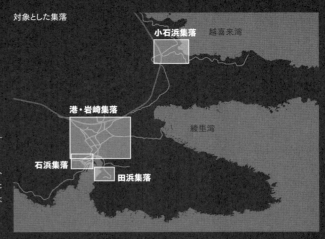

小石浜集落

小石浜集落は、東側(図の右側)が越喜来湾に面し、他の三方を山に囲まれた沢沿いの細長い形をした小さな集落である。昭和三陸津波以後、長い時間をかけ住宅を徐々に高台へと移し、今回の震災で流された家は30世帯中4軒にとどまった。

小石浜では、船を沖に出す行動をとった人以外は、ほとんどの人が15時半くらいまでに、高台の公民館へ集まった。しかし、すぐに公民館に行った人は少なく、いったん自宅へ戻ったり、途中の高台で津波の様子を見ていたという。小石浜の高台は、海岸や低地からでもすぐに上がることができ、海がよく見渡せるため津波を観察する行動が、多く見られた。

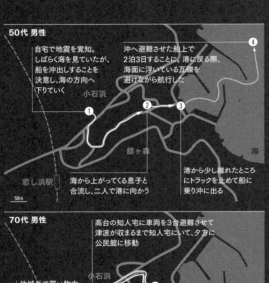
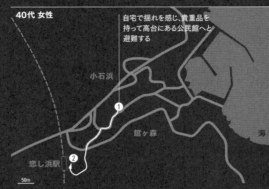

図6 津波避難動線(小石浜集落)

徒歩 ------▶
車 ——▶
船 ------▶

第4章 避難　079

石浜集落

石浜集落では、県道バイパスの高架橋の橋脚や取り付け道路の盛土などで、沢沿いの集落の奥からは海（図の右下）が見えないため、いったん港まで下がって海や船の様子を見にくる行動が見られた。

　港からの避難では、昭和の三陸津波の際に高所移転した集落内の復興地にある自宅へ戻ったり、海が見える高台にある公民館へ避難した人がいるが、公民館まで津波が来そうになったため、さらに高台にある民家へと避難した。

港・岩崎集落

港・岩崎集落は、南側（図の下側）に海（綾里漁港）があり、北西（図の左上）から南東（図の右下）に流れる綾里川沿いに低地の市街地が広がっていた。その西側（図の左側）には、昭和三陸津波後の高所移転地（復興地）が、東側（図の右側）には黒土田の高台が近くにある。集落の北側（内陸側／図の上側）には三陸鉄道が通っている。

　港・岩崎集落では、漁港付近から三陸鉄道の高架の下を潜って、さらに高台へと長距離避難した人は車を使い、すぐ近くの復興地や黒土田の高台へ上がるといった近距離避難をした人は徒歩での避難であった。車での避難のほうに立ち寄り行動が多く見られた。

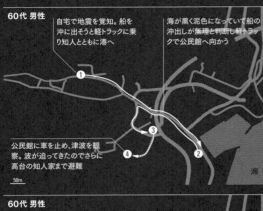
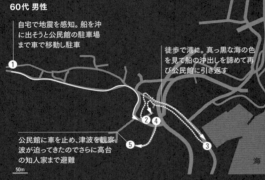

図7 津波避難動線（石浜集落）

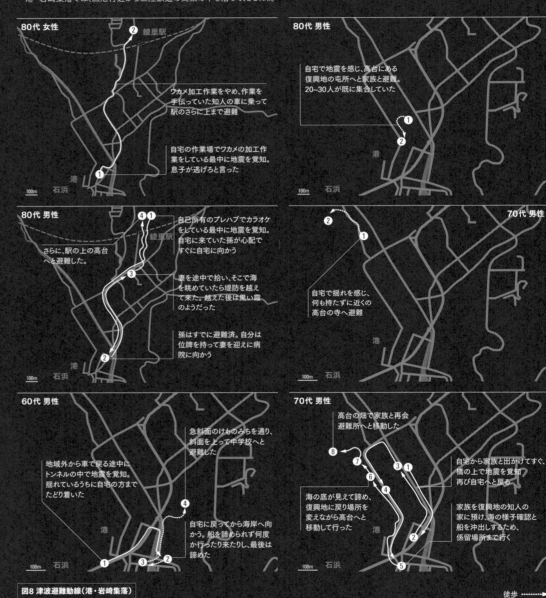

図8 津波避難動線（港・岩崎集落）

徒歩 ······▶
車 ──▶
船 ·····▶

東日本大震災の津波避難行動

田浜集落

田浜集落は、西側(図の左側)が海(漁港)に面し、他の三方を山に囲まれた集落である。北側と南側の2本の谷筋の道路沿いに家屋があり、港のすぐ裏の低地には両者をつなぐように家屋が建ち並んでいた。

下の図の一番左上の1枚が集落の北側を描いており、他の12枚はすべて集落の南側を描いたものである。集落の南側を描いた図の北東(図の右上)に位置し、3列に建物が並んでいるのが、昭和三陸津波後の高所移転地(復興地)である。

田浜集落北側の住民は、すぐ近くの裏の山の斜面などに避難した。集落南側の住民は、昭和三陸津波の際に高所移転した復興地の一番高い所、さらにその裏山の斜面などに避難した。集落南端部の住民は、南東方向(図の右下)にある山の上に続く道の途中の高台にある民家の敷地や倉庫などに避難した。田浜で話を聞いた住民のなかには、船を沖出しした人が3人いた。

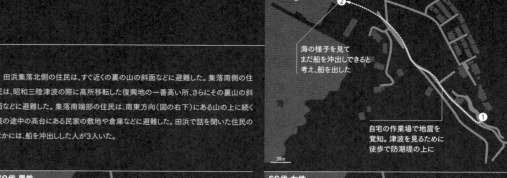

図9 津波避難動線(田浜集落)

災害直後の避難生活の教訓と知恵

● 避難生活の様々な形態

わが国では災害救助法などに基づいて災害で被災した人に対し、市町村が当座の生活の場を供与するために、あらかじめ学校・公民館などの施設を避難所として確保し、災害時には必要に応じ開設し被災者を収容するとともに、炊き出しその他食品、飲料水、生活必需品などの給与を行う。

一方で、被災地では住民自身や外部のNPO団体などの民間団体などが独自の対応をとった事例も数多く見られる。

こうしたなか、綾里地区においては、集落ごとに以下のような様々な避難生活の形態が見られた。

行政主導の集合型避難所[*5]

震災後、綾里の中心部にある港、岩崎、田浜、石浜集落については、大船渡市が綾里中学校の体育館を使い規模の大きい避難所を開設している。そこでは、各集落の代表が中心となって運営をしており毎朝、健康診断を兼ねて、避難所生活の中で困りごとがないか避難所の中を聞いて回るなどの仕組みができていた（図10）。

集落独自の集合・自立型避難所

一方、綾里の中心部から峠を隔て10km以上離れている小石浜集落では綾里中学校など大きな避難所へ行くことが困難であったため、被害を受けた住戸は少なかったが、集落内の公民館に開設した独自の避難所に約100人が集まりおよそ1か月間避難所生活を共にした（図11〜13）。

市が開設した避難所とは別に集落内に独自の避難所を立ち上げ自立した運営を行ったが、市との連絡・連携は密に行っていた。震災当日もまだ道路も通行止めの個所がある中、市役所まで車を走らせ小石浜一円の被害報告を行っている。また、後述する集落内の瓦礫の撤去作業について相談しながら進めている。一方で「信頼関係」「規範」「人的ネットワーク」といった地域社会の資産（ソーシャルキャピタル）が残っており、震災直後であるにもかかわらず107人の食事と寝泊まりのマネジメントを行うことが可能であった。その後も「集落会」を中心に集落全体が協力し、集落内の被害把握、被災世帯の片付けの手伝い、仮設住宅申請手続きの支援など、さらに集落内の道路上の瓦礫処理、海岸を含む集落全体の清掃、支援物資の引取りと配分などを自立して行った。地震発生から約1か月後の4月13日に解散会を行い、公民館での独自の避難生活を解消した。

空き家を利用した集落独自の避難所の設置

田浜集落では、空き家を利用し集落内に2か所の自主的な避難所を設置した。2か所合わせてピーク時では10世帯くらいが生活していた。空き家といっても、家族が帰省した際などに使えるよ

[*5] 地震により被災した綾里の住民の多くは、黒土田（くろつちだ）の高台にある綾里中学校の体育館に避難して避難生活を送った。同年5月には中学校の再開に伴い公民館（綾姫ホール）へ避難所が移転した。その後、6月に綾里中学校の校庭に設けられた仮設住宅への入居が始まった。この仮設住宅は2015年9月までに退去が完了している。

図10 行政主導の集合型避難所[*5]

図11 集落独自の集合・自立型避難所

図12 小石浜公民館での避難生活の様子(1)（提供：松川良悦氏）

図13 小石浜公民館での避難生活の様子(2)（提供：松川良悦氏）

図14 小石浜公民館での避難生活の様子(3)（提供：松川良悦氏）

図15 小石浜公民館での避難生活の様子(4)（提供：松川良悦氏）

うに日常から管理されており、布団や食器などの生活用品も整っていた。避難者のプライバシーの確保、コミュニティの維持、行政が設置した避難所の混雑緩和などにも貢献した（図16・17）。

自宅での避難生活を集落が支援

石浜集落では自宅に被害があった人たちは綾里中学校の避難所を利用し、家庭での生活が可能な人は自宅へ留まったため、集落独自の避難所開設はなかった。

石浜集落の自主防災会が持っていた炊き出し用の釜が津波で流されてしまったために、公民館での集落独自の炊き出しを行うことはできなかったが、1）当時、ワカメの収穫が始まる忙しい時期であったため、買い出しに行く手間を省くために燃料や食料を買い置きしていたため家が流されなかった人は、自宅で食事を作ることができた、2）家が流されてしまった人やライフラインの寸断により家庭での食事準備が困難な人は、地区の避難所である綾里中学校へ行き炊き出しを利用できたことで、結果として集落内での生活の継続が可能であった（図18）。

● **地域の自然資源や蓄えの活用**

田浜集落では、集落内にある3本の沢筋や集落外の野形集落の不動滝などの水や、電気などのエネルギーを必要としない薪・練炭などを用いた竈・ストーブ・こたつなどの暖房・調理器具、断水しても利用可能なくみ取り式のトイレの活用など、豊かな自然環境と昔ながらの道具を大事に使い続けてきたことにより、都市的ライフラインが途絶した中でも自立的な生活継続が可能となった（図19）。

地震の発生がちょうど、養殖ワカメの収穫・加工の忙しい時期と重なっていたため、家の冷蔵庫の中に食料の蓄えも多く存在し、冬期であったためそれらをある一定期間活用することができた、ワカメの作業場が自宅より高いところにあったケースではそこを寝泊まりに使えた、といった地域の特性を生かした対応があったことがわかった。

本書で紹介した綾里地区で津波災害に遭遇した人々の貴重な体験、行動、そして得られた教訓、智恵が後世の災害対応に少しでも生かされることを願ってやまない。

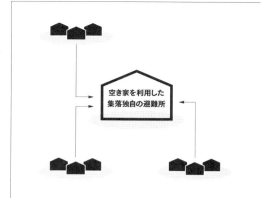

図16 空き家を利用した集落独自の分散型避難所

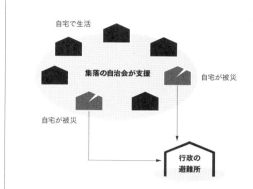

図18 自宅での避難生活を集落が支援

図17 空き家を利用し集落独自の避難所として使われた住宅（撮影：池田浩敬／2015年）

図19 湧き水を利用した飲料・生活用水の確保（野形の不動滝）（撮影：池田浩敬／2015年）

綾里村の復興は、県の指導にひきずられずに、
村人自身積極的に計画をすすめ、
一致して建設に邁進している点で特異性がある。
(中略)最初の旅で宿った村上旅館などは立派に新造成地上に建築され、
再度むごたらしく痛めつけられた村人の防災に対する共同精神がよく結合して、
意気の揚がった温かい気持ちを感じられる村になっていた

——— 山口弥一郎「第一篇 六 綾里の復興」『津浪と村』恒春閣書房、1943
　　（山口弥一郎著、石井正己+川島秀一編『津浪と村』三弥井書店、2011）

2014年8月26日／岩手県大船渡市三陸町綾里田浜上。2011年の東日本大震災からの集団移転地

第5章 復興

近代復興と
東日本大震災

● 近代復興の政策体系

2011(平成23)年の3月の日本はどのような社会だったのだろうか。

　2011年は人口減少がはっきりと意識されていた時期であった。人口減少は日本の中で均等に進むわけではなく、北海道、東北の多くの市町村はトップランナーとして人口減少時代に入っていた。しかし、人口減少はまだ始まったばかりで、それに対する対策はまだ議論の場に出されたばかりであった。復興の政策も、それを支える計画論も、人口が減少するという前提に立たないものであり、そこにタイミング悪く起きたのが東日本大震災であった。

　人口が増えている時代において、復興を支える「近代復興」とでもいうべき政策体系はつくり上げられていた[1]。この体系の要点を示しておこう。

①政府・官僚主導型で、開発を前提とし、迅速性をよしとする
②被災地には現状凍結を要請し、基盤整備を優先する
③政府が供給する仮設住宅、そして復興住宅へという単線型プロセスが用意される
④政府の事業メニューは標準型であり、しばしば事業ありき、の発想となる
⑤わが国では1961(昭和36)年の災害対策基本法の制定によって枠組みが整えられ、阪神・淡路大震災までに完成した体制である

　災害は個別性が高いが、それを予測することは難しい。近代復興というと体系的で整っているように感じるかもしれないが、実質的には「起きてしまった予測していなかった災害」に対する事後の対策を、それまでの政策の上に一つずつ積み上げてつくり出してきた体系にすぎない。1993(平成5)年に起きた奥尻島の津波災害と、2004(平成16)年に起きた新潟県中越大震災では防災集団移転という方法が、1995(平成7)年に起きた阪神・淡路大震災では震災復興土地区画整理事業や市街地再開発事業という方法がそれぞれとられた。1959(昭和34)年の伊勢湾台風の後から制度化されたものの、それほど注目されていなかった仮設住宅が、阪神・淡路大震災では社会問題となり、中越大震災では多少改良された取り組みが行われた。こうした経験が政策を充実させ、それが次の災害に生かされていくのである。

　こういった近代復興の体系をもった状態で東日本大震災が起きたことは、少しは幸運だったのかもしれないし、先例に規定されてしまうという意味では少しは不幸だったのかもしれない。これだけの規模の津波災害への政策は遠く第二次世界大戦前の1933(昭和8)年の昭和三陸津波までたどることになり、時代背景も異なり、資料も限定的であったため、参照できる先例はないに等しかった。ましてや人口減少時代に対応した政策としては未形成だったのである。

● 政治と行政の状況

政策を形成する側の政治と行政の状況を見てみよう。戦後の日本を先導してきたのは自由民主党政権であったが、「55年体制」と呼ばれる自民党が安定的に多数を握る政治体制は1993(平成5)年にすでに終わっており、様々な組み合わせの連立政権を経て、2009(平成21)年9月からはいくつかの政党が離散・集合した旧民主党が政権を握っていた。政党が掲げた理念は「コンクリートから人へ」[2]であった。政権交代後に民主党がまず取り組んだのは「事業仕分け」と呼ばれる、官僚が積み上げてきた公共事業を中心とした政策体系の切り崩しであり、政権と官僚が緊張関係を保ったままの状態でタイミング悪く起きたのが東日本大震災であった。

地方自治体の状況を見てみよう。本格的な地方分権は2000(平成12)年にスタートし、すでに10年ほどの蓄積があった。多くの行政の権限は中央政府から都道府県へ、都道府県から市町村へ移譲されていた。財源の多くは中央政府に握られたままであったが、かつてのように中央政府が財源を配分するのではなく、市町村が計画を考え、提案したものに対して財源が配分される、ということが基本であった。市町村はそれぞれの頭とそれぞれの手足で行政を司っていたが、頭と手足をどう使うか、それらをどう鍛えるかも市町村に任せられていたため、10年たってもまだ未熟な市町村が少なくなかった。また、市町村を民間の立場からサポートできる専門家、コンサルタントやシンクタンクは、地方分権の時代においても相変わらず一極集中であり、特に津波の被害に遭った東北の沿岸部にはそうした組織がほとんど育っていなかった。

　地域社会を見ると、町内会や自治会、集落会といった組織は、格別に強かったわけでも、弱かったわけでもない。第二次世界大戦後の日本の経済成長を支えた戦前生まれの世代が退職して地域を支え、その下の人口のボリュームゾーンである団塊の世代がそろそろ退職を迎えるころであった。地域社会に1998(平成10)年に加わったNPOは全国で4万2385法人にまで増えていた。NPOは2000年代の地方分権の一方の旗手として登場し、確実にその活動域を広げていたが、すべての地域社会を覆い尽くすほどではなかった。特に津波の被害に遭った東北の沿岸部は相対的にNPOの数が少ないところであった。

● 東日本大震災後の状況

2011年3月11日に災害が起きた後にこれらはどうなったのだろうか。

　まず民主党政権は2010年に「コンクリートから人へ」というスローガンをすでに下ろしていたが、官僚組織を使いこなすことができる状態ではなかった。もし災害がもう少し後に起き、官僚組織との緊密な関係がつくられていたならば違ったものになったのかもしれないが、それには時間不足

＊1●『建築雑誌』(日本建築学会)は2013年3月号の『近代復興』再考——これからの復興のために」という特集において「近代復興」という言葉を定義した。本文中に掲げた5点の特徴は、同誌の編集を担当した中島直人によって整理されたものである。

＊2●民主党が政権交代を成し遂げた2009年の総選挙で掲げていたスローガンの一つである。無駄な公共事業を減らし、社会保障などへ財源を振り分けることを意図している。これに基づいて2010年度の予算では公共事業費を削減したり、八ッ場(やんば)ダムの建設事業計画停止などを実現したが、党内での反対意見もあり、2010年の参議院選挙ではこのスローガンは掲げられなかった。

＊3●例えば岩手県大槌町では町長と32人の職員が犠牲となった。津波前の町職員は136人であり、管理職の多くが犠牲となったことから、町行政は麻痺状態に陥った。

＊4●そもそも建築基準法による建築制限がかかっているところにおいても、仮設の建築物は建築可能であるが、そのような動きはほとんど見られなかった。

＊5●土地区画整理事業は50地区で実施されている。

＊6●防災集団移転促進事業は331地区で実施されている。

＊7●津波防災に対する考え方は、中央防災会議「東北地方太平洋沖地震を教訓とした地震・津波対策に関する専門調査会」において検討されたのち、津波防災地域づくりに関する法律として立法された。

＊8●津波防災の考え方については「防災のあり方の転換」（『国土交通白書』平成23年度、国土交通白書、2012年、http://www.mlit.go.jp/hakusyo/mlit/h23/hakusho/h24/html/n1131000.html）を参照した。

であり、結果的には使い古された近代復興の政策を取るしかなかった。

市町村の状況を見ると、いくつかの庁舎が津波で流失して職員が死亡し、市町村の行政組織そのものが大きく破壊された。このことは地方分権の大きな誤算であった＊3。10年間の地方分権社会で育ててきた地方自治の仕組みが根こそぎなくなってしまったのである。そして中央政府には市町村の動きをサポートするという役割に徹していたため、市町村のそれぞれの頭と手足がもぎ取られ、市町村からの情報すら上がってこない状況に陥ったときに、中央政府自体の動きがしばらくの空白に陥ってしまったのである。

災害対策や復興の専門家やNPOはそもそも不足していた。膨大な支援が全国各地から集まったが、被害はあまりにも甚大で、被災地はあまりにも広かった。自発性に頼る支援の動きは広域的に調整されるものではなく、各地で支援が行き届かない空白地帯が生まれる。あるところでは過剰に専門家やNPOが活動したが、別のところでは不足した。そしてこれらの活動には、どうしても自分たちのやり方を持ち込んでしまう側面が見られた。ある専門家は市民参加を復興にあてはめようとしたし、別の専門家は阪神・淡路大震災と同じように、土地区画整理事業ですべてを解決できると考えた。ある専門家は人口増の時代に描いた「夢」を提案し、別の専門家は最先端のまちづくりを実現する機会だと意気込んだ。彼らには悪気はなかったが、この動きは被災地の中で空転し、あるまちでは専門家が主導権争いを演じ、あるまちでは先鋭化した専門家が行政と対立してしまったケースもある。これらを仕切るべき行政も限界にあり、地域社会に入り込んで調整をするにはあまりにも人的資源が不足していた。

● **東日本大震災の復興政策**

こうした状況に対して、国家が準備した復興政策を整理しておこう。

復興政策は近代復興を踏襲するものではあったが、結果的にはそれは期待どおりに実現し

なかった。近代復興は開発を前提としていたが、人口減少の傾向に歯止めをかけられるわけでもなく、開発を計画する前から復興後には誰も利用しない空き地が大量にあることは明らかだった。近代復興は迅速性を重視していたが、被害の甚大さもあり、結果は迅速とは程遠いものだった。被災者の当面のすまいとなる仮設住宅の建設も迅速とは程遠く、また仮設住宅の部材のストックも十分ではなかったため、「みなし仮設」と呼ばれた民間賃貸住宅の借り上げがなされ、政策はそれを追認していくしかなかった。

近代復興は被災地に「現状凍結」を要請する。新しい建築がバラバラと建ってしまうと、復興の妨げになるからである。具体的には宮城県は建築基準法84条に基づく被災市街地制限をかけ、岩手県では建築基準法39条に基づく災害危険区域指定を各自治体が行うことになった。しかしこうしたことをせずとも、被災地にバラック＝仮設建築を建てる者は少なかった＊4。津波の記憶が生々しく、誰も建てなかったということなのかもしれないが、人口減少社会においてバラックを建てるほどのエネルギーも失われていた、ということのほうが正確かもしれない。つまり、現状凍結などをしなくとも、被災地には何も建たなかったのである。わずかな例外はあり、宮城県石巻市の中心部では壊れた建物の暫定的な再利用がなされ、そこから復興の動きが生まれたが、それ以外の市町村では公費解体が壊れた建物をすべて撤去してしまい、広大な空き地をつくりだしてしまった。

近代復興が重視する「基盤整備」には、「面」と「線」と「点」をつくりだすものがあったと考えるとわかりやすい。

「面」は土地区画整理事業であり、いくつかの都市で実行に移された。阪神・淡路大震災のような火災が起きて焼失したまちからの復興では土地区画整理事業が使われるが、それはつくりだされる広幅員の道路が延焼の遮断に有効であるからだ。しかし津波の場合、広幅員の道路で被害を軽減できるわけではない。被害を軽減するのは地盤のかさ上げであり、土地区画整理事業が用いられた理由は、まさにそれが地盤のかさ上げに公費

を投入することができる唯一の手法だったからである。つまり土地区画整理事業は道路をつくるのではなく、地盤を面的にかさ上げするために使われたのである＊5。

「線」は防災集団移転促進事業であり、多くの自治体で実行に移された。どこからでも出火しうる火災に比べると、津波には「海からやってくる」という明確な方向性がある。方向性がない火災には面的に復興する土地区画整理事業が向いていたが、津波には海に近いところから地盤の高いところへ線的に住宅地を移していく防災集団移転促進事業が使われたのである＊6。

時間がかかる「面」や「線」に対して、迅速さを求めて「点」を整備する「津波復興拠点整備事業」という新たな事業制度が創設された。復興の拠点となる市街地を用地買収方式で緊急に整備する事業である。これは「面」や「線」を補助するように使えるものであったが、結果的にはあまり活用されなかったし、迅速さにも欠けるものだった。

基盤整備で忘れてはならないのが、防潮堤である。2011（平成23）年9月に国より、今後の津波対策を構築するに当たって、規模や発生頻度に応じた二つのレベルの津波を想定することが発表された＊7。一つめは数十年から百数十年に1回程度の頻度で発生する比較的発生頻度が高いレベル1の津波（L1津波）である。二つめは数百年から千年に1回程度の頻度で発生し、甚大な被害をもたらすレベル2の津波（L2津波）である＊8。東日本大震災の津波はL2津波、昭和三陸津波はL1津波である。そしてL1津波に対しては防潮堤等で防ぐ「防災」が、L2津波に対しては被害を軽減する「減災」が対策として位置づけられた。この考えに基づいてそれぞれの地域でL1津波、L2津波のシミュレーションが行われ、復興政策の中で整備する防潮堤の高さが決定されることになった。

まとめると、迅速な開発を前提とした復興政策は、土地利用の規制、仮設住宅の建設、開発型の「面」「線」「点」をつくりだす復興事業、二つのレベルの津波に対応した防潮堤の建設が準備された。

こうした政策が、小さな綾里の復興のなかでどう取り組まれたのかを次に見ていこう。

第5章 復興 ● 087

綾里の復興

綾里では2011年7月に綾里地区復興委員会が設立され、復興委員会が地域の意向をとりまとめて行政と交渉しながら復興が進められた。2019年の時点で防潮堤はまだ工事中であり、低地の基盤整備も進行中である。復興委員会はまだ活動を続けており、復興はまだ終わってはいない。一方で、漁港や住宅の復興は終わり、仮設住宅もすべて解消された。ここでは2011年3月11日の災害から仮設住宅が解消された2015年12月までの間にどのように復興が進められていったのかを振り返ってみよう。

● 災害から緊急要望書の提出まで

大船渡市では2011年4月20日に災害復興基本方針を、その後7月8日に復興計画骨子を策定した。被災から1か月の基本方針の策定は、被災地の中では速いほうであった。速さの理由はいくつか挙げられるだろうが、何よりも大船渡市役所そのものが高台に立地していたため、庁舎の被害、庁舎の中に整理されていた各種の資料の流失、行政職員の人的被害を防ぐことができたからであろう。大船渡市災害復興局が被災直後の3月に早々に立ち上がり、同じ頃に市の職員が防災集団移転促進事業の調査を行っている。

綾里地区の動きを見てみよう。

被災後しばらくの避難所生活を経て、2011年5月に高台にある綾里中学校の校庭に90戸の仮設住宅が建設され、被災者の多くはそこに入居した。一つの地区の住民が、一つの仮設住宅にまとまって住めたことはよいことだった。都市部の仮設住宅団地には様々なところから被災者が集まったため、そこには必ずコミュニケーションの問題が発生したが、綾里の人たちはそのまま

088 ● 綾里の復興

図1 復興プロジェクトマップ

港・岩崎・宮野・野形
港、岩崎、宮野、野形は綾里漁港の後ろに広がる綾里地区の中心で、小学校、中学校、綾姫ホール、消防分遣所といった公的な施設が集まっている。津波は高さ7.9mの防潮堤を越えて侵入し、低地に建っていた建物が流失したが、昭和三陸津波のあとの復興地の被害はほとんどなかった。低地で被害に遭った人たちが中心となって防災集団移転促進事業が実施され、綾里駅の北側に移転した。

石浜
津波研究家として名高い山下文男氏の生家があった昭和三陸津波のあとの復興地が建設され、個別の高台移転も行われたため、東日本大震災では人的な被害はなかった。新たに防潮堤がつくられることになった。

田浜
集団移転をした昭和三陸津波のあとの復興地を見ることができる。高さ7.9mの防潮堤が建設されていたが、津波は地区内に侵入し、低地に建っていた住宅が流失した。低地で被害にあった人たちが中心となって防災集団移転促進事業が実施された。

白浜
明治三陸津波（25.6m）、昭和三陸津波（18.6m）と、それぞれの津波における日本の最大高さを記録した場所。復興地が建設され、併せて個別の高台移転も行われた。その後に低地に住宅を建てることがなかったため、東日本大震災では人的な被害は防げた。

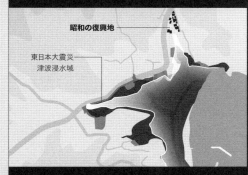

小石浜
昭和三陸津波のあとに長い時間をかけて個別に高所に移転した。そのため、東日本大震災では人的な被害は防げた。

表1 綾里地区の復興年表

2011年
3月11日	東日本大震災発生
5月（日付不明）	仮設住宅の完成① 入居開始
6月29日	綾里地区復興委員会設立発起人会
7月13日	綾里地区復興委員委嘱状交付・設立委員会（総会）
8月3日	第2回綾里地区復興委員会
8月29日	第3回綾里地区復興委員会
9月4日	第一次提言書に関する説明会・第一次提言書、市長に提出
10月12日	市復興局との懇談会
10月31日	被災者アンケート調査票回収 大船渡市が復興計画を発表
11月1日	市復興局との懇談会
12月23日	市・県等関連部署との懇談会

2012年
1月13日	被災者と市復興局との懇談会（港、岩崎、石浜）
1月22日	被災者と市復興局との懇談会（田浜）
2月10日	第2回被災者アンケート調査票回収（仮設入居者以外）
2月27日	第4回綾里地区復興委員会
3月2日	復興計画に関わる中間報告（進捗状況）住民説明会
3月9日	要望書を市長に提出
4月11日	市復興局と綾里地区復興委員会三役および事務局会議
4月29日	第5回綾里地区復興委員会
5月13日	部会設立準備会（田浜）
5月30日	綾里地区復興委員会総会
6月23日	漁協部会・部会設立準備会（中心部）
6月24日	ワークショップ（田浜部会、中心部部会）
7月8日	小石浜部会1（道路網）
7月21日	小石浜部会2（女性）
7月21日	漁協部会2
7月22日	中心部部会2（道路網、土地利用）、田浜部会2（道路網、土地利用）
8月5日	中心部部会3（道路網、土地利用）、田浜部会3（土地利用）
8月11日	小石浜部会3（防潮堤）、中心部部会4（道路網、土地利用、防潮堤）
8月12日	第6回綾里地区復興委員会、田浜部会4（道路網、土地利用、防潮堤）
9月22日	小石浜部会4（防潮堤）
9月23日	田浜部会5（防潮堤）
9月23日	中心部部会5（防潮堤）
10月14日	石浜部会1（進め方）・白浜部会1（進め方）
11月17日	小石浜部会5（浸水区域モニュメント）
11月18日	石浜部会2（道路網、土地利用）・白浜部会2（道路網、土地利用）
12月（日付不明）	岩手県より防潮堤について説明会
12月7日	大船渡市へ漁業集落防災機能強化事業導入を要請
12月21日	振興局漁港漁村課と綾里地区復興委員会三役事務局会議（防潮堤変更）
	大船渡市より災害危険区域の説明会

2013年
1月26日	仮設住宅入居者と防潮堤変更に伴う懇談会
1月27日	第7回綾里地区復興委員会
3月7日	市復興局の防災集団移転促進事業進捗報告会
3月11日	小石浜に木製の津波記念碑設置②
3月15日	防潮堤建設計画変更経過、および急復旧復興事業として市に要請した事項の進捗状況を広報にて住民全戸に配布
3月26日	明治三陸津波碑および消防団員殉職碑修復再建神事
3月26日	東日本大震災津波記憶碑除幕式、ならびに祝賀会③
3月28日	防災集団移転促進事業に関わる切土処分についての市との話し合い
4月10日	振興局漁港漁村課と綾里地区復興委員会三役、相談役、事務局、前浜地区代表者会議
4月10日	漁業集落防災機能強化事業の勉強会・綾里地区復興委員会幹事と漁協代表者会議
4月15日	漁協部会3（土地利用）
4月24日	第8回綾里地区復興委員会
4月24日	綾里こども園の起工式
5月25日	第9回綾里地区復興委員会
5月25日	第二次提言書復興まちづくり計画住民説明会
5月26日	石浜部会3（防潮堤、浸水区域モニュメント）
5月30日	第二次提言書を大船渡市長に提言・県振興局道路課長との懇談
5月31日	平成25年度綾里地区復興委員会総会
7月9日	市より防集事業、港・岩崎地区工事日程の説明および災害公営住宅工事の日程についての説明
7月22日	岩崎、港地区防集事業 安全祈願祭
7月23日	市復興局、振興局へ災害公営住宅及び防潮堤の進捗状況の確認
8月25日	第10回綾里地区復興委員会開催
9月22日	防潮堤にかかる懇談会（勉強会）
12月23日	小石浜公民館にて「小石浜の教え」発表会
12月25日	前浜三地区、防潮堤に係る説明会
12月26日	第11回綾里地区復興委員会開催

2014年
1月22日	石浜地区防潮堤にかかる住民よりの答申
1月24日	防潮堤にかかる説明会
2月22日	綾里こども園開園式④
3～5月	各地区において防潮堤に係る住民説明会
4月6日	三陸鉄道が全線復旧
5月16日	田浜地区防災集団移転促進事業完成⑤
5月23日	災害危険区域設定に係る説明会
6月25日	港・岩崎地区防災集団移転促進事業完成⑥
6月27日	東日本大震災綾里地区復興委員会 総会
6月30日	災害危険区域設定（港・岩崎・田浜・石浜）⑦
7月14日	綾里中学校復興授業開催
8月25日	県道船渡綾里三陸線についての経過報告
9月1日	綾里中学校復興授業開催
10月25日	第12回綾里地区復興委員会開催
10月31日	災害危険区域設定（小石浜・砂子浜・野々前・白浜）⑦
12月19日	市によるまちづくり協議会開催（セレモニー、要望書の提出）

2015年
2月22日	石浜地域に於ける調査等の報告会 漁業の事業促進と現状、今後の取り組みについて
2月28日	災害復興公営住宅が完成⑧
3月18日	防潮堤に係る説明会（設計図面等）」
12月12日	仮設住宅の返還式典

2016年
1月26日	綾里地区駐在所が完成⑨
3月（日付不明）	漁業集落防災機能強化事業着工⑩
6月25日	消防分遣所が完成⑪

人間関係を仮設住宅に移し替えることができたのである。結果的に仮設住宅での孤独死といった問題とは無縁であった。

並行して復興委員会が7月13日に設立された。各集落や漁協などの代表者約50名で構成された組織である。どういう経緯で組織が設立されたのであろうか。

復興委員会は住民の自発的な組織ではあったが、大船渡市の復興の進め方を強く意識した組織であった。行政職員の被害が少なかったとはいえ、災害後の行政の人手は圧倒的に不足していた。一方の地域社会はもともと地縁が強く、集落会などを中心とした自治の仕組みが整っており、震災前の大船渡市には、地域の要望などをとりまとめる行政とのパイプ役として「地区公民館」と呼ばれる組織が機能していた。こうした背景から、大船渡市は災害後の復興に関しても、地区公民館を通じて上がってくる要望だけを、正式な地区の意思として受け止める方針とした。

つまり例えば、支援者が現地で出会った被災者を集めて会合を開き、そこでつくった復興プランを行政に提案したとしても、行政ではそれを地区の復興を進めるための参考意見として聞き置き、正式な復興計画としては受け止めない。地区公民館から上がってくるものだけを正式な提案とした。そして地区公民館という仕組みも震災の影響を受けていたが、それが組織として復活しない限り地域の合意形成はできず、復興は遅れていったり、行政任せで粛々と進んでいく。綾里の復興委員会の設立は、こうした方針を受けたものである。

大船渡市内には10の地区公民館があり、旧三陸町エリアでは三陸町になる前の三つの村、綾里村、越喜来村、吉浜村ごとに地区公民館が組織化されていた。これらは一見して均質な組織に見えるが、その内実は地区の歴史、人間関係の濃淡、人間関係の複雑さを踏まえて異なっていた。

そして綾里の場合は、公民館が、さらに言えば公民館長が地域のリーダー的な存在とはいえなかった。これは公民館長の個人的な資質という問題ではなく、合併前から各集落会を中心としてつくられていた自治の仕組みの上に公民館という仕組みが権威的に重ならなかった、というだけのことである。

地域の意思を決定していたのは集落会同士の調整であり、公民館はその事務局、公民館長はその調整者という役割にしかすぎなかった。

こうした経緯があり、公民館に内在する仕組みだけでは復興を進めるには不十分であったため、公民館とは別に組織をつくることになった。地区出身の議員、様々な団体代表との相談が行われた結果、地域をまとめる委員長として白羽の矢が立てられたのは当時退職したばかりの綾里漁協の前組合長であった。26ページで述べたとおり、地域には「綾里地区振興協議会」があり、様々な公共事業の要望を取りまとめていたのだが、すでに解散状態にあった。復興委員会は振興協議会をそのまま引き継いだものではないが、振興協議会などで培われた人間関係を総合的に判断し、当時の最良の判断として復興委員会の人選が決定されていったのではないだろうか。

このときに、地区のすべてが被災していなかったことはアドバンテージであった。津波の被害は複数の集落の低地に集中していたが、それぞれの集落が低地とそうでないところの組み合わせでできており、すべてが失われた集落は一つもなかった。例えば港、岩崎集落はそれぞれ低地と復興地で構成されており、直接の被災者は低地に住んでいた人たちであり、彼らが避難所から仮設住宅へと移っていく過程の中でも、復興地の人たちは多少の不便さこそあれ、日常生活を送ることができていた。被災者が自分の暮らしを立て直しながら、地区全体の将来を考えることは手に余ることが多い。復興委員会には直接の被災者も委員として名前を連ねていたが、大きな被害に遭わなかった委員も多く、お互いに気遣いながら、役割を相互に補完し合いながら検討を進めることができたのである。

復興委員会では2011年の7月から8月にかけて3回の会合を開催して検討を重ね、9月4日に要望事項を「第一次提言書」にまとめて大船渡市長に提出した（表2）。そして委員会は引き続き行政の関連部署との懇談会や地区の被災者を対象にしたアンケート調査（10月および2月）、地区の被災者たちと行政との懇談会を重ねて、「第一次提言書」の記載項目を踏まえた13項目の「要望書」を2012年3月9日に市長に提出した（表2）。こうした項目列挙型の「提言書」「要望書」のスタイルは、振興協議会のスタイルが引き継がれたものと考えてよいだろう。なお、当時の復興委員会には外部の専門家の支援が入っていなかった。これは復興委員会が地元の委員だけで十分に運営できたこと、そして綾里地区が被災地の中でも特に辺鄙なところにあり、外部からの支援者が相対的に少なかったためである。

そして復興委員会からの第一次提言書と要望書は、まさに地区公民館でとりまとめられた正

表2 提言書・要望書の内容

第一次提言書（2011年9月）
1. 人の命と住家を守る防災に強い街づくり（54項目）
2. 産業の再生（6項目）
3. 公共施設（5項目）
4. 教育施設（8項目）
5. その他（9項目）

要望書（2012年3月）
(1) 防潮堤の早期建設
(2) 県管理漁港（綾里）の早期復旧
(3) 市管理漁港（小路・野々前・砂子浜・小石浜）の早期復旧
(4) 総合子ども園の早期建設
(5) 災害公営住宅の早期建設
(6) 綾里川堤防及び道路の改修施工
(7) 消防分遣所の早期建設
(8) 綾里駐在所の早期復旧
(9) 集団移転の早期実現
(10) 被災地の買い上げ
(11) 被災地内の主要避難路整備
(12) 県道バイパスの改良整備
(13) 綾里小学校校庭の整備

図2 仮設住宅での話し合いの様子（提供：西岡唯史）

＊9 ● 例えば、石浜地区に示されている防潮堤の位置はのちに変更になったり、防災集団移転促進事業の対象地の候補として4か所の円（点線）が示されているが、これらもあくまでも候補地であり、そこには建設されなかった。

式な要望として大船渡市に受け止められた。第一次提言書と要望書を受けて、総合子ども園（綾里こども園）、消防分遣所などの施設の再建が決定されたほか、港・岩崎と田浜の2か所の防災集団移転促進事業と1か所の公営住宅の検討が進められた。いずれについても、復興委員会は被災者の要望のとりまとめ、地権者の意向の調整、土地の選定を主体的に進め、行政と交渉した。

防潮堤の位置や高さについては、2011年9月に中央防災会議が示した考え方に基づいて、行政により綾里地区を襲う可能性があるL1津波とL2津波のシミュレーションが行われ、復興で整備される防潮堤の案が作成された。岩手県が整備する港湾の防潮堤については、2011年末に県がL1津波に対する地域海岸の代表値の津波高、綾里漁港の津波高、既存の高さの3つの選択肢を示し、復興委員会でそのうち最も高い地域海岸の代表値に基づく14.1mを選択した。地域海岸の代表値は隣の合足で算出された数値であるが、それはたまたま綾里漁港におけるL2津波の想定と同じであった。つまりこの時点で綾里地区は、千年に一度の津波にも耐えられる防潮堤を選択していたことになる。しかし後述するとおり、2012年12月にその問題が再燃することになる。

なお、港湾の防潮堤は、防潮堤が被害を受けた二つの浜と、従前の防潮堤がなかった石浜においてつくられるが、復旧事業の位置づけを持たない石浜についてはこの時点で位置が示されず、決定が先延ばしにされている。

● 復興まちづくり計画の作成

すこし時間をさかのぼるが、大船渡市は2011（平成23）年10月31日に大船渡市復興計画を発表し、そこには綾里地区、野々前、小石浜・砂子浜に分けて土地利用計画が示されていた（図3）。大船渡市は地区公民館を通じて上がってくる要望を地区の意思として受け止める方針を持っていた。これは裏を返せば、住民参加を前提とした方針であり、地区が公民館を中心に合意を形成しさえすれば、市の復興計画にできるだけ反映す

るという方針であった。つまり復興計画に示された土地利用計画は、いわゆる「たたき台」＊9のようなものとしてそれぞれの地区に示されたものであり、この時点で復興委員会の意を受けて作成されたものではなかった。

並行して復興委員会が提出した第一次提言書と要望書は、緊急的に必要な個別の要望を束ねたものであり、市のたたき台に示されていたような土地利用計画に落とし込まれたものでもなかったし、長期的な地区の将来の姿を明確にまとめたものでもなかった。専門家の支援もなく土地利用計画を作成することは難しいと考えられたため、2012年4月より筆者らが復興委員会から市へ提案する「復興まちづくり計画」の作成支援を行うこととなった。支援は当初、災害復興まちづくり支援機構とともに行われた。具体的には、移転後の高台におけるまちづくりや移転跡地の活用を含めた海側の土地利用や避難計画などである。

復興まちづくり計画の作成にあたっては、集落ごとに部会を設け、各集落の住民による少人数での議論を行い、集落ごとに将来像を描き出した。綾里地区中心部の4集落の合同部会、小石浜集落、田浜集落、港周辺の漁業関連施設について議論を行う漁港部会の4部会から始め、遅れて石浜集落、白浜集落の部会を始めた。これらの部会で検討した結果を全体の復興委員会で決定していくという方法である。

2012年5月から2013年11月まで、各部会でははやいときには2週間に1回ほどのペースで会合を設けて計画案を作成した。会合では、まずガリバーマップの手法を活用して、情報収集を行い、その後は部会ごとに模型や地図を囲みながら、道路網の整備、被災した低地の土地利用の方針、防潮堤の位置や高さの確認とそのデザインの方針について検討を行った。道路網の検討の際には、「逃げ地図」の手法を用いたり、防潮堤の景観についてはプロジェクターで景観モンタージュ写真を映写しながらその場でデザインを調整していく、といった情報の可視化を工夫した。こうした手法の詳細については「復興の手法」（p.100）で詳細に述べることとしたい。

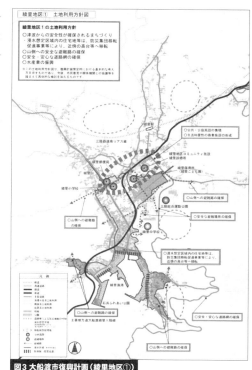

図3 大船渡市復興計画（綾里地区①）

● 防潮堤問題の再燃

2012年中に各部会の計画案がまとめられたが、2012年末に岩手県から防潮堤の詳細な位置と周辺道路の整備計画が、大船渡市から災害危険区域の案の説明が示された。前述のとおり、防潮堤の高さについては2011年末に14.1mと決定していたが、それから約1年は具体案の計画策定と行政内部の調整に費やされ、この時期になって初めて復興委員会に対して計画の詳細が示されたことになる。

災害危険区域は津波などの被害が想定されるエリアについて、建築を禁止する区域である。

図4 部会で検討している様子（撮影：饗庭伸／2012年）

第5章 復興 ● 091

大船渡市の災害危険区域は第1種区域と第2種区域に分けられ、住宅と社会福祉施設・学校・医療施設の建築が制限される。第1種区域はこれらのすべての建築が制限され、第2種区域は条件つきでこれらの建築が可能になる区域である。

復興委員会からは次の3つの懸念が示された。それらは復興まちづくり計画の全体にかかわってくるものであったため、復興まちづくり計画の最終案の検討は一度ストップすることになった。

まず1点目は、防潮堤の周辺の道路整備についてである。防潮堤は市街地と港の間に設けられるため、両者をどうつなぐかが課題となった。2012年末に提案されたものは、防潮堤に陸閘を設けず、それぞれの防潮堤を乗り越すスロープを設けるという案であった。14.1mの高さを乗り越えるためにスロープは長くなり、日常的な利便性の面でも、安全性の面でも懸念された。

2点目は、災害危険区域の範囲についてである。2012年12月末に大船渡市より示された災害危険区域の案では、浸水エリアが民家の建設が可能な区域として設定されていた。これはL1津波に対する地域海岸の代表値に基づいて設定された防潮堤の高さ(14.1m)が、結果的に綾里漁港におけるL2津波も防ぐ高さであったからである。人的被害のあった浜では、津波の浸水エリアにおける住宅の建設を将来にわたって禁止する声が強くあり、ルール化されないことへの懸念が示された。

3点目は、地形等との対応関係についてである。従前の防潮堤がなかった石浜集落の防潮堤の案も併せて示され、提示の高さでは周辺の宅地などに日照などの影響が出る、日陰時間の長い道路が発生する、神社が防潮堤で囲まれる、といった課題が懸念された。複雑な地形を持つ集落空間を一律に14.1mの高さで囲うことによる様々な課題が明らかになった。

これら3つの懸念について、復興委員会で検討を進め、さらにはそれぞれの集落会でも検討を進め、住民のアンケート調査も行われた。最終的には①防潮堤の高さは11.6mとすること、②陸閘を設けてスロープは設けないこと、③住宅の建築を禁止する災害危険区域を設定することを、復興委員会の結論とすることとなった。これらの検討に2013年の4月末までが費やされ、それを踏まえて最終的に内容が調整された復興まちづくり計画案が作成された。

なお、このような経緯で防潮堤の高さと位置についてはいったんの収束を見て復興まちづくり計画に書き込まれたが、その後詳細な設計を進めるうちに11.6mの高さでは東日本大震災の津波時に被害のなかった復興地の一部がL2クラスの津波の浸水域に入ることが明らかになり、防潮堤設計の詳細を調整したうえで合意形成が図られた。

● 市への提案

計画は「第二次提案書 復興まちづくり計画」としてとりまとめられ、2013年5月30日に復興委員会より市に提案された。提案は地区公民館を通じた正式な提案として大船渡市に受け止められ、提案の提出後に関連部署の会議で事業化に向けての調整が行われた(図5)。

復興まちづくり計画のうち、地区全体に共通する基本的な方針を解説しておこう。

道路網整備については、津波襲来時にすぐに逃げられるような避難路の整備だけでなく、地区内に海水が滞留してそれぞれの集落が孤立したという状況を踏まえ、海岸沿いの道路だけではなく、山沿いの道路を通じて集落間の連絡や、避難所となっている中学校へのアクセスを改善する提案となっている。

低地の土地利用については、重点的に基盤整備をする「重点復興推進区域」と地権者の意向に任せる「自力復興推進区域」の二つの区域に分けられた。「重点復興推進区域」が設定されたのは港と田浜の2か所である。また重点復興推進区域と自力復興推進区域の境界に植林をし、防潮林を設けることも提案された。津波の勢いを軽減し、かつ引き波による流出被害を軽減することが目的である。

防潮堤の位置と高さについては、「日常生活に支障のない高さにする。津波被害を防ぐため

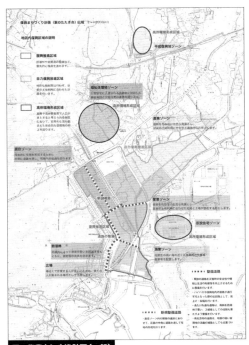

図5 復興まちづくり計画(一部)

に必要な高さであると住民が合意した高さを確保したうえで、周辺の宅地や道路との関係を十分に検討し、日常生活に支障のない高さにする」という表現にとどめている。

基本的な方針を踏まえてつくられた中心部部会の提案内容(図5)を解説しておこう。

浸水域の南部を復興推進区域、浸水域の北部を自力復興推進区域と設定する。

道路網については復興推進区域を東西につなぐ2本の既存道路を整備し、地区の広域避難場所である綾里中学校への避難路の確保、浸水後の早急な復旧を容易にする。加えて浸水域の西側に南北に延びる復興地沿いの道路を整備し、複数の南北動線を確保する。

復興推進区域の北側一帯を防潮林として整備する。防火池を防潮林の内側に整備し、復興地の火災に備える。

復興推進区域の南部は漁業関連施設のみが立地するエリアとする。個人が土地を所有したまま使うことを前提とし、土地の形態の整序、土地の入れ替え、一部を買い上げての公共施設整備などを、地権者の意向になるべく添うかたちで進めていくこととする。

図6 防災集団移転住宅（撮影：饗庭伸／2014年）

図7 災害復興公営住宅（撮影：饗庭伸／2014年）

防潮堤については、乗り越し道路ではなく、2か所の陸閘を設けることとする。

● 復興事業の進捗

津波の被害を受けた低地における道路整備を含む基盤整備については、漁村集落防災機能強化事業を活用する整備が決定された。個々の施設については、綾里こども園が2014年2月に完成し、2016年1月に綾里地区駐在所が、6月に消防分遣所が完成した。

また、2012年3月の要望書を受けて先行的にスタートしていた防災集団移転促進事業は、二つの地区において二つの事業が行われた。港・岩崎地区では23世帯が事業に参加、2013年6月に着工し、2014年6月に高台に宅地が完成した（図6）。そこにそれぞれの住民が住宅を建設し、同年の9月ごろより入居が始まった。田浜地区では12世帯が事業に参加、2013年5月に着工し、2014年5月に高台に宅地が完成した。

災害復興公営住宅は岩手県が整備した。綾里小学校から少し奥に入った清水に土地が求められ、3階建ての30戸の集合住宅が2015年の2月に完成し、23世帯が新しい生活をスタートした（図7）。

一時期は90世帯が暮らした、綾里中学校の校庭につくられた仮設住宅の人口は、個別の自力再建住宅の完成、災害復興公営住宅の完成、防災集団移転促進事業の住宅の完成に合わせて、歯が抜けるように減少していった。先に抜けていった人たちは、後に残された人たちに気を遣い、控えめに新しい住宅に移っていった。仮設住宅での暮らしは、別の地域で社会問題になったような悲惨なものではなかったが、津波から4年ぶりに暮らすことができる「ちゃんとした家」は格別だったであろう。

● 仮設住宅の撤去

仮設住宅からの退去は2015年8月に完了し、9月から仮設住宅団地の取り壊しが始まった。仮設住宅の中から住宅を構成していた部品が一つずつ取り外され、壁や天井が取り払われ、柱が抜かれ、上下水道が撤去され、水道の施設が撤去され、最後に基礎が地面から引きはがされた（図9）。

仮設住宅の痕跡がすっかりなくなった2015年12月に、かつてそこに住んでいた人たちが中学校の体育館に集まり、仮設住宅の返還式典が行われた。仮設住宅の住民だった人たちが中学校にグラウンドを返還する式典である。それぞれの住宅に引っ越してから、久しぶりに顔を合わせた人たちは一様に懐かしそうな顔をしながら、中学生たちに花を手渡し、すっかり新しくなった中学校のグラウンドの上に出て、笑顔で集合写真を撮影した（図8）。

この時点では11.6mの防潮堤はまだ立ち上がっておらず、計画されたもの、提案されたもののすべての復興が済んだわけではなかったが、人々の生活を支えるすまいは、震災から4年と9か月で復興したのである。

この復興は、昭和三陸津波の復興とどのように異なっているのだろうか。高台移転地の建設のスピードは、昭和に軍配が上がる。現在まで言い伝えられるほど過酷な工事であったそうだが、昭和の復興地は災害から2年でつくられている。一方で低地への再形成という点からみると、東日本大震災では近代復興のなかで組み上げられてきたシステム、避難所と仮設住宅が効果を発揮した。仮設住宅は近年に発生したほかの災害に比べると遅かったものの、2011年5月に安全な高台につくられており、低地へのバラックの形成を阻止した。その後に災害危険区域が設定されたこともあり、低地への再形成は半永久的に阻止されたのである。

図8 仮設住宅の返還式典（撮影：饗庭伸／2015年）

第5章 復興 ● 093

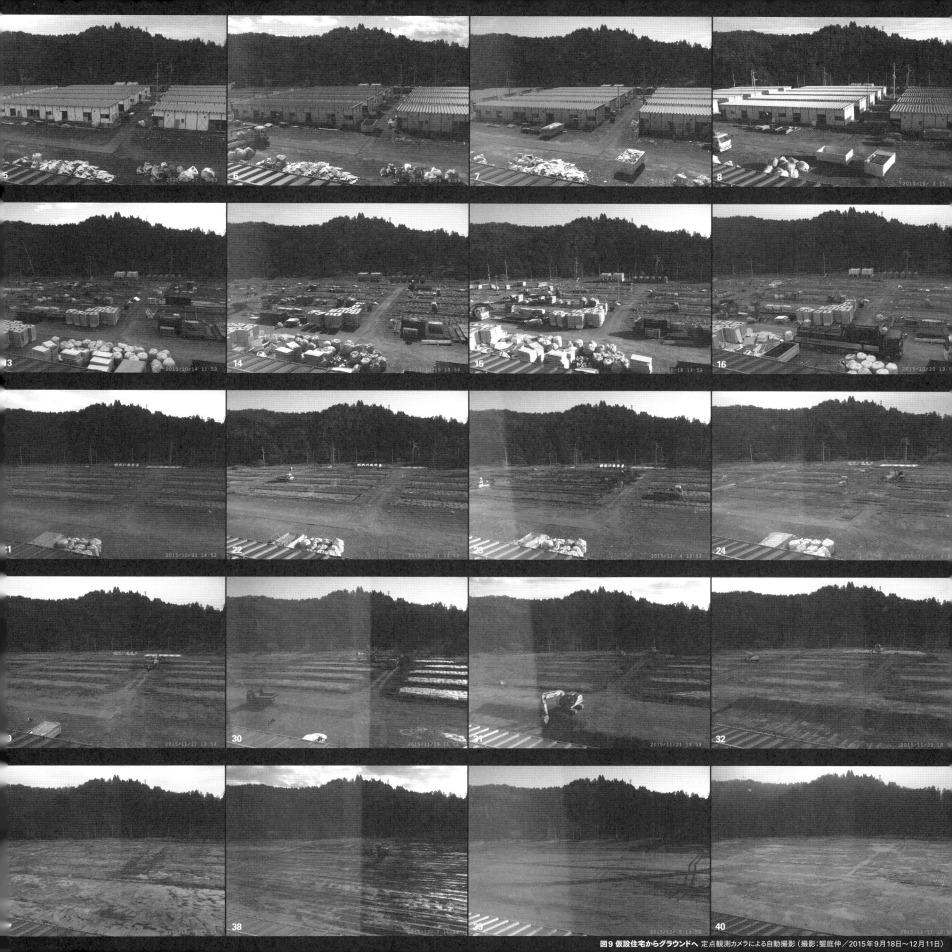

図9 仮設住宅からグラウンドへ 定点観測カメラによる自動撮影（撮影：饗庭伸／2015年9月18日〜12月11日）

すまいの復興

すまいに注目して復興の状況を、港・岩崎集落の津波の流失エリアに絞って詳しく見ていくことにしたい[10]。そこには85棟の建物があり、75世帯が暮らしていた。もともと土地が不足していたわけではないため、津波前は建物が利用されなくなっても、すぐに取り壊されたり、建て替えられたりするわけではなく、物置のように使われ、求められれば貸し出されるなど、融通無碍な使い方がされていたようだ。

これらの建物が津波で失われたが、人的被害は少なかった。そして跡地は災害危険区域に指定され、住宅を再建することができなくなったため、それぞれが自力で移転して再建する、防災集団移転促進事業によって再建する、災害復興公営住宅に入居する、再建しない、といった選択を迫られることになった。

75世帯のうち、津波およびその後の仮設住宅暮らしにおいて死去し再建しなかった世帯は5世帯である。移転先不明の2世帯を除く残る68世帯をみると、自力再建は37世帯、防災集団移転促進事業での再建は19世帯、災害復興公営住宅は12世帯、うち綾里地区外の災害復興公営住宅が3世帯含まれている。綾里地区内に残留した世帯は54世帯、地区外に転出した世帯は14世帯である。港・岩崎集落には岩崎、港、平舘、黒土田の四つの字があるが、それぞれ

どこに移転したのかをみると、13世帯の自力再建の移転先が宮野に集中している（図10）。防災集団移転地も宮野につくられたため、合計で32世帯が宮野に移転したことになる。

宮野は震災前からゆっくりと宅地化が進んでいた。綾里にもともと内在していた、宮野に上がっていくという動きが震災を契機に加速されたと言うこともできるだろう。しかし元来この動きは、散発的な個々の意思決定に基づいて、ゆっくりと空間が形成される動きであった。災害復興の過程では、短い時間のなかで追い立てられるように意思決定がなされ、急速に空間が形成される。そこには、元来の動きとは異なる傾向、偏りを持つ変化があるはずである。37世帯[11]を対象に、その変化の違いを詳しくみていきたい。

● 37世帯の動き

震災以前の住宅の築年をみると、37棟中の30棟と多くが70年代以降の建物である（表3）。1933年の津波後にこのエリアにはバラックが建ち並んだが、それらが1回以上は建て替わった家並みであったことがわかる。津波によってこれらの強制的な移動が促されたことになる。

被災後の各世帯の居住場所の変遷（図11）をみると、ほとんどの世帯が綾里中学校の仮設住宅で仮住まいの時間を過ごしていることがわかる。親族・知人宅に身を寄せた世帯をみても、その多くは大船渡市内及び周辺市にとどまっており、彼らは綾里との地理的なつながりを保ちながら、再建方法を検討したのである。

仮住まいの間に彼らに提示されたのは自力再建、防災集団移転、災害復興公営住宅という

図10 移転先の詳細

3つの選択肢である。その選択の基調をつくったのは、被災者の住まいに対する公的な救済方法として示された防災集団移転、災害復興公営住宅の二つである。公的な財源が投入されるものには得てして「いつまでに申請するように」という時限がついている。二つの政策はなるべく被災者を追い詰めないような配慮がなされていたものの、いつまで決定しなくてはならないか、費用負担はどうであるか、どういった世帯がその手段を使えるかといった条件をつけて被災者に判断を迫った。彼らは家族の状況、これからの人生設計、家計の状況などを踏まえて、これらに乗るか、自力で再建するかを選択することになった。災害後の混乱の中で行政は可能な限り丁寧な情報提供とアンケートなどによる情報収集に努め、復興委員会も情報提供と意思形成のとりまとめを行ったが、完全にすべての被災者が情報を咀嚼して納得のうえで意思形成がされたわけではない。

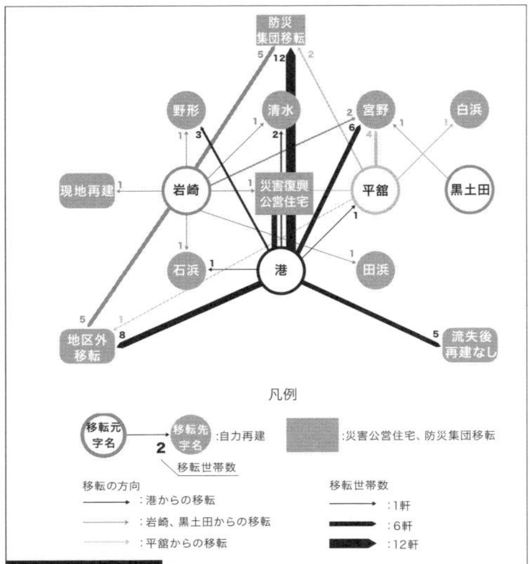

● 災害以降のすまいの傾向

結果的に14世帯が自力再建を、12世帯が防災集団移転を、11世帯が災害復興公営住宅を選択し、元来の宮野へと上がっていく動きとは異なる傾向をつくりだすことになった。どのような傾向があるのかを読み取っていこう（表3）。

自力再建を選んだ14世帯は、世帯主の年

[10] ● 住宅復興についての研究成果は、村上暁信＋饗庭伸＋池田浩敬＋木村周平＋熊倉永子「昭和三陸津波後に高台移転した地域における東日本大震災後の復興—津波被災前の3Dデジタルモデルを用いた分析」（住総研編『住総研研究論文集・実践研究報告集』44号、丸善プラネット、2018年）での筆者らの研究成果を援用している。

[11] ● 37世帯の内訳は綾里地区内の災害復興公営住宅への移転9世帯、綾里地区内の防災集団移転地への移転12世帯、綾里地区内での自力再建10世帯、綾里地区外での災害復興公営住宅2世帯、綾里地区外での自力再建4世帯である。インタビューに協力いただけた方であり、データサンプルの偏りがあることに注意しなくてはならない。

移転先		世帯主の年齢（歳）	●同居世代数			●震災以前の住宅の築年					●経由した避難先					●地震保険加入の有無			
			本人世代のみ	2世代	3世代	1950年以前	50〜60年代	70〜80年代	90年代以降	不明	避難所→仮設	地区外仮設	親類宅	知人宅	自己所有	加入	非加入	不明	加入先内訳
地区内	自力再建	76.9	2	3	4	1	1	3	4	0	3	0	4	0	1	8	5	0	農協(5) 漁協(3)
	親族借家	84.0	1	0	0	0	0	0	1	0	1	0	0	0	0	0	0	1	
	集団移転	68.4	4	3	5	0	1	6	5	0	6	0	4	0	2	9	2	1	農協(8) 漁協(1)
	公営住宅	82.0	9	0	0	0	5	3	3	0	0	5	4	3	0	3	6	0	農協(1) 不明(2)
地区外	自力再建	65.3	2	1	1	0	0	4	0	0	3	0	1	0	0	2	1	1	農協(2)
	公営住宅	72.0	2	0	0	0	0	1	1	0	2	0	0	0	0	0	2	1	
	合計		7	10		1	17	13		14	5	13	3	22	11	4			

表3 37世帯の詳細

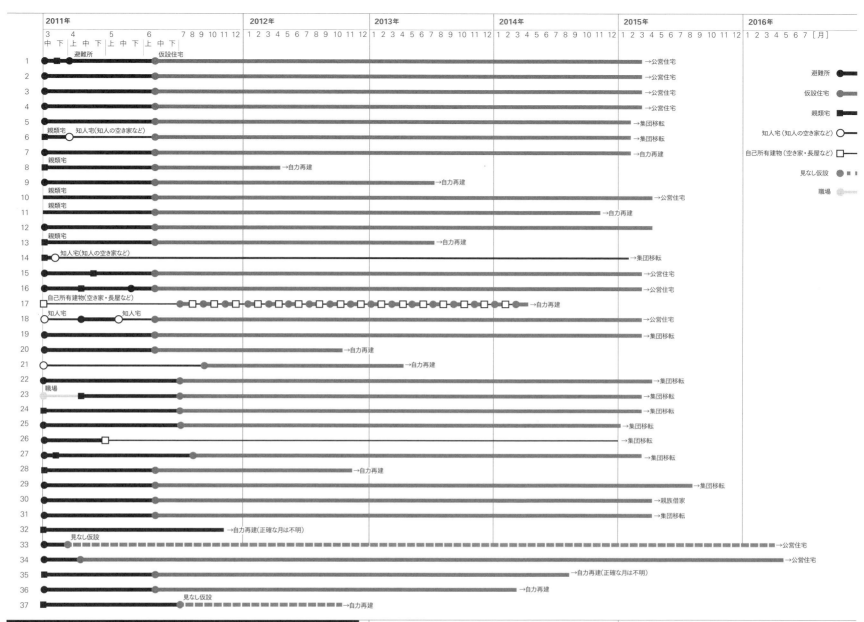

図11 37世帯の居住場所の変遷 2011年6月までは約10日ごと、それ以降は各月ごとの居住場所の変遷を示した

齢は高齢ではあるが、複数世代にわたる世帯構成であり、地震保険にもほとんどが加入していた。世帯には家を継ぐ者が存在したため、将来にわたって住み続けるつもりで自力再建を選択した、そして地震保険に加入していたことで再建資金のめどがついたことも大きいのだろう。多くの場合、彼らは再建先の土地を、不動産業者を介さずに自分のつてで入手している。親類や古くからの知人に譲ってもらった場合、そもそも震災以前から土地を持っていた場合もある。その理由は「子ども世代が綾里に戻ってきたときのために購入していた」「昭和の津波で住宅を失った経験から高台の土地をあらかじめ購入していた」ということだった。これらの理由から考えると、この動きは災害がなくとも遅かれ早かれ起きていた動きであり、大きくは元来の動きに沿ったものであるといえよう。

防災集団移転を選んだ12世帯の世帯主も高齢であることが多い。自力再建の世帯と同様に複数世代にわたる世帯であり、地震保険にもほとんどが加入していた。彼らが自力再建ではなく防災集団移転を選択した理由は、家族や経済的な事情ではなく、自己所有の土地がなかったり、親類などからの土地入手のつてがなかったからではないだろうか。

つまり、防災集団移転促進事業によって土地が確保された高台に集団で移転した彼らの動きには、元来の動きに比べると偏りがある。一方で、彼らが、地震保険による財源があり後継もいるという世帯、つまり「動ける」世帯であったことを鑑みると、防災集団移転という政策があったことで、彼らは地区外に流出せずにとどまったと解釈もできる。防災集団移転は元来の動きを政策的

に補強した、と評価ができるかもしれない。

災害復興公営住宅を選んだ11世帯は、高齢者のみの単世代で後継がおらず、ほとんどが地震保険にも加入していない。つまり元来の動きのなかで、災害復興公営住宅は特異点をつくりだした。平常時の公営住宅は、例えば子どもが小さい世帯や収入の低い世帯が、人生を組み立てる起点になるようなものであるが、綾里における災害復興公営住宅は逆の機能を果たすことになり、そこには「家じまい」とでもいうべき世帯が入居した。津波がなければ、彼らは低地において空室が目立つ大きな家に住み、近所に住むなじみの人たちと仲良く暮らし、やがては個々に家じまいに入っていったことだろうと考えれば、長期的には元来の動きに沿った動きではある。しかし、彼らは家じまいの最後に小さな特異点に集まり、そこで個々に家じまいを迎えることになった。それは悲劇的なことではなく、まとまって一つの災害復興公営住宅に移ったことで、近所に住むなじみの人たちと仲良く暮らす関係が維持された。高齢の世帯にとって災害復興公営住宅の間取りは十分なものであり、彼らは家じまい期に落ち着いた暮らしを取り戻せたのである。

● 移転によるすまいの空間の変化

移転によってすまいの空間はどのように変化したのか。6世帯について詳しく見てみよう（図12、表4）。

防災集団移転と自力再建のエリアの景観は、はっきりと異なる。前者は道路がしっかり敷設されてほぼ同じ大きさの宅地が並んでおり、写真だけでは例えば大都市郊外の戸建て住宅地との違いがない（図6）。一方の自力再建は既成集落の中の空地に挿入されるようにつくられ、どれが再建された建物で、どれが以前からある建物なのか一見して区別がつかない。

しかし、こうした道路基盤の違いを切り離してみてみると、建物の素材や形態はバラバラであり、外構のつくり方もバラバラである。

既に述べたとおり、綾里では大工や工務店を生業とする者が多く、身近な存在であった。再建にあたっても6世帯のうち5世帯が地元の大工や工務店に依頼しており、以前の住宅と同じところにお願いをした、親類の大工にまかせたと、身近に大工がいることの強みは発揮されている。バラバラの景観をつくり出した素材は地元の大工や工務店によって選び出されたのである。

広さや間取りの変化はさまざまである。地元の大工職人や工務店が住民の家族構成やすまいへのニーズの変化をくみ取って設計を進め、こうした変化に住宅の外見上の大きさが規定される。

外構は砂利やコンクリートを敷く住宅が多く、敷地に対して小さな住宅がつくりだされた場合は、外構の広い面積が砂利やコンクリートで覆われることになり、緑の少ない景観となっている。もともとの外構への無頓着もあり、こだわりのなさがそのまま引き継がれたといえよう。

● 移転による暮らしの変化

自力再建の3世帯は、選択した立地によって近所づきあいが変化している。Aさんの場合は公営住宅も近いため、仮設住宅で新たに形成された人間関係がそのまま継続されている。Bさんの場合は集落も変わり、敷地が原住地から遠くになってしまったこと、店舗も閉めたために、近所づきあいは変化している。Cさんのコメントは、多くが移転先に選んだ集落の人口の急増の課題であり、集落内の役割分担などがうまく行われていないようだ。

防災集団移転促進事業の3世帯については、総じて近所づきあいが減っているようだった。あちこちの集落の人たちが混ざったこと（Dさん）、若者が増えたこと（Eさん）、自身が高齢になったこと、住宅の性能が上がったこと（Fさん）など、理由は様々であるが、強い不満ではなかった。

筆者らが調査をしたときに、すまいについて不平や不満を強く持っている人には出会うことがなかった。もちろんよそ者の筆者らに本音を語らなかったということはあるにせよ、津波による強制的な移住に巻き込まれた人々が、穏やかに日常を回復しつつある、ということなのではないだろうか。

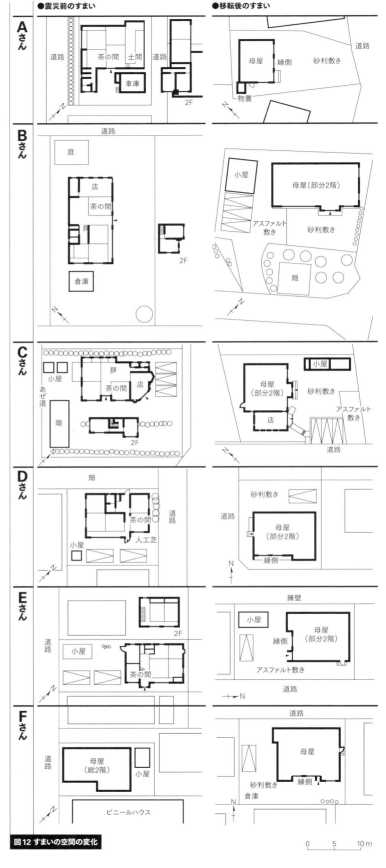

図12 すまいの空間の変化

	●震災前のすまい	●震災前の暮らし	●移転後の住まい	●移転後の暮らし
Aさん	昭和三陸津波後に隣の集落より、海岸より離れている土地に引っ越してきた。当初は別のところにバラックを建てていたが、1934年より被害を受けたところに居住していた。 1階が店舗の大きな住宅であった。2階建てであり、2階からは復興地の地盤が近かった。自分の土地の山の木でつくった家であった。 庭は小さい菜園のようになっていた。敷地まわりはアオキ、柿の木などが植えられていた。	近所の方とは行ったり来たりが盛んだった。年に1、2回旅館に集まってお膳の料理を食べたり、踊ったりした。買い物は歩いて地元のスーパーまで行っていた。	自力再建の土地は親類から譲り受けた。公営住宅への入居も考えたが、土地の場所もいい場所であったので小さくてもよいから家を建てようと思った。 地元の工務店に予算に収まるように建ててほしいと注文したら、屋根をトタンにするなどそのとおりに工夫してくれた。設計はすべてお任せだった。 家のスペックは上がった。周りの音は聞こえにくくなった。暖かいし、日当たりもいい。ガレージが欲しい、砂利を芝生にしたい、という希望はあるが、ほかに必要なものがあり難しい。	買い物は移動販売と生協を利用している。 前の家のときのように近隣の人との行ったり来たりはある。仮設のときのご近所さんが公営住宅に入っており、再建地と近いので、そのつながりは継続されている。
Bさん	地元の出身だが、世帯を持ってから地区の中で3回引っ越しをしており、震災後の再建で4軒目である。 夫は小学校に勤め、妻は自宅で店舗を開業していた。一部2階の店舗兼用住宅であったが、震災を機に店舗は閉じた。 きれいにつくり込んだ庭があった。自分で門をつくるなど思い入れは強かった。	にぎやかだった。店舗をやっていたこともあるが、近所の人がよくお茶を飲みにきていた。同級生が9人ほど、よく訪ねてきた。 周りに家がたくさんあり、小・中学校も近く、便利だった。	知人から声をかけてもらって土地を購入し、震災前とは離れたところに再建した。震災後1年で再建でき、綾里のなかでも最初期に再建した家である。前の家と同じ地元の工務店に依頼した。 間取りはあまり変わらないが、ローンを借りており、以前の家よりも大きくできないため、小さくした。 庭に置いていた岩を、現在の家に全部持ってきて、再び庭をつくった。	以前は人が通るとすぐわかったし、寄っていかれた。玄関を開ければ「こんにちは」と言う仲だった。今でも1日にひとりかふたりはお茶を飲みに来ることもあるが、人付き合いは少なくなった。集落が変わったので、あまり友達もいない。
Cさん	夫は工務店に勤め、妻は自宅で店舗を開業していた。一部2階の店舗兼用住宅であった。店舗は築24年で失ったが、ローンを払い終わった翌年だったので、二重ローンにはならなかった。 震災後すぐに店舗は再開した。	建てた当初は2軒しかなかったが、その後に人も増え、雰囲気がよかった。 中学校も小学校も近くていい場所だった。夜に小学校の校庭をウオーキングしたりできていた。	夫の実家から土地を譲り受けた。もう誰も住んでおらず、手続きも早かった。現在地に仮設で店舗を建てて再開し、その後に現在の建物を建設した。 夫の勤務先（市内の工務店）に発注し、店舗部分も含めて設計も夫が行った。 二世帯住宅にしており、以前よりも広い。今はリビングとキッチンが一体なので、みんなの顔を見ながら料理ができるのがいい。店舗は広めにつくってもらった。 日当たりがいいので暖かく、段差がなくバリアフリーなので掃除がしやすい。	お客さんが遠方になったり、移転したりして顧客は少なくなった。 近所づきあいは、前の家のほうがよかった。商売をしているので、いろんな人がお茶を飲みにくるが、外に勤めに出てしまった若い人とお茶を飲むことが減った。以前いた人たちが近くに住んではいるが、声をかけ合うことはなくなった。 新しい集落は人が増えすぎて、会があっても「誰かが行くだろう」という感じで集まらなかったりする。
Dさん	地元の出身で、漁業を生業としていた。道具が流されたので、震災を機に漁師を引退した。 小さな平屋の住宅であった。 庭には一部に人工芝が敷いてあった。川沿いの桜が春になると咲くのが見えてきれいだった。	近所づきあいはあまりなく、通りを通ったら挨拶するまでしかない。	防災集団移転促進事業に参加した。 設計・建設は親類の大工職人に任せた。あまり細かな注文は伝わらず、大工さんが進めた。 間取りはほとんど変わらず、玄関の場所が変わったくらい。父の足が悪いので、バリアフリーにしてもらってよかった。フローリングは足が冷たい。前の家は建具に隙間が空くくらい傾いていたが、今はずっといい。日当たりはあまり変わらない。 庭には興味なく、草むしりも面倒。コンクリートで固めたかったが、予算の都合上砂利を敷いた。	違う集落の人たちとごっちゃになるようなかたちになった。両隣が別の集落の人なので、あまりまだ親しい感じではない。
Eさん	地元の出身で、漁業を生業としている。養殖はやめたがウニとアワビは続けている。 一部が2階の専用住宅であった。 庭には900×6尺くらいの花壇があった。家の前には自分の長屋、庭、駐車場があった。	海で仕事をしていたので自転車でよく向かっていた。自宅の近所や漁港で人と話すことが多かった。 スーパーも漁港も近く、自転車で移動できたため便利だった。	防災集団移転促進事業に参加した。 2011年の夏に内陸の展示会を見にいき、大きな会社がいいと思い、ハウスメーカーA社に決めた。 以前の庭は駐車場の一部だったので砂利にしていた。今も、草取りが大変という理由で舗装にしている。	会社勤めの若い者が多い地区に住んでおり、静かで、職業も違うため路上で会話することはなくなった。
Fさん	1975年に新築したもので、その前の家（生家）は昭和三陸津波の後に建てられたものだった。 はじめは平屋だったが、2階を増築した。 前の集落は敷地が狭いので、庭に木を植える余裕はなかった。狭いところにちょっと野菜をつくるくらい。特に何もしないところには、砂利を敷いていた。	みんな行ったり来たりして、近所づきあいはよかった。班の人の交流があった。何かあれば一つになって、集落として動いた。 地元のスーパーに行ったり、消防署や公民館や神社に行くのに、みんな家の前の道路を通っていた。スーパーがあったから、不便ではなかった。毎日歩いて行っていた。	体の調子が悪かったため、避難所から早く出て、仮設に入らず長屋を改造して住んでいた。防災集団移転促進事業に申し込んだ。 親類が勤めていた地元工務店に頼んだ。 前の家の半分しかなく、平屋になった。前の家は広かったので人を泊めるなどできた。 日当たりがよく、庭も広くてよい。今の家でも木炭で掘りコタツを温めている。綾里では木炭コタツは自分の家くらい。	年を取ってあまり家から出なくなり、若い人も少なくなったので、静かになった。 周辺はみんな同じ集落から来た人で顔見知りだが、行ったり来たりはない。みんな年を取ったり、病気になったり。今の家は人が来なくなった。冬は新しいすまいの住み心地がよく出てこないのだろうか。

表4 すまいの空間と暮らしの変化

復興の手法

ここでいう「手法」とは、災害復興の議論や決定を支援する手法である。一般的なまちづくりにおいて、こうした手法は「ワークショップ」と呼ばれることが多く、これまで多くの手法が実践されてきた。しかし、一般的なまちづくりにおいては、こうした手法は地域の課題を調査し、参加者の主体意識を掘り起こし、問題意識を明確化するために使われている。日常的に暮している市民が自らの「まち」について考える機会は少なく、まずは地域の調査や課題認識の共有から始めなくてはいけないからである。つまり、「調査」→「住民の意識形成」→「計画作成」という手順をとることが一般的であるが、この手順は災害復興では成立しない。

被災地の住民の意識は正反対の変化をする。突然の災害によって、彼らの防災への意識、復興への意識は強制的に起動させられた状態にある。口を開けば全員が復興について語りだす、というほど彼らの意識は高い状態になっており、一刻も早い計画の作成を要求する。そこで必要なのは通常の取り組みとは正反対の手順であり、高まった意識をくみ取りながら緊急的に決めなくてはいけないことについての「計画作成」を進め、意識が落ち着くころに将来に向けた長期的なまちづくりにつなげるための「調査」を行うという、(住民の意識形成)→計画作成→調査という順番で手順が組み立てられる。

その手順でとられる手法は、「計画作成」の段階では、高い問題意識をもとに個々の参加者から発せられる密度の高い情報を、短い時間で整えて整理するために充てる。ついで「調査」の段階では、調査の結果で得られたエビデンスを専門家から伝えながら、長期的なまちづくりに向けての意識形成を支援するために使う。こうした2段の構えであることを意識して、以下では最初の段階、つまり情報を速いスピードでさばきながら、計画作成につなげることを支援する手法を報告する。

● 地形模型を囲んで議論を行う

綾里で最初に行ったことは、地区の地形模型を

図13 ガリバー地図（撮影：饗庭伸／2012年）

製作し、それを復興委員会の検討の場に持ち込んだことである。それまでの復興委員会では模型どころか地図すら用いずに議論を行っていた。模型を囲むことによって、個々の現状認識や提案について、地形を確認しながら意見交換をする議論の輪がおのずとできた。ごく基本的な方法であるが、被災地はリアス式海岸の複雑な地形を持っており、地区を一望できる場所も限られているため、地形模型は有効であった。

地形模型は厚紙を等高線に沿って切り取って、一枚一枚を重ねながら製作する。綾里ではいくつも地形模型を製作したが、切り取る作業の手間がかかるため、いくつかの模型についてはレーザーカッターを使用した（図14）。

● ガリバー地図

地区公民館のホールに地区の大きな地図を敷き、住民に参加を呼びかけて、復興に関する意見聴取を行った。この手法は「ガリバー地図」と呼ばれるもので、来場した住民が地図の上に乗り、自宅や仕事場を確かめつつ、地区の復興の課題となるポイントを話し、横についたスタッフがその言葉を付箋に書き取って地図の上に貼りつけていく、というものである。時間がたつごとに地図の上に意見が集積され、集約された情報を見て新しい情報を書き込む住民もいる。ここでも自然と地図の上に議論の輪が生まれていった。地区の課題や震災の被害が書き込まれるのだろうと想定していたが、提案についての議論が多く行われていたことが印象的であった（図13）。

図14 地形模型を囲んで議論を行う（撮影：饗庭伸／2012年）

● 「逃げ地図」と「逆逃げ地図」

道路網整備の検討の際に日建設計ボランティア部によって開発された「逃げ地図」の手法を活用した。「逃げ地図」では、まず地図に東日本大震災の浸水域を示し、浸水域と道路の接点に印をつける。次いで浸水域の道路に色をつける。印まで3分間で到達できる道路を緑色、6分間の道路を黄緑色、9分間の道路を黄色、といった具合に印までの遠さで色を変えることにより、浸水域内の危険性の度合いを可視化する。「逆逃げ地図」は日常の道路の使い方を考えるための手法であり、「逃げ地図」とは逆に、港の中で日常的に作業をしている場所に印をつけ、そこまで3分間で到達できる道路を緑色、6分間の道路を黄緑色と、集落内の道路のすべてに色をつけていく。

小石浜集落の防潮堤には震災前は2か所に陸閘があったが、市が陸閘を1か所にすることを提案し、集落の意思決定ができない状況であった。住民らはまず1か所と2か所の場合について「逃げ地図」を作成して、どちらであっても安全性が高いことを確認した。次いで「逆逃げ地図」を作成し、どちらであっても数軒の利便性がわずかに変化するだけということを確認した。これらの地図を住民とともに作成し、結果をその場で確認したうえで話し合いを行い、「ほとんど変わらないのならば、整備費が安く安全性の高い1か所でよい」との合意形成がなされた（図15、16）。

● 防潮堤のデザインシミュレーション

防潮堤のデザインの提案をつくる際には、デザインシミュレーションを行って案を決定した。あらかじめ集落の主要なビューポイントから撮影した写真に重ねることができるよう、防潮堤やそのデザイン要素のCG画像を製作しておき、それらをAdobe Photoshopのレイヤー機能を用いて重ね合わせていく、という手法である。参加者の手元にはデザインパターンを整理したワークシートを作成・配布し、画像をプロジェクターで投影し、住民の意見を聞きながら合成写真をリアルタイムでつくり、案を決定した。細かな修正をその場で行い、参加者同士で合意を形成しながら進めることができ、60分程度の短い時間で結論を得ることができた（図17、18）。

● 情報のフィードバック

各回のワークショップの成果は筆者らによって図面にまとめられ、それを次のワークショップで示すというかたちで計画の作成が進められた。また、その成果を適宜『まちづくりニュース』にまとめ、部会に参加できない住民に向けて、全戸配布によって周知するなど情報のこまめなフィードバックを心がけた（図19）。

図15 逃げ地図ワークショップの様子（撮影：饗庭伸／2012年）

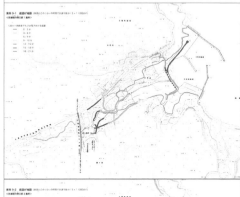

図16 逆逃げ地図の成果

第5章 復興 ● 101

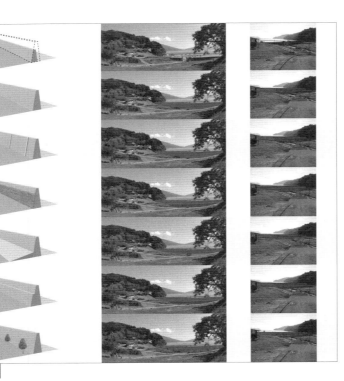

図17 防潮堤のデザインシミュレーションのワークシート

図19『まちづくりニュース』の紙面

図18 デザインシミュレーションの成果

102 ● 復興の手法

明けの綾里

*12 ● 大船渡市は被災したすべての地区の復興に主体的に介入することができなかった。市が主体的に介入したのは、大船渡駅の周辺地区だけである。

*13 ● 筆者らは東日本大震災後に、「住民向け住まい再建ガイドブック作成グループ」を組織し、『東日本大震災 仮設住宅からの住宅復興ガイドブック』を作成した。その「リアス地域版」にて14パターンの住宅復興で支払う金額の試算を行ったが、「自力で戸建て住宅」を建てる場合も月々の負担は5万円程度であり、「公営住宅」の場合では2.5万円程度だった。すべての選択肢は2.5万円から5万円の中に収まり、大きな差異ではないことが明らかになった。「リアス地域版」の制作メンバーは饗庭伸（首都大学東京）、佐藤栄治（宇都宮大学）、鈴木雅之（千葉大学）、薬袋奈美子（日本女子大学）、米野史健（建築研究所）である。

本章の冒頭に整理した近代復興の大きな状況が、小さな綾里の復興をどのように規定したのだろうか。最後に振り返っておこう。

大船渡市役所はほかの太平洋沿岸の市町村に比べ比較的被害が少なかったとはいえ、復興事業は人口5万人の市の手に余り、市役所は全地区の復興を同じ密度で進めることはできなかった*12。しかし、全体に対する手綱は握ったまま復興を進め、その手綱は震災前から大船渡市が構築してきた公民館を中心とした仕組みであった。綾里はこの仕組みを比較的早い段階で理解し、いち早く復興委員会を立ち上げて復興を進めた。このような動きができたのは、それまでも振興協議会などで地域の意向をまとめてきた経験があったこと、そして高台の地域が被害に及ばなかったため全員が被災者ではなかったことにある。

復興にはわが国で培われてきた「近代復興」の枠組みがそのまま使われた。被災者はまず仮設住宅に入居し、防災集団移転促進事業に参加するか、災害復興公営住宅に入居するかの選択肢が政府によって準備された。被害を受けた低地の土地は災害危険区域に指定され、土地利用が凍結され、L1津波を防ぐための防潮堤や道路といった公共投資がなされた。

近代復興は人口の増加を前提としており、宅地や住宅をつくりすぎたとしても、そこがいずれ埋まっていくことを暗黙の了解としていた。防潮堤や道路も拡大が見込まれる都市への先行投資だったのである。しかし、とうに人口減少社会に入っていた東日本大震災の被災地では、事業が完成する前から宅地や住宅に「空き」が見込まれ、土地の価格も下がりきっていたので、公共投資によってつくられた宅地はほかに比べて経済的にそれほど有利ではなかった*13。多少不便な防災集団移転地と、そこよりは便利な個々の宅地が天秤にかけられ、後者を選ぶ人が多くいたのである。自力再建は当たり前の選択肢としてそこにあった。

綾里でも防災集団移転を選ぶ人より、自力再建を選ぶ人が多かった。経済的な有利さがなくなったことに加え、第1章で無意識の高台移転と呼んだように、被災者全員の意識が、津波のあいだにおいて高いところに上がろうと方向づけられていたこともある。都市の拡大、土地価値の向上といった近代復興の大きな前提はとうに陳腐化していたのである。綾里の住宅はバラバラと個別に上がっていき斜面地に張りついていく。それは、津波のあいだでつくられてきた風景を補強するものであり、防災集団移転と公営住宅は、その動きをサポートするような存在だった。

防潮堤は全体の土地利用と連動していなかった。すまいとは別のものとして、粛々と高さと位置が決定されていった。個々人のすまいの復興には影響せず、個々人の移転の決断はそれぞれになされていった。

こういった小さな決断の積み重ねがどう集積したのだろうか。最後に集落ごとの人口の増減をみておこう。第1章で述べたとおり、綾里の人口は震災前も、震災後も逓減傾向にあり、震災を機に大きな人口流出が起きたわけではない。これは仮設住宅が綾里内に建設されたこととも影響しているだろうが、漁業をはじめとする生業が、一時的な中断はあったにせよ続けられたことが大きいだろう。交通の利便性は震災前に向上していたので、震災後の一時的な兼業も可能にしたのではないだろうか。しかし、綾里内の集落間の人口移動はあった。図20をみると、震災前の2010年まではすべての集落で同じように人口が減少していたが、震災後は宮野に人口が集中し、代わりに被災を受けた港、岩崎の人口が大きく減少していることがわかる。

これからはどうなるだろうか。予定されている低地の基盤整備と防潮堤建設は漁業の生産性を上げるだろうが、人口や住宅の増加にはつながるものではなさそうである。つまり、人口増加に押し出されて、高所から低いところにすまいが下りてくることは考えにくく、2019年現在に広がっているすまいを中心とした風景は固定化されたままなのではないだろうか。人々のすまいが二度と下りてこないように、念には念を入れて、低地には災害復興区域が指定されている。行政の窓口にぽつりぽつりとやってくる個々の相談に対して、災害復興区域は丁寧に運用されると考えられるので、そこに新しく住宅が建つことはないだろう。

これから立ち上がってくる防潮堤の工事は、おそらく粛々と完成し、最初は高さに驚いていた人たちも、いずれ日々の暮らしのなかでそれを意識しなくなるはずだ。防潮堤に近い低地にはもう誰も住んでいないので、風景の変化を自身の生活風景の変化として実感をもって捉える人はそもそもいない。防潮堤は暮らしから遠く離れたところで、暮らしを守る存在になっていくのだろう。

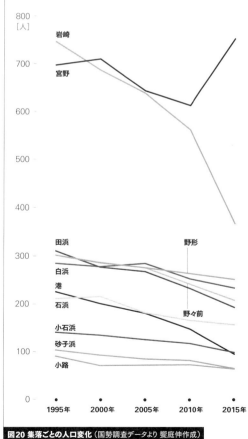

図20 集落ごとの人口変化（国勢調査データより饗庭伸作成）

津波の話は暗くて、時日がたつと地元の人々にさえ嫌われるが、

災害直後の調査記録、反省、対策を細らせたり、消してしまわないように持続が大切である。

これはいったいだれが担当したらよいか。この役割りや責任の所在を明確にしておかないと、

災害はほんとうに忘れたころにやってくる。

移動した村の原地復帰後の被災など最もよい例である

——— 山口弥一郎「津波災害対策論」『河北新報』1962年3月3日付

第6章 継承

2015年8月27日／岩手県大船渡市三陸町綾里小石浜

継承の方法

本書は東日本大震災から8年が経った2019年に執筆しているが、あと2年、すなわち震災から10年をめどに復興政策は収束に向かっている。もちろん復興の地域差はあり、また何よりも東京電力福島第一原発事故からの復興にはまだ時間がかかることは明らかであるが、10年という時間は中長期的な政策の区切りとされる。しかし津波のあいだの長い時間において、この区切りとなる10年はそれほど長いものではない。復興計画は10年の過ごし方を方向づけはしたが、津波のあいだは、どのような取り組みで方向づけうるのだろうか。

それは、「継承」という言葉で括られる様々な取り組みである。東日本大震災は、あらゆるところで個人が記録でき、それを容易に発表・共有できる時代に起きた大震災であり、これまでの災害と比較して記録の総量では群を抜いている。デジタル版のアーカイブを構築するもの[1]から、語り部などの伝承[2]を中心としたものまで、各地で継承のプロジェクトが実践されている。これらは津波のあいだにおける、一人ひとりの過ごし方をゆっくりと方向づけているのである。

これまでの津波のあいだの中で、綾里ではどういった継承が行われてきたのだろうか、そして東日本大震災のあとにどのような取り組みが行われているのだろうか。

● 土地に刻む

最もポピュラーな継承の方法は、石碑である。明治三陸津波の後にも、昭和三陸津波の後にも、そこで起きたことを記録し、後世に教訓を伝える石碑が建立されている。石材は長い時間のなかで劣化も少なく、その重量からもめったに動かされることはなく、土地に教訓を直接刻むものである。

綾里にも数か所に石碑が残されている。小石浜には明治三陸津波に関する石碑がある（図1）。綾里地区公民館近くの小さな丘の上にも明治三陸津波に関する石碑があるが、これは東日本大震災の津波で倒壊したものが移築されたものである（図2）。この丘の上には、他にも太平洋戦争の戦没者名を記した石碑がある。綾里の人たちの名字はそれほど多いものではなく、石碑に刻まれたたくさんの人たちの名前は、綾里で今生きている人たちの名前と少しずつ重なっている。1933（昭和8）年に昭和三陸津波、1945（昭和20）年に太平洋戦争の終結と短い期間でたくさんの悲劇が起き、津波はその中の一つにすぎない。この丘で石碑に刻まれた名前を一つずつ眺めていると、綾里の津波のあいだに起きた悲劇を立体的に理解することができる。

● 東日本大震災後の石碑

東日本大震災後の取り組みを見てみよう。震災後に石碑という方法が脚光をあびた。綾里に残されていた石碑は、残念ながら多くの人たちにその存在を忘れられていたが、他の地域において東日本大震災の際に実際に石碑を目印に避難した人の物語が繰り返し喧伝された[3]。こうしたことから「全国優良石材店の会」という石材の業界団体が「津波記憶石」のプロジェクトを立ち上げた[4]。これは被災地に、デザインされた石碑を贈呈していくプロジェクトであり、綾里はその対象地の一つとなった。幾度かの打ち合わせを経て綾里駅前に石碑が設置され、2013年3月に除幕式が行われた。日時計をイメージした石碑に、山下文男氏の筆による「津波てんでんこ」

図1　小石浜の津波の慰霊碑（撮影：辻本侑生）

図2　港・岩崎の津波記念碑（撮影：辻本侑生）

---

[1] 例えば、東北大学が中心となった「みちのく震録伝」（http://shinrokuden.irides.tohoku.ac.jp/）などがある。

[2] 一例として、東日本大震災の伝承活動を行う個人・団体・震災伝承拠点を結ぶネットワークである「3.11メモリアルネットワーク」には2018年5月現在で245名、52団体が参加している。

[3] 昭和三陸津波と東日本大震災の浸水エリアが大きく異なった地域もあるため、石碑を目印とした避難が有効でなかった地域もある。

[4] 「全国優良石材店の会」の手による石碑は綾里で26基目であり、全国には2017年現在で32基の石碑がつくられている。同会の活動についてはウェブサイト（https://www.tsunami-kioku.jp/）を参照した。

図4 小石浜の木碑の製作・設置作業（撮影：池田浩敬／2013年）

の文字が刻み込まれ、台座には津波の高さや死者数などの記録が刻み込まれた（図3）。

● 二つの集落での取り組み

この石碑が綾里全体の石碑であるとすれば、集落ごとの碑もつくられた。小石浜と石浜の碑について見ていこう。

小石浜集落では、浸水線上に碑を設ける案が検討された。もともと桜の木を植えようと検討が進んでいたが、手入れが面倒なことに加えて、自然に囲まれた集落では花が咲かない時期は桜の木が埋没してしまって目印にならないことから、碑を設置することとなった。碑の材料については高価な石碑ではなく、山林から自前で材料を調達できる、加工も地域の中でできるという理由から木碑を設置することとなった。耐用年数は10年程度であるが、それくらいの周期で新しいものに取り替えていくことが、集落の中で記憶を継承していくことにもつながる、ということであった。

津波到達地点を現地で確認しながら11か所の設置場所を決定し、材料調達とペンキ塗りを住民が、文字入れを学生が行い、2013年3月に設置された（図4）。記念碑の文章は、明治三陸津波後につくられた石碑の文章が難しく住民の関心が徐々に薄れていってしまったということを考慮し、簡易なことばで東日本大震災の津波到達地点であることを伝えた。

石浜集落でも浸水線上に碑を設ける案が検討された。集落のメンバーにははっきりとしたイメージがあり、それは養殖で使われるプラスチック製のブイを使って碑をつくるというものであった。津波の被害を記録し、悼むための記念碑というよりは、「ここまで逃げる」という目印の機能をより重視したものである。ブイは集落の中のあちこちに転がっていたもので、それは東日本大震災の津波で一度は流されたが、戻ってきたものである。集落会の人たちはいくつかの材料を組み合わせてあっという間にユニークな碑をつくり、ブイには学生たちの手によって、ペンキで文字が書き込まれた。

二つの集落での取り組みは、石の津波記念碑に比べるとささやかで、長い時間で朽ち果ててしまいそうな取り組みであるが、逆に記憶をのせて、津波のあいだの時間をゆっくりと繋いでいくような取り組みであるかもしれない。

図3 綾里駅前の石碑（撮影：饗庭伸／2015年）

行事に組み込む

津波を記憶にとどめる行事は、昭和三陸津波の後から断続的に行われてきた。「断続的に」の理由は、長い時間の中で、行事が途切れたり、別のかたちで復活したり、新しい行事が生み出されたりしているからだ。このことをどのように考えればよいのだろうか。

まず昭和三陸津波の後に行われていた「津波記念日」の顛末をみてみよう。

● 津波記念日の顛末

昭和三陸津波の発生した3月3日は「津波記念日」と呼ばれ、岩手県の三陸海岸の各市町村では追悼行事や避難訓練が実施されていた[*5]。綾里では、津波発生から9年間、寺院での追悼会や小学校での記念講話など、「津波記念日」になんらかの行事が催されてきた。『綾里村銃後だより』をみると、1940年3月2日には綾里小学校において「明日日曜のため三日の津波記念日の講話」、翌日3月3日には「大海嘯第八回忌に付（満七周年）、長林寺にて法要」が実施されたという記述がみられる[*6]。また、津波記念日に小学校で『津波の歌』[*7]を歌った記憶があると話してくださった方もいた。

しかし、『綾里村銃後だより』の津波に関する行事の記述は、1942年3月3日で最後となった。1943年には3月3日前後に津波関連の記述はなく、3月10日に陸軍記念日の「記念大講演会」が開催された記録が目につくだけである。綾里では、太平洋戦争の激化とともに、津波記念日の行事が行われなくなったと考えられる[*8]。

● 津波のあいだをつなぐ

津波の記念日が実施されていた期間は、1934年から1942年の9年間である。2011年に再び津波に襲われるまでの78年間から見るとごくわずかな期間であるが、9年という時間は決して短い時間ではない。一つの行事が考え出され、続けられ、そしてなんらかの理由で停止されるまでには十分な時間ということだろう。つまり、津波のあいだをひと続きの行事で過ごしきることは難しく、10年程度の長さの行事が津波のあいだをゆったりとつないでいく、ということが現実的なのではないだろうか。それはある人からある人へ、はっきりとしたバトンを渡すというようなつなぎ方ではなく、津波に対する地域が共有する記憶を基盤とする「緩やかに連続した予期されない動き」を期待するということである。

東日本大震災の被害を直接的に軽減したと考えられるのが、綾里小学校で2006年と2007年に上演された『暴れ狂った海』という創作劇である。当時綾里小学校の校長だった熊谷勵氏[*9]によるこの劇は、小学校6年生の学習発表会において上演された。劇を観賞した地区住民は多く、震災後に熊谷氏には「この劇を見ていたから、津波から逃げることを覚えており助かった」という声が寄せられたそうである。この劇は2011年の災害を予感して上演されたわけではない。たまたま起こった「緩やかに連続した予期されない動き」が結果的に大きな役割を果たしたということである。

● 人生のデザインを体験する

私たちは津波のあいだを過ごしきるために、「緩やかに連続した予期されない動き」を起こし続けるしかない。石碑に比べるとそれは形に残らず、人々の記憶に少しずつ蓄積されるだけであり、それが次なる動きへとつながっていく。こうしたことを意識して、綾里中学校で実践した復興授業の方法を紹介しておこう。

事の発端は、中学校で復興についての授業を行ってみよう、というアイデアであった。すぐに思いついたのは、中学生が東日本大震災の復興に対してなんらかの提案をつくってみるというプログラムである。しかしすでにこの時点で綾里地区の復興はあらかた方針が立っており、中学生が関われる余地は少なかった。例えば防潮堤にモザイクタイルを埋め込むといったプログラムを実施したとしても、それは短期的な楽しい思い出であり、あっという間に忘却されてしまうかもしれない。そうではなく、津波のあいだの過ごし方をサポートするようなプログラムができないだろうか、と考えたのが「人生デザインワークショップ」である。

人生デザインワークショップは2回のワークショップと、その間の宿題で構成されている。

1回目のワークショップは中学生が短時間で楽しみながら参画できるよう、仮想的に人生をデザインする「人生デザインゲーム」を行った。サイコロを振ってコマを進め、止まったところに書いてある指示にしたがって人生を経験し、そこで得た資産を積み上げ、その資産を使って綾里の課題を解決し、最後に来るべき津波からの復旧、復興の課題を解決するというものである。

宿題では、それぞれの生徒が地元の親類や先輩に、仕事やお祭り、東日本大震災からの復興などの人生の岐路で悩んだこと、役に立ったことなどを尋ねるインタビューに取り組み、2回目のワークショップでは、その成果を共有し、評価を行うことによって理解を深めた。自分たちの人生に最も参考になる「ベスト・プラクティス」を選び、人生で得られる資源の生かし方や綾里との関わり方などについて議論を行った。

東日本大震災からの避難、復旧、復興を経験した2010年代の中学生には、70年近い人生の時間が残されており、来るべき次の大津波からの避難、復旧、復興に取り組むのは彼らである可能性が高い。彼らが自身の生活と人生に復興と防災を埋め込むこと、それを「人生のデザイン」と呼び、それに取り組むきっかけを与えるプログラムである。彼らが実際に人生をデザインする際に、この経験がどう生かされるのかはもちろんわからないが、人生デザインゲームの終盤に再び津波災害が起きたときに、彼らが一様に深い表情で考え込み、手持ちの資産を使って具体的な対策を考案していたことが印象的であった。

[*5] ● 岩手県 1934『岩手県昭和震災誌』に記載された各町村の実施内容を見ると、おおよそどの町村でも「黙祷」「避難訓練（演習）」「追悼（慰霊）祭もしくは報告（感謝）祭」がセットで実施されていた。

[*6] ●『綾里銃後だより』綾里村銃後通信連絡部報出版記念会、1985年、pp.174–175

[*7] ● この『津波の歌』は『復興の歌』と『慰霊の歌』の二つがあり、いずれも津波発生当時の岩手県知事・石黒英彦が作詞したとされる（岡村健太郎『「三陸津波」と集落再編』鹿島出版会、2017年、p.94）。

[*8] ● 津波記念日の行事が戦時中に失われた事例は、他地域にもみられる。例えば、小白浜の小学校では3月3日に『津波の歌』を歌っていたが、1942年頃までにやめられたという（川島秀一『津波のまちに生きて』冨山房インターナショナル、2012年、p.93）。他方で、東日本大震災で犠牲者ゼロであった県北部の普代村太田名部地区と洋野町八木地区では、2016年時点においても3月3日（あるいはその前後の日曜日）に、津波の碑の前で慰霊祭や供養祭を実施している（佐藤翔輔「津波碑は犠牲者を減らすことができたのか？」『地震ジャーナル』63、2017年、pp.50–51）。山口弥一郎は1960年5月24日のチリ地震地震の後、「三陸津波の記念日を、ことしから五月二十四日にするところがあると聞いた」と記しており（山口弥一郎「三陸津波とは？」『河北新報』1961年5月27日、山口弥一郎著、石井正己・川島秀一共編『津浪と村』三弥井書店、2011年に再録）、津波の発生ごとに記念日の日付が変更される場合も考えると、「津波記念日」行事の変化や消長は三陸地方の中でも地域によって違いがみられると推察される。

*9●熊谷勵氏のインタビューは以下で閲覧することができる。「津波の恐ろしさ、演劇で後世に 熊谷勵・元綾里小学校長」日本経済新聞電子版、2011年5月5日(https://www.nikkei.com/article/DGXNASM40300K_U1A500C1000000/)「3.11その時(11) 大船渡の熊谷励さん」朝日新聞電子版、2013年3月26日(http://www.asahi.com/area/iwate/articles/)

人生デザインゲームとは

ゲームボード(図5)では、2011年からスタートして災害で起きたことを確認しながら進み、18歳になった時点、25歳時点、40歳時点、60歳時点…と人生を経験していく。18歳は最初の人生の分岐点に立つときであり、そこで綾里で働く、東北の他の都市に出る、東京に出るといった選択をする。ボード上での人生も3つのライフコースに分かれており、参加者はそれを選択し、人生のイベントを経験していくことになる。ライフコースは途中で変更が可能であり、UターンやJターンといった形でライフコースをデザインすることができる。そして、人生が終盤にさしかかった60歳の時点で次なる災害が起きるルールになっており、災害発生後に再び避難所での生活や仮設住宅での生活などを経験し、60年間の人生で得た蓄積でそれらをいかに乗り越えるかを考える。

基本的な構造は、タカラトミーの「人生ゲーム」を模したものであるが、参加者が集めた貨幣の多さとゴールの速さを競う人生ゲームとは異なり、人生デザインゲームでは来るべき災害を乗り越えるために、参加者が資産を出し合って協力する。ゲームでは貨幣ではなく有形無形の資産が得られ、それらを出し合って協力することによって様々なイベントを乗り越えていく。人生をどのように過ごそうとも、そこで貨幣だけでない有形無形の資産を得ることができ、長い人生をかけて蓄積した資産が来るべき津波災害の復興へとつながる、といったことがゲームで伝えようとしたことである。

ゲームの進め方

①止まった白マスに応じて資産を獲得していく

すごろくと同じように、参加者はサイコロを振ってコマを進める。「白マス」には震災復興とこれからの人生の流れがわかるような短文が書いてあり、止まったマスに応じて「資産カード(図6)」を獲得していく。どの地域に住むかによって「資産カード」の内容が異なる。それは例えば「避難所に来た東京のボランティアと知り合いになる」といった人的な資産と、「東京で成功してマンションを建てる」といった物的な資産である。ゲームではこうした資産を集めていく。

②人生の分岐点でライフコースをデザインする

高校を卒業する18歳、社会人になって3年目の25歳、転職期である40歳の3時点が人生の分岐点である。参加者はそこに止まり、人生の選択を揺さぶるようなジレンマを含んだ「なやみカード(図7)」を引き、その内容を踏まえて、住む地域(東京、仙台、綾里)とそこでどのような職業に就くかを決める。その決断を理由と合わせてほかの参加者に発表する。ほかの参加者は決断を客観的に評価して意見を述べ、参加者はその意見を聞いて最終的な選択を決定し、次のターンから選択した地域へとコマを進める(図8)。

③イベントを協力して解決する

「お祭り」や「仕事づくり」のマスに到着したら、そこに止まってほかの参加者が到着するのを待つ。「イベント」を協力して解決するマスである。解決するイベントは「地域の夏祭りを実行する」「地域の仕事を考える」「火事からの復興」の3種類であり、全員が手持ちの「資産カード」を活用した独自の解決方法を提案し合う。そして、最もよいアイデアを出したと評価された参加者が賞を獲得する(図9)。

④最後に次の津波災害を協力してのりこえる

ゲームのゴールは「もしも」のマス、60歳になったときに起きる、次の津波災害である。それまでのイベントでの協力経験を生かして、参加者は様々な資産を出し合って津波災害を乗り切ることを考える。司会者は参加者に東日本大震災の問題点を思い出してもらい、それに対して、手に入れてきた資産カードを使った課題解決方法を考える。1段階目では各自の持っている資源カードを元に一人一つのアイデアを発表し、2段階目ではお互いのアイデアや資源を協力して使うことでもっとよい解決方法を考える。

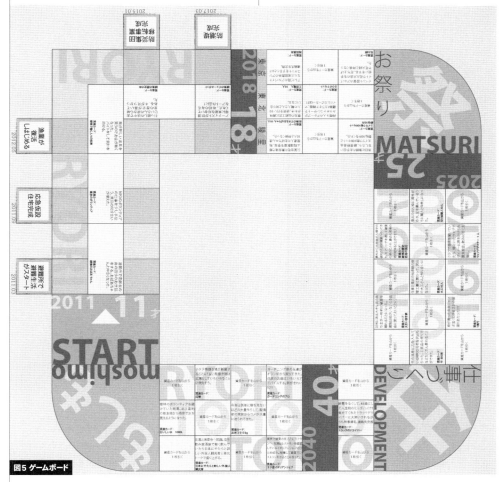

図5 ゲームボード

図6 資産の例

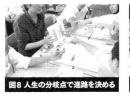

図7 なやみカードの例

図8 人生の分岐点で進路を決める

図9 アイデアを提案する

記録を残す方法

津波の記録を土地に刻み込んでおくと、いざというときの目印になる。行事に津波の由来を組み込んでおくと、津波に対する意識が緩やかにつながっていく。前者は人々の動作を、後者は人々の記憶を頼りにした継承の手法であるといえるが、込み入ったこと、複雑なことは書籍や動画などの記録に残していくしかない。最後に記録を残すことによる継承手法を見ておこう。

● 綾里での取り組み

まず東日本大震災までの津波のあいだにおいて、綾里でどのように記録がつくられてきたのかを見ておこう。

三陸町老人クラブ連合会（当時）では、1979年から大船渡市に合併される2001年まで、年に一度『三陸のむかしがたり』という冊子を刊行し、それぞれの津波の体験談などを活字に残してきた。そこでは地名の由来や民話、子どもの頃の思い出といったものと併せて、多くの津波に関する記憶が語られている。

また、いくつかの集落では津波の被害を受ける前の集落の姿を記録に残す取り組みもなされてきた。石浜では2000年に、同集落出身の山下文男氏の発案をきっかけに、方正会メンバーが主体となり、昭和三陸津波以前の集落の姿の復原に取り組んだ。メンバーが法務局にて地籍図の調査を行い、昭和三陸津波の直前にどの家がどこにあったのかを絵図として再現した。その成果は「旧石浜集落絵図　昭和七年」として石浜公民館に掲示されている。同じような取り組みは、港や田浜でも行われていたそうだが、残念なことに東日本大震災で公民館ごと流失してしまったそうだ。

● 教訓集をつくる

本書でまとめてきたとおり、筆者らは東日本大震災からの復興を支援しつつ、綾里の津波のあいだに何が起きたのかを調べてきた。その成果を綾里に残すために行った二つの方法を紹介しておこう。

一つめの方法は、調査の成果をシンプルな「教訓集」として発行した取り組みである。東日本大震災の復興支援がひと段落して、最初に筆者らは小石浜集落の調査を行った。具体的には、世帯の変遷、漁業の歴史、過去の津波被害、東日本大震災当日の避難行動や避難生活の様子などの調査を行った。人口100人程度の小さな集落であり、住民同士のつながりは強い。そこから、小さな集落ならではの津波のあいだを過ごしてきた知恵を得ることができた。

その成果をどのように地域に記録として残しておくか、当初は分厚い報告書を作成しようと考えた。しかしそれを各家庭に配布したとして、ほとんどの人はそれを読まないだろうし、それを踏まえた行動が起きることもない。そこで調査で明らかになったことを「教訓」にまとめ、その教訓をシンプルな言葉で表現した「教訓集」を作成した。

それは『小石浜の教え』と題された20ページの小冊子である（図10）。内容は①漁業、②空間、③仕事、④すまい、⑤避難行動、⑥避難生活、⑦復興の7項目で構成されている。いずれの項目も短い文とイラストで構成して手軽に読めるようにし、厚手の用紙を用いて長い時間劣化しないようにした。これが次なる津波にどう役立つかはわからないが、少しでも長く効く教訓であってほしいと願っている。

● 津波の博物館をつくる

二つめの方法は綾里での調査の成果を仮設の博物館に展示する取り組みである。小石浜集落の調査だけでなく、港、岩崎、田浜、白浜、石浜といった集落の調査が進み、それらをまとまった記録として展示したものである。

会場は港の復興地にある空き家をリノベーションした建物である（図11）。住宅は昭和三陸津波から4年後の1937年に気仙大工の手によって建てられたものであり、復興当時の姿を残した貴重な住宅として、建物自体も展示物の一つとしてとらえることとなった。

住宅は、デトザシキ、オクザシキ、カッテ、ダイドコロ、オカミと呼ばれる地区の伝統的な住宅の構成を残している。その各室をひと筆書きでなぞるように展示室を計画し、来場者の動きをスムーズに導くため、住宅の間取りに縛られず、展示のための什器を設置した（図12）[10]。什器はペンキで白く塗装された細い材で構成されている。くすんだ色の太い材で構成されている既存の柱、梁とのコントラストを強調した。また、什器の間から抜ける視線を確保して、空間の広がりとともに家全体を感じることができるように計画した。施工は学生によるDIYである。

2015年は4日間で約300人の来場者が、2016年は7日間で約100人の来場者があったが、ほとんどが綾里地区の住民であり、地区住民が2600人程度であることを鑑みると、全住民の1割程度が来場したことになる。会場ではスタッフが来場者から聞き取りしたり、個別にパネルを見入っていたり、写真家の説明に聞き入る様子、地形模型に見入るなどの姿などが見られた（図13、14）。1時間ほど滞在する来場者も少なくなく、来場者同士がパネルとパネル、什器と什器の隙間を通して会話をしたり、映像を見ながら記憶をたどって、確かめ合うような光景が多く見られた。

この取り組みは、常設的な博物館を新しく建設することを意図したものではない。2600人の地区で継続的に博物館を維持することは現実的でなく、あくまでも仮設的な展示であった。しかし、地区の1割以上の人口が来場し、そこで口々に記憶を確かめたことは、地区の津波のあいだの過ごし方になんらかの役割を果たしたはずである。そこでどのような視点が獲得され、どのような会話がなされたのかを考えておきたい。

[10] 会場設計は建築家の伊藤暁が、DIYは首都大学東京・饗庭研究室、明治大学青井研究室、東京大学生産技術研究所村松研究室が担当した。

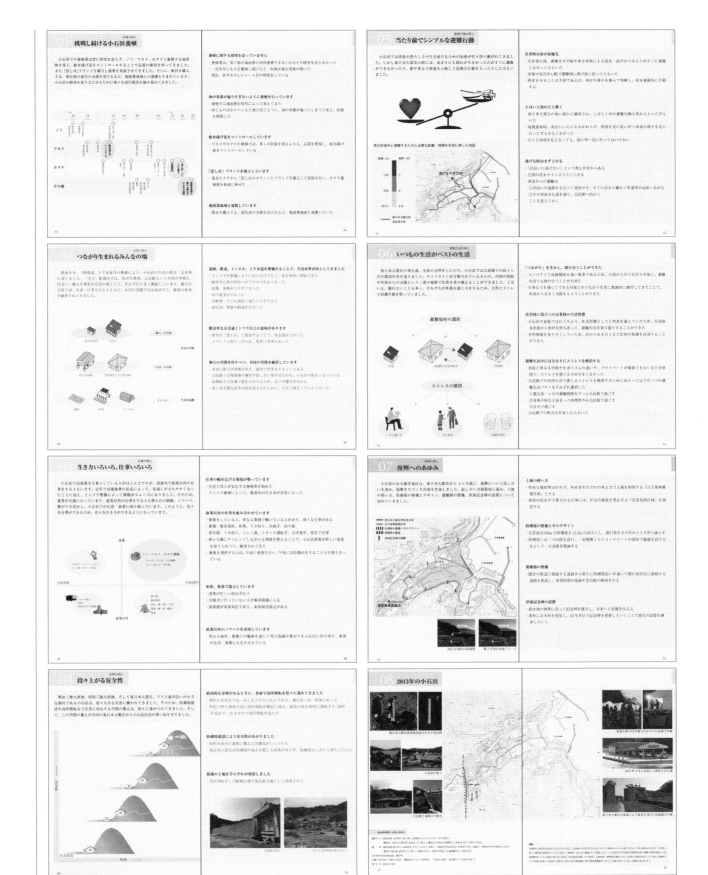

図10 小石浜の教え

図11 博物館に利用した空き家（撮影：饗庭伸／2015年6月）

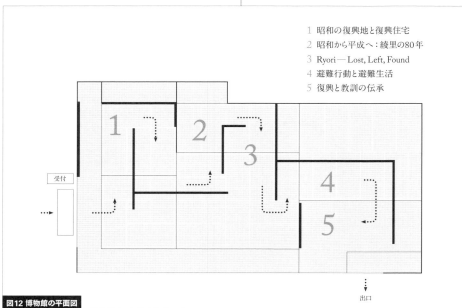

1 昭和の復興地と復興住宅
2 昭和から平成へ：綾里の80年
3 Ryori — Lost, Left, Found
4 避難行動と避難生活
5 復興と教訓の伝承

図12 博物館の平面図

● どのような視点が獲得されたか？

展示を通じて来場者はどのような視点を獲得したのだろうか。ここで展示された情報は観察者の視点を介した客観的な情報であることが第一の特徴である。また、東日本大震災だけでなく、昭和三陸津波後の復興から現在にいたるまでの津波のあいだを対象として情報を展示したことが第二の特徴である。

来場者の反応を見ると、客観的に作成された情報を、自身の経験と照らし合わせて解釈する様子が見られた。例えば「昭和の復興地と復興住宅」で展示された図面は古い建物の実測図面であるが、それを見ている人たちは、まずは誰の所有の住宅であるかを確認して自分が訪れたことがあるかを確認し、ついでデトザシキ、オクザシキといった、彼らが昔に使っていたすまいの部所を表す言葉が、平面上でどのように配置さ

れているのかを確かめていた。同様のことはほかの展示に対しても見られた。

このように一つ一つの情報の解釈をしながら、来場者は津波のあいだを理解する視点も獲得していく。例えば「Ryori—Lost, Left, Found」は、最近の現実を撮影したものであるが、写真家が切り取った客観的な風景があたかも歴史的な風景であるかのように誤認されるようなこともあり、「これはいつの時代の写真だ？」というような声も聞かれ、スタッフの説明によって現在の風景であると認識する様子が見られた。そこでは、来場者の近い過去や現在進行中の体験が、写真家の視点を通じて客観化され、それを大きな時間の中で位置づける視点が獲得されているとも考えられる。

こうしたことを通じて、自身の経験との連続性を横軸とし、そこに時間軸の縦軸を加えた、広がりのある、立体的な視点が獲得されていたともいえ、こうした視点が津波のあいだに長期にわたって津波の教訓を継承する視点につながっていくのではないだろうか。

● どのように会話がなされたか？

こうした展示は自治体の博物館などで行われることが一般的であるが、この取り組みは地区にある小さな建物を利用した、身近な博物館であったことに特徴がある。4年前の災害の記憶はまだ鮮明であり、デジタルカメラやスマートフォンなどの普及により、過去の災害に比べると個々人の持つオリジナルの記録の量も多い。こうした状況にある地区に小さな博物館をつくることに、どのような意味があるだろうか。

来場者は、ほとんどが地区内の住民であった。普段からの顔なじみが多く、会場に居合わせた来場者の会話が自然に交わされる状況であったが、「津波の博物館」というテーマを持った空間にいることで、おのずと話題は津波のことになり、お互いが持っている記憶を、お互いに出し合いながら確認し合う、という風景が多く見られた。それは住民たちが、集落の会合などの機会

図13 会場の様子（撮影：饗庭伸／2015年6月）

で、これまでも折にふれて行ってきたことではあると考えられるが、津波の博物館という空間を媒介として、会話が活性化されたと考えられる。災害からの時間が経過するにつれて、こういった会話の量は逓減していくと考えられるため、津波のあいだにおいて折にふれてこうした地域密着型の小規模空間を開設し、会話を活性化することの意味はあるだろう。

また、昭和三陸津波で一家が全滅し、車で2時間程度の距離の内陸部の親戚に引き取られた当時8歳の女性が来場し、会場に居合わせた地区の古老と、記憶を確かめ合うように長く話し込む光景も見られた（図13）。こうした、特定の地区のなかに、意図しない出会いや再会を生むことができるのも、地域密着型の小規模空間の強みであろう。

図14 展示風景

津波のあいだの過ごし方

綾里では津波と津波の間にある時間がどう生きられてきたのだろうか、そして来るべき次の津波までのあいだをどのように過ごせばよいのだろうか。

本書の前半では津波のあいだの過ごし方を支えてきた二つの村の仕組みを明らかにした。空間と地域社会である。空間の仕組みは一度つくってしまうと簡単には変わらないので、人々の動きを支え続ける。支援することも、支配することもある。

一方の地域社会の仕組みは必要に応じて編成され、目的の変化に合わせて柔軟に変化する。ただしそれは空間よりは柔軟であるという意味であって、慣習にとらわれて古びた仕組みをやめることができない、といった問題はあちこちで見ることができる。地域社会の仕組みもやはり人々の動きを支援することも、支配することもある。

二つの仕組みは、津波のあいだ、人々の動きをどう支援し、どう支配したのだろうか。そしてそれは東日本大震災からの避難、復旧、復興の過程でどのようにはたらいたのだろうか。最後にまとめておきたい（図15）。

● 空間の仕組み

空間の仕組みについて本書でまず明らかにしたことは、綾里の人々の無意識の高台移転である。居住地が低いところから宮野集落を中心とした高所に長い時間をかけて上がっていくという動きであり、津波への安全性をつくりだした。本書ではそれが道路と鉄道、港湾防潮堤に規定されていたのではないかと考え、その形成過程を検討した。昭和三陸津波の復興過程では居住地は低地と復興地の双方に二重に再形成された。そして「無意識の高台移転」は、その後の津波のあいだに居住地を高所へと動かしていった。東日

本大震災からの復興は同じ動きを加速したが、災害復興公営住宅や防災集団移転団地などの特異点をつくり出した。

個々の住宅は、綾里の生業の一つであった気仙大工たちによってつくられてきた。昭和三陸津波後には政府により産業組合住宅の標準的な設計が示されたが、綾里村ではそれが使われることなく、気仙大工が復興地の土地に合わせて住宅をつくっていった。そしてその後の津波のあいだにおいて、住宅の新築、建て替え、修繕にいたるまで、気仙大工の職人たちの手が綾里の家屋には入り続けた。大工は工務店へと組織化され徐々に地域性を失っていくが、東日本大震災以後の住宅再建の多くも請け負った。集団移転地の景観は、気仙大工の末裔たちによってつくりだされたのである。

そして東日本大震災後の居住地と住宅への満足度は高く、津波のあいだに「空間」は適切に人々の動きを支えたのである。

● 地域社会の仕組み

地域社会の仕組みについて本書では、イエの組織、統治の組織、生業の組織、信仰の組織に分けてその形成と変化を明らかにした。

イエの組織は昭和三陸津波の復興までは、すまいの復興をほぼ決定するほどの力を持っていた。明治三陸津波の後にイエの継続のために世帯人員まで差配されたし、昭和三陸津波の後にもイエ組織が大きく関与した。その後の津波のあいだを通じてイエ組織は相対的に弱体化していき、後述する「統治」の組織が地域社会を運営するようになるが、イエ組織はしぶとく残っていた。東日本大震災後に綾里の人々は家族や親類同士といったイエ組織を通じて土地を融通し合い、結果的に多くの被災者が集団移転ではなく自力再建を選ぶことにつながったのである。

統治の組織は村と集落の二つのレベルの組織の組み合わせで構成されている。明治三陸津波後から昭和三陸津波後まで、これらの組織がどのように機能を分担しながら復興に取り

組んだのかを正確に描きだすことは難しいが、緊密な連携のもとで復興に取り組んだことは間違いないだろう。そして津波のあいだにも「集落」の組織は維持された。綾里村が三陸町に組み込まれ、三陸町が大船渡市に組み込まれたため「村」の単位は形式的には弱まっていったが、実質的には綾里地区振興協議会や、漁業協同組合、五年祭の組織を通じて村の単位が維持されていた。三陸町を組み込んだ大船渡市は「地区公民館」という枠組みを使って地区を統治しようとし、その枠組みと村の実質的なつながりをすり合わせている最中に、その拠点となる地区公民館の建物がまさに完成した直後に起きたのが東日本大震災であった。

東日本大震災の後の避難、復旧、復興の大部分を実質的に仕切ったのは各集落の組織と村の単位で結成された綾里地区復興委員会であった。復興委員会と大船渡市は地区公民館の枠組みを介して関係をつくり、復興委員会の意思決定を踏まえて復興事業が行われていった。綾里では合意が早く形成されたが、それは津波のあいだにおいて村と集落の二つのレベルの統治の組織が機能を失っていなかったからである。

生業の組織は生業の種類ごとにつくられるが、津波のあいだに生き残ったのは漁業協同組合である。昭和三陸津波からの復興で役割を果たした産業組合は、1948年に農業協同組合に再編されるが、農協は村の単位では維持されず、1974年に三陸町農協に統合され、2002年には大船渡市農協に吸収されてしまう。しかし漁協は村の単位を維持しながら規模を拡大し、漁港などのインフラ整備を実現するだけでなく、金融や保険の仕組みも発達させる。綾里地区振興協議会の事務局を漁協が務めるなど、単なる生業の組織ではなく統治の組織という側面も持っており、東日本大震災ではこれらの機能が十分に発揮されることになった。

他方、綾里村には多くの信仰の組織があったが、津波のあいだを支えたのは五年祭の組織である。昭和三陸津波の直前に組織化されたこの祭礼は、二つの社から出発した神輿の前で、す

*11 ● なお、東日本大震災の後に、信仰の組織そのものが、ほかの被災地のように復興の拠りどころになることはなかった。五年祭は2016年に復活の模索がなされたものの、結果的には実現されなかったのである。

			● 昭和三陸津波以前	● 昭和三陸津波・復興	● 津波のあいだ	● 東日本大震災・復興
村の仕組み	空間の仕組み	住宅		気仙大工の方法にのっとった組合住宅がつくられた	伝統的な間取りは継承されつつ、気仙大工の工務店化にともなって多様化した	地元工務店が活躍し、多くの住宅をつくった。間取りは家族のかたちにあわせつつ、伝統を引き継いだもの。新建材も多く使われ、風景は雑然とした
		居住地	明治三陸津波の被害をうけた場所に再建され、密度があがった	復興地とあわせて低地にも家並みが形成された	復興地と低地が二重化するが、長期間かけて無意識の高所移転によって高所にあがっていった	防災集団移転、災害復興公営住宅、自力再建が行われ、高所に居住地の重心が移った
		道路と鉄道	狭い通路で道路網が構成されていた	復興地にあわせて道路が再編成された	自動車交通向けの道路網に再編成された。三陸鉄道が敷設された	道路網の再編成が完成した
		漁港と防潮堤			戦後から漁港の高度化に加えて、1960年から防潮堤の整備が進んだ	漁港がさらに高度化し、防潮堤の高さもさらに上がった
	地域社会の仕組み	イエ	明治三陸津波後に遠縁の者で家を維持させるほどの強いイエ組織があった	低地から復興地へ移転するかどうか、自力再建をするかどうかはイエ組織ごとに決定された	核家族化が進行するなどして、イエ組織の繋がりは弱くなっていった	避難・復旧時に親戚宅に避難するなどイエ組織は使われたが、やがて行政が準備した避難所や仮設住宅に移っていく。住宅再建にあたっては、親類のつながりで土地を差配することがあり、イエ組織が機能した
		統治の仕組み　集落	集落が組織化された	避難・復旧時には、集落会が外部からの物資を分配などしていた。住宅復興時の高台移転の意思決定は集落が担った	運動会、公民館といった仕掛けで維持され、草刈りなどの互助活動もあり、強いつながりを維持した。目的別、ジェンダー別に小さな団体、関連団体ができ、一部は集落に組み入れられた。しかしそれらも徐々に減っていった	避難・復旧時には、集落で相互に助け合い、支援物資の差配も行った。復興計画をつくるときに復興委員会に代表が集まり、集落で詳細を議論するなど、復興を実質的に支えた。防災集団移転の差配に少しだけ関わったが、住宅再建にあたってはあまり影響力を持たなかった
		統治の仕組み　村	村ごとに「経済更生委員会」が設立され、経済更生計画をつくっていた。	綾里村が事業主体となって「住宅適地造成事業」で復興地を造成した	1956年の三陸町合併により村の単位は消滅するが、地区の陳情をとりまとめる綾里地区振興協議会が活動した。2001年に更に大船渡市に合併され、村の機能の一部は公民館に組み入れられた	避難・復旧時の避難所は市が運営した。復興計画をつくるときに復興委員会がつくられ、大船渡市との調整をした。防災集団移転にあたっては復興委員会で調整するが、自力再建は調整しなかった
		生業	林業と漁業が盛んで、農業は零細だった。養蚕、畜産などにも挑戦した。1917年に綾里信用組合が設立された	産業組合が住宅復興の受け皿となり、住宅復旧事業を進めた	漁協が1949年に設立され発展した。漁港も高度化、加工業も発達する。漁協が金融や保険などもスタートし、暮らし全般を支えるようになった。産業組合が農業界と合併した農協が1948年に設立されるが、1974年に三陸町農協に統合され、影響力を失っていった	早くから動き、仮設小屋の差配、漁港の復興、漁協の建物の再建、漁集事業を進めた。農協や漁協の地震保険が機能し、被災者に保険金が支払われた
		信仰	津波の直前に五年祭が体系化された		五年祭は2001年まで実施され、「集落」や「村」のつながり維持に役立った。五年祭に体系化されなかった小さな祭礼は減少していった	
		大船渡市			三陸町が大船渡市へ合併された	避難・復旧時に仮設住宅を準備した。復興委員会の復興計画を受けて、復興事業を進めた。自力再建には関与しなかった

図15 津波のあいだの村の仕組み

べての集落が芸能を披露するという構造を持っている。この構造の本来の狙いを知るすべはないが、結果的には11の集落を綾里村の単位で結びつける装置として機能した。5年に一度の周期、すなわち78年間を14の小さな周期に分け、集落と村の関係を賦活し続けたのである。残念なことに東日本大震災の10年前、2001年を最後に五年祭は途切れてしまっていたが、それまでの祭礼の経験が集落と地域の統治の組織を強いものにしており、それが東日本大震災の復興を支えたのである[*11]。

● 津波のあいだの過ごし方

本書のもともとの問いは、東北の小さな村である綾里において、三度の大津波の中で人的な被害が逓減している、それはなぜだろうか、ということにあった。「こういうことをやったから被害が減った」と、問いに明解な因果関係をもって答えることができないのは、最初からわかっていた。「ここから下には、家を作ってはならない」「津波てんでんこ」という言葉をいくぶんか正確に説明しようとすることが本書の狙いであった。

たくさんの分析をして見えてきたものは、村の仕組みに乗った人たちによって、津波のあいだに生きられた村の姿であった。昭和三陸津波と東日本大震災までの津波のあいだは村の仕組みに支えられ、それは東日本大震災からの避難、復旧、復興も支えた。綾里の村の仕組みの性能はよく、東日本大震災で亡くなった27名の方を除くたくさんの人たちが振り落とされることなく、津波のあいだを走り抜けることができた。最初は簡素な仕組みであったが、その調子が徐々によくなり、気がついたら津波のあいだを走り抜けていた、という言い方が実態に近いだろうか。

では、来るべき次の津波までの間をどのように過ごせばよいだろうか。周期には逆らえず、次なる津波そのものを止める手立てはない。しかし私たちは周期に対する直線を鍛えること、つまり村の仕組みを鍛えることによって災害の被害を軽減することができる。

今の村の仕組みは、次の津波のあいだを走り抜くことができるだろうか。村の仕組みは、綾里村という地理的な範囲の中で、たまたま重なった様々な「空間の仕組み」と「地域社会の仕組み」の集合に過ぎない。空間の仕組みについては、集団・個別の高台移転と防潮堤により居住地の安全性は確保された状態にある。地域社会の仕組みはすぐに消え去ることはなく、このまましばらくは調子よく多くの人たちを未来へと運んでいってくれるかもしれないが、村の地理的な範囲が溶けていくことによって弱体化するかもしれない。

そこで、すこしだけ意識的に2つの仕組みを立て直してみる、そんなことも必要なのかもしれない。それは東日本大震災で顕在化した「絆」といったものだけでなく、綾里の人たちの日々の暮らしと生業のなかから見つけ出されるものではないだろうか。

本書の成り立ちと、筆者たちの綾里との関わりを記しておこう。2011年の災害のあと、綾里を最初に訪れたのは木村であった。学問上の探究心というよりは、何かできることがないか、という切羽詰まった気持ちを持って、そのころに多くの研究者が被災地を歩き回っていたが、木村もその一人であり、綾里を訪れたのは2012年2月のことだった。そこで地域計画についての専門的な支援を必要としていた綾里地区復興委員会より打診を受け、木村が相談を持ちかけたのが当時の同僚だった池田と、池田の旧知の饗庭であった。相前後するが、池田と饗庭が最初に大船渡市を訪れたのは2011年の5月のことであり、防災集団移転促進事業についてアドバイスしたり、地形模型を作成して復興計画の立案を支援するという活動をしていた。災害復興まちづくり支援機構という組織が大船渡の復興支援を行っていたので、そちらも手伝ったりしていた。木村の相談を受けて2012年の5月より、災害復興まちづくり支援機構とともに綾里地区の支援をスタートした。復興の支援については第5章でもまとめたとおりである。

　復興の支援を続ける中で、綾里の人たちはたくさんの話を私たちにしてくれた。その会話の中で、何人かの人たちが「俺の家は数年前に上にあがっていたから、今回は助かった」というようなことを話してくれた。うっかり聞き流してしまうような言葉であったが、よく考えるとその言葉にはとんでもない重みがある。東日本大震災がおきたあと、筆者は、この人たちは78年前の昭和三陸津波の被害をすっかり忘れて、また低いところに家並みをつくってしまっていたのだろうなあ、と思っていた。例えば同じ三陸町の吉浜のように、昭和三陸津波のあとに上にあがり、下におりなかった村はある。しかし、「おりなかった」と「のちに上がっていった」の意味は大きく違う。上がっていくという能動的な決断が、昭和三陸津波から50年後、60年後になされたこと、つまり、村や家の中で「上がっていく」ということが何らかのかたちで伝えられたこと、このことをきちんと明らかにしたいと考えた。そのような問題意識から、復興支援の手がすこし空いたこともあり、きちんとしたチームを組成して研究を進めよう、と声をかけたのが、青井、石榑、岡村、山岸であった。

　青井、石榑は、震災直後の2011年5月よりこれまでの三陸海岸の津波災害と再生に関する先人の記録をまとめた「三陸海岸の集落　災害と再生：1896、1933、1960」というウェブサイトを立ち上げていた。岡村は大槌町の吉里吉里の復興を支援しつつ、昭和三陸津波からの復興過程を博士論文にまとめたところだった。山岸は東北の被災地をなんども訪れ、その被災と復興のありさまを撮影していた。そしてチームには、後に木村の教え子である辻本が合流した。複眼的な視点、複数の専門性を持って、綾里のこれまでとこれからを明らかにし、それを残していこうと考えたのである。学際といえば聞こえがよいが、それぞれが偏ったことしかできない研究者が寄せ集まっただけのチームであるが、この本をまとめるにあたって、お互いの成果を持ち寄り、何度も、何度も議論をくり返した。

　こうした作業を重ねたこの本が、綾里の「津波のあいだ」を描きだすことができたのかは、読者のご判断に委ねたい。

謝辞

本書のもとになった7年間の支援・研究には、地域の方々や大船渡市役所の方々の多大なるご協力をいただいた。本来はお一人ずつのお名前をあげなくてはならないが、代表して佐々木昭夫さん（綾里地区復興委員会初代委員長）、佐々木昭吉さん（同2代委員長）、佐藤榮さん（同3代委員長・前綾里地区公民館長）、佐藤次夫さん（綾里地区公民館長）、綾里中学校校長の吉田雄幸さん（2014年）、今野義雄さん（2015～16年）、奥田昌夫さん（2017～19年）に感謝の意を表したい。また、支援や調査のたびに絶大なるサポートをしていただいた西風雅史さん（前綾里地区公民館主事）、いつも私たちの宿泊場所を提供くださる寺澤悦夫さんにも大きな感謝の意を表したい。

　また、村上博是さんには、貴重な資料を提供いただくとともに、常に励ましをいただいた。山口大二郎さんと福島県磐梯町には、山口弥一郎の遺した貴重な資料を本書に使用するご許諾をいただき、磐梯山慧日寺資料館の白岩賢一郎さんと福島県立博物館の皆様には、資料を利用する上で多大なご支援をいただいた。その他にも何人もの綾里の方が快く貴重な写真や資料をご提供くださった。記して感謝の意を表したい。

　第1章でまとめた港・岩崎の低地の復元画像をつくるときは、村上暁信さん（筑波大学教授）、熊倉永子さん（首都大学東京助教・現国立研究開発法人建築研究所）、斉藤真里佳さん（筑波大学大学院生・現長谷工コーポレーション）と協働した。第3章のもとになった各集落での調査のうち、野々前、白浜、砂子浜については、浅野久枝さん（京都精華大学講師）、川島秀一さん（東北大学教授・現シニア研究員）、小谷竜介さん（東北歴史博物館学芸部副主任研究員）、中野泰さん（筑波大学准教授）、野場隆汰さん（筑波大学大学院生・現農林中金総合研究所）、原毅彦さん（立命館大学教授）と協働した。第5章でまとめた復興の支援活動においては、災害復興まちづくり支援機構と協働した。第6章でまとめた「津波と綾里 博物館展」を開催するときには、伊藤暁さん（建築家・東洋大学准教授）と中野豪雄さん（グラフィックデザイナー・武蔵野美術大学准教授）と協働した。アーカイブを整理するときは、佐藤翔輔さん（東北大学准教授）、岡元徹さん（日本総合システム）と協働した。記して感謝の意を表したい。

　7年間の取り組みの中で、筆者らの研究室やゼミに所属した常葉大学、筑波大学、首都大学東京、明治大学、東京大学、東京理科大学の学生たちとも協働した。学生たちの名前は下に示すとおりである。こういった多くの協働作業の結果として本書がある。協働者には記して感謝の意を表したい。

常葉大学：白井くるみ、原木典子、馬場拓矢、安藤裕、中村友紀、上岡洋平、佐野睦実
筑波大学：浅利満里子、岡田朋子、小川湧司、川嶌芙実、河野正治、菊池ゆとり、喜瀬沙織、黒河内貴光、櫻井知得、佐藤美咲、佐本英規、鈴木寛悟、髙橋明日翔、髙森桃子、竹下光水、土田彬仁、西ヶ谷早紀、福島春奈、藤田翔、古木茜、堀川真理恵、松田菜央、松本郁、上形智香、宮川晴佳、宮元雄史郎、山口春香、山下史雅、吉沢敦子、渡邊祐大
首都大学東京：合木哲治、鈴木翔大、寺澤草太、丸茂友紀、井上絹子、大橋由実、藤谷幹、武菁菁、金静、曽我明宏、宮田夏奈実、山本裕文、荒川夏輝、稲葉美里、長崎舞子、廣福眞美子、林雄太、石井航太郎、苫米地花菜、春木理沙、小林豊、山田佳菜子
明治大学：吉田郁子、神﨑竜之介、小見山滉平、門間翔大、池田薫、西恭平、弓削多宏貴
東京大学：石田和久、蔡安平、三宅健士朗
東京理科大学：砂川晴彦

綾里の支援と研究には多くの助成金をいただいてきた。一覧は以下に示すとおりである。遠方のフィールドワークを長い間続けることができたのはこれらの助成金のおかげである。記して感謝の意を表したい。

1）大船渡市三陸町綾里地区における津波の記憶を保存しながら進める復興まちづくり計画の作成、佐々木昭夫（代表）、東日本大震災特定課題助成、課題番号D12-E2-0061、トヨタ財団、平成24-25年
2）経験の蓄積を踏まえた津波復興まちづくり計画立案手法研究、池田浩敬（代表）、特定プロジェクト研究（共同研究・研究種目B）、東北大学災害科学国際研究所、平成24-25年
3）津波常習地の災害文化に関する歴史人類学的研究、木村周平（代表）、科学研究費 若手研究、課題番号25770310、日本学術振興会、平成25-27年
4）津波常襲地における50年後を見据えた津波リスク軽減方策とその伝承に関する研究、饗庭伸（代表）、科学研究費基盤研究（B）、課題番号26282113、日本学術振興会、平成26-28年
5）昭和三陸津波後の「復興地」における復興の実態およびその評価に関する研究、岡村健太郎（代表）、科学研究費研究活動スタート支援、日本学術振興会、平成26-28年

6）三陸沿岸の都市的集落における災害復興史研究—新たな復興モデルの構築に向けて—、岡村健太郎（代表）、科学研究費若手研究（B）、日本学術振興会、平成28年–
7）歴史研究者と写真家の協同による自律型地域社会の形成に向けた三陸沿岸集落アーカイブの構築、岡村健太郎（代表）、研究助成プログラム、課題番号D15-R-0643、トヨタ財団、平成28-30年
8）昭和三陸津波後に高台移転した地域における東日本大震災後の復興-津波被災前の3Dデジタルモデルを用いた分析、村上暁信（代表）、研究助成、No.1612、住宅総合研究財団、平成28-29年
9）災害に伴う地域の超長期的な変動の比較研究：東日本大震災被災地を事例に、木村周平（代表）、科学研究費基盤研究（B）、課題番号17H02434、日本学術振興会、平成29年–
10）記憶の分有—災害にレジリエントな社会形成に向けて—、岡村健太郎（代表）、社会コミュニケーションプログラム、課題番号18-SC-0004、トヨタ財団、平成31年–

鹿島出版会の川尻大介さん（現スペルプラーツ）、渡辺奈美さんには、本書の企画時から細かな相談にのっていただき、書籍を完成するところまで伴走いただいた。中野デザイン事務所（中野豪雄さん、原聡実さん）には書容のデザインから一つ一つの図版までを丁寧に仕上げていただいた。最良のチームで膨大な情報を的確にまとめ、魅力的な書籍に仕上げていただいたことに、記して感謝の意を表したい。

　なお、本書は、日本学術振興会平成31（2019）年度科学研究費補助金研究成果公開促進費（JSPS KAKENHI Grant Number 19HP5243）の助成を受けて出版されるものである。

参考文献

一次資料

- 石浜方正会所蔵資料
- 岩手県庁永年保存文書（岩手県庁所蔵）
- 岩手県農会『気仙郡綾里村々是調査』岩手県農会、
  1916年（一橋大学附属図書館所蔵）
- 三陸町老人クラブ連合会（編）『三陸のむかしがたり』、
  1979年-2001年
- 旧土地台帳および同付属地図
  （盛岡地方法務局大船渡支出張所所蔵）
- 千田基久兵衛氏所蔵資料
- 東京帝国大学地震研究所『地震研究所彙報別冊 第一号
  昭和8年3月3日三陸地方津浪に関する論文及報告』、1934年
- 三上陽三（編）『気仙郡綾里村誌』綾里尋常高等小学校、
  1923年（東京大学史料編纂所所蔵）
- 村上博是氏所蔵資料
- 綾里漁業協同組合『海に生きるもの 綾里漁協創立50周年記念誌』、
  1999年
- 綾里尋常高等小学校『昭和七年版 綾里村誌』、1932年
  （共和印刷企画部より1977年復刊）
- 綾里尋常高等小学校『気仙郡綾里村郷土教育資料』、1940年
  （岩手県立図書館所蔵）
- 綾里地区消防百周年記念事業実行委員会
  『金馬簾：岩手県三陸町・綾里地区消防百年のあゆみ』、1998年
- 綾里村銃後通信連絡部報記念出版会『綾里村銃後だより』、1985年
- 山口弥一郎旧蔵資料（磐梯山慧日寺資料館所蔵）

新聞記事

- 山口弥一郎「三陸津浪とは?」『河北新報』1961年5月27日
- 山口弥一郎「津波災害対策論」『河北新報』1962年3月3日
- 「三陸町綾里五年祭 祭りで地域おこし」『東海新報』1991年6月4日
- 「市議の〝遺言〟、非常通路が児童救う 津波被害の小学校」
  『朝日新聞』2011年3月29日
- 「津波の恐ろしさ、演劇で後世に 熊谷勵・元綾里小学校長」
  日本経済新聞電子版、2011年5月5日（https://www.nikkei.com/
  article/DGXNASM40300K_U1A500C1000000/）
- 「3.11その時（11）大船渡の熊谷励さん」朝日新聞電子版、
  2013年3月26日（http://www.asahi.com/area/iwate/articles/）

公共機関等刊行物

- 岩手県『岩手県統計書』（各年度）
- 岩手県『岩手県昭和震災誌』岩手県知事官房、1934年
- 岩手県土木課『震浪災害土木誌』岩手県土木課、1935年
- 大船渡市『大船渡市統計書』（各年度）
- 国土交通省『平成23年度 国土交通白書』2012年
- 国土交通省都市局『東日本大震災津波被災市街地復興支援調査
  浸水区域』2012年
- 国土交通省『津波避難を想定した避難路、
  避難施設の配置及び避難誘導について（第3版）』2013年
- 三陸町史編纂委員会『三陸町史』1989年-1992年
- 内閣府『東日本大震災時の地震・津波避難に関する調査
  〔主な調査結果〕』2012年
- 内務大臣官房都市計画課
  『三陸津浪に因る被害町村の復興計画報告書』1934年
- 農林省山林局『三陸地方防潮林造成調査報告書』農林省山林局、
  1934年
- 宮城県『宮城県昭和海嘯誌』宮城県、1935年
- 林野庁『育林経営の収益性・岩手県気仙郡綾里村
  （林業経済実態調査報告書）』1953年
- 林野庁『昭和二十八年度林業労働篇第二号 山村経済実態調査書
  （岩手県気仙郡綾里村　山形県最上郡金山村）』1954年

論文・図書

- 青井哲人「再帰する津波、移動する集落——三陸漁村の破壊と再生」
  『年報都市史研究』第20号、山川出版社、2013年
- 青井哲人・岡村健太郎・石榑督和「基盤編成の1930年代
  ——昭和恐慌下の三陸漁村と津波復興」『近代日本の空間編成史』
  中川理（編）、思文閣出版、2017年
- アンダーソン、ベネディクト『定本 想像の共同体
  ——ナショナリズムの起源と流行』白石隆・白石さや訳、
  書籍工房早山、2007年
- 石榑督和・岡村健太郎・青井哲人・吉田郁子・石田和久・
  小見山滉平・門間翔大・池田薫・西恭平
  「岩手県大船渡市三陸町綾里地区における昭和三陸津波後の
  復興過程に関する研究 その4 個別移転による集落景観の変容」
  『学術講演梗概集DVD』日本建築学会、2016年
- 稲葉美代子「仙台領気仙郡綾里村砂子浜の五十集商人千田家の研究」
  『東北の考古・歴史論集』、平重道先生還暦記念会（編）、1974年
- 一般財団法人東京水産振興会
  『東日本大震災における漁村の復興問題
  ——平成29年度事業報告書——』
  一般財団法人東京水産振興会、2018年
- 植田今日子『存続の岐路に立つむら
  ——ダム・災害・限界集落の先に』昭和堂、2016年
- 岡村健太郎『「三陸津波」と集落再編——ポスト近代復興に向けて』
  鹿島出版会、2017年
- 岡村健太郎・青井哲人・石榑督和・門間翔大・小見山滉平・池田薫・
  西恭平「岩手県大船渡市三陸町綾里地区における
  昭和三陸津波後の復興過程に関する研究 その5 高所移転の詳細」
  『学術講演梗概集DVD』日本建築学会、2016年
- 岡村健太郎・青井哲人・石榑督和・吉田郁子・神崎竜之介
  「岩手県大船渡市三陸町綾里地区における昭和三陸津波後の
  復興過程に関する研究 その1 復興地建設の計画と実態」
  『学術講演梗概集DVD』日本建築学会、2015年
- 岡村健太郎・青井哲人・石榑督和・吉田郁子・神崎竜之介
  「岩手県大船渡市三陸町綾里地区における昭和三陸津波後の
  復興過程に関する研究 その2 復興住宅とその生産体制」
  『学術講演梗概集DVD』日本建築学会、2015年
- 岡村健太郎・青井哲人・石榑督和・吉田郁子・小見山滉平・門間翔大・
  池田薫・西恭平・石田和久「岩手県大船渡市三陸町綾里地区に
  おける昭和三陸津波後の復興過程に関する研究 その3
  被災前後の土地利用の変容」『学術講演梗概集DVD』
  日本建築学会、2016年
- 川島秀一『津波のまちに生きて』冨山房インターナショナル、2012年
- 川本忠平「気仙大工出稼の移動範囲と距離的性格の一考察」
  『岩手大学学藝学部研究年報』巻1号、岩手大学学藝学部学會、1951年
- 菊池弘『三陸鉄道物語——風雪の鉄路・百年の悲願』
  サンケイ新聞盛岡支局、1983年
- 北原糸子「災害と家族」『津波工学研究報告』9号、
  東北大学工学部災害制御研究センター、1992年
- 佐藤翔輔「津波碑は犠牲者を減らすことができたのか?」
  『地震ジャーナル』63号、2017年
- 佐藤正彦『天井裏の文化史——棟札は語る』講談社、1995年
- 水藤真『棟札の研究』思文閣出版、2005年
- 高橋恒夫『気仙大工 東北の大工集団』INAX、1992年
- 平山憲治『気仙大工 歴史と人物群像』NSK地方出版社、1978年
- 平山憲治『気仙大工雑纂』耕風社、1992年
- 平山憲治『気仙大工道具考』気仙大工研究所、1994年
- 細井計「近世中期における三陸漁村の窮乏について
  ——仙台藩気仙郡綾里村砂子浜を例として」『東北福祉大学論叢』
  9巻、1970年
- 細井計「近世の三陸漁村にみられる商人資本の前貸支配について」
  『東北の考古・歴史論集』平重道先生還暦記念会、1974年
- 村上暁信・饗庭伸・池田浩敬・木村周平・熊倉永子
  「昭和三陸津波後に高台移転した地域における東日本大震災後の復興
  ——津波被災前の3Dデジタルモデルを用いた分析」住総研編
  『住総研研究論文集・実践研究報告集』44号、丸善プラネット、2018年
- 明治大学理工学部 建築史・建築論研究室「岩手県三陸町綾里
  （港・岩崎・田浜・石浜）」『建築雑誌』Vol.127、No.1639、2012年

- 森山敦子「昭和三陸津波の罹災地復興と産業組合
  ——農山漁村経済更生運動を中心とした一九三〇年代の
  社会政策の進展に着目して」2012年度明治大学修士論文、2012年
- 安田容子「1793寛政三陸地震津波と1856安政三陸（八戸沖）
  地震津波の仙台藩を中心とした地域における被害」『歴史地震』
  第29号、2014年
- 山口弥一郎『津浪と村』恒春閣書房、1943年
  （同復刻版、山口弥一郎著、石井正己・川島秀一（編）『津浪と村』三弥井書店、2011年）
- 山口弥一郎「名子制度と縁族集団よりみた漁村の形態
  ——陸中重茂村 鵜磯・荒巻（津浪による集落占居形態の研究 第三報）」
  『社会経済史学』21巻1号、社会経済史学会、1955年
- 山口弥一郎「津波常習地三陸海岸地域の集落移動」
  『山口弥一郎選集 第6巻日本の固有生活を求めて』世界文庫、1972年
- 山口弥一郎『東北地方研究の再検討 地の巻』文化書房博文社、1991年
- 山下文男『綾里村鮑騒動始末記』青磁社、1988年
- 渡邊偉夫「ビスカイノが見た1661年慶長三陸津波の実態」『歴史地震』
  第11号、歴史地震研究会、1995年

津波災害・復興の基本文献

- 伊藤毅、フェデリコ・スカローニ、松田法子（編著）
  『危機と都市——Along the Water: Urban natural crisis between
  Italy and Japan』左右社、2017年
- 今村文彦、岸井隆幸著、濱田政則監修、磯部雅彦、堀宗朗編集
  『耐津波学 津波に強い社会を創る』森北出版、2015年
- 川島秀一『海と生きる作法——漁師から学ぶ災害観』
  冨山房インターナショナル、2017年
- 河田惠昭『津波災害 増補版——減災社会を築く』岩波新書、2018年
- 北原糸子『津波災害と近代日本』吉川弘文館、2014年
- 木部暢子（編）『災害に学ぶ——文化資源の保全と再生』
  勉誠出版、2015年
- 木村周平（編）柄谷友香（編）杉戸信彦（編）
  『災害フィールドワーク論』古今書院、2014年
- 窪田亜矢・黒瀬武史・上條慎司・萩原拓也・田中暁子・益邑明伸・
  新妻直人『津波被災集落の復興検証
  ——プランナーが振り返る大槌町赤浜の復興』萌文社、2018年
- 黒石いずみ『東北の震災復興と今和次郎』平凡社、2015年
- 関礼子『被災と避難の社会学』東信堂、2018年
- 高倉浩樹・滝澤克彦（編）『無形民俗文化財が被災するということ
  ——東日本大震災と宮城県沿岸部地域社会の民俗誌』新泉社、2014年
- 地井昭夫『漁師はなぜ、海を向いて住むのか?』工作舎、2012年
- 東北学院大学『震災学』荒蝦夷、2012年〜
- 都市の危機と再生 研究会編『危機の都市史
  ——災害・人口減少と都市・建築』吉川弘文館、2019年
- 日本建築学会『建築雑誌』
  特集「国・人・土のデザインⅠ——アーカイブとしての東北」（2011年11月号）
  特集「国・人・土のデザインⅡ 不安定な大地とどうつながるか」
  （2011年12月号）
  特集「前夜の東北」（2012年1月号）
  特集「津波のサイエンス／エンジニアリング」（2012年2月号）
  特集「動く建築——災害の間あわいに」（2012年7月号）
  特集「東日本大震災 復興のアポリア——居住地再建の諸問題」（2012年12月号）
  特集「リスクコミュニケーション——3.11以後の変質と波及」（2013年2月号）
  特集「「近代復興」再考——これからの復興のために」（2013年3月号）
  特集「都市史から領域史へ」（2015年5月号）
  特集「東日本大震災から3年」（2014年3月号）
  特集「現代復興の地理学」（2017年3月号）
  特集「「仮」すまいの未来」（2019年3月号）
- 橋本裕之・林勲男（編）『災害文化の継承と創造』臨川書店、2016年
- 山岸剛「Tohoku Lost, Left, Found 山岸剛写真集」LIXIL出版、2019年
- 山下文男『津波てんでんこ——近代日本の津波史』新日本出版社、2008年
- 山下文男『津波と防災——三陸津波始末』古今書院、2008年
- 山下文男『哀史三陸大津波——歴史の教訓に学ぶ』河出書房新社、2011年
- 山下文男、箕田源二郎、宮下森『改訂新版 津波ものがたり』童心社、2011年
- 吉村昭『三陸海岸大津波』文春文庫、2004年

著者紹介

1章
饗庭 伸

2章
青井哲人
岡村健太郎
石榑督和

3章
木村周平
辻本侑生

4章
池田浩敬

5章
饗庭 伸
池田浩敬

6章
饗庭 伸
辻本侑生

装幀写真、口絵（pp.002-003、pp.006-007）、
章扉（p.011、033、055、075、085、105）、
p.037図6、p.113図14
山岸剛

饗庭 伸（あいば・しん）
1971年兵庫県生まれ。東京都立大学都市環境学部教授。早稲田大学理工学部建築学科卒業。博士（工学）。専門は都市計画・まちづくり。人口減少時代における都市計画やまちづくりの合意形成のあり方について研究すると同時に、実際のまちづくりに専門家として関わり、そのための技術開発も行っている。主な著書に『都市をたたむ』（花伝社、2015）、『白熱講義 これからの日本に都市計画は必要ですか』（共著、学芸出版社、2014）、『東京の制度地層』（編著、公人社2015）、『平成都市計画史』（花伝社、2021）など。

青井哲人（あおい・あきひと）
1970年愛知県生まれ。明治大学理工学部教授。京都大学博士課程中退後、神戸芸術工科大学、人間環境大学をへて現職。博士（工学）。専門は建築史・建築論。家や村や街のごく自然な成り立ちのなかに「意志」を読むことを最近のテーマとしている。著書に『彰化一九〇六年：市区改正が都市を動かす』（アセテート、2007）、『植民地神社と帝国日本』（吉川弘文館、2005）、『明治神宮以前・以後』（共編著、鹿島出版会、2015）、『近代日本の空間編成史』（共著、思文閣出版、2017）、『世界建築史15講』（共編著、彰国社、2019）ほか。

池田浩敬（いけだ・ひろたか）
1960年東京都生まれ。常葉大学社会環境学部教授。早稲田大学理工学部建築学科卒業。博士（都市科学）／東京都立大学。専門は都市防災・事前復興計画。津波など災害時の避難行動調査や避難シミュレーション等に関する研究、震災等に備えるための事前復興計画などの研究を行なっている。主な著書に『行動をデザインする』（共著・彰国社、2009）など。

石榑督和（いしぐれ・まさかず）
1986年岐阜市生まれ。関西学院大学建築学部准教授。明治大学大学院理工学研究科博士後期課程修了。博士（工学）。明治大学理工学部助教、東京理科大学工学部助教を経て現職。専門は建築史・都市史。戦後、三陸津波後など、災害後の都市・集落の形成過程と建築に注目して、現代につながる空間の歴史研究を行っている。主な著書に『戦後東京と闇市 新宿・池袋・渋谷の形成過程と都市組織』（鹿島出版会、2016）など。

岡村健太郎（おかむら・けんたろう）
1981年兵庫県生まれ。近畿大学建築学部講師。東京大学大学院工学系研究科博士課程修了。東京大学生産技術研究所助教をへて現職。博士（工学）。専門は建築史・都市史・災害史。歴史を現代との関係のなかで常に更新されるべき時空間として捉え、建築・都市・災害を対象とした歴史研究を行っている。主な著書に『「三陸津波」と集落再編 ポスト近代復興に向けて』（鹿島出版会、2017）など。

木村周平（きむら・しゅうへい）
1978年名古屋市生まれ。筑波大学人文社会系准教授。東京大学大学院総合文化研究科中退。博士（学術）。専門は文化人類学。これまで災害をテーマにトルコや日本で調査。その延長上で協働的な人類学のあり方について考えている。最近の業績として『21世紀の文化人類学』（共著、新曜社、2018）、『ケアが生まれる場』（共著、ナカニシヤ、2019）、*The Routledge Companion to Actor-Network Theory*（近刊、共著、Routledge）など。

辻本侑生（つじもと・ゆうき）
1992年横浜市生まれ。民間シンクタンク勤務。筑波大学人文・文化学群人文学類卒業。歴史地理学および民俗学の視点から、近現代日本の地域社会における日々の暮らしについて研究している。論文に「高度経済成長期の山村における消費」（現代民俗学研究6、2014）、「昭和初期の岩手県気仙郡綾里村における津波災害への対応」（歴史地理学野外研究17、2016）「磐梯町所蔵・山口弥一郎旧蔵ノート：解題と目録」（共著、福島県立博物館紀要33、2019）など。

山岸 剛（やまぎし・たけし）
写真家。1976年横浜市生まれ。早稲田大学政治経済学部経済学科および同大学芸術学校空間映像科卒業。人工性の結晶としての「建築」と、それが対峙する「自然」との力関係を主題とするものとしての「建築写真」を制作する。主な個展に「Tohoku – Lost, Left, Found」（コニカミノルタギャラリー、2014）。主な写真集に『Tohoku Lost, Left, Found』（LIXIL出版、2019）、『東京パンデミック 写真がとらえた都市盛衰』（早稲田大学出版部、2021）。

津波のあいだ、生きられた村

2019年9月20日　第1刷発行
2021年4月20日　第3刷発行

著者
饗庭 伸
青井哲人
池田浩敬
石榑督和
岡村健太郎
木村 周平
辻本侑生

写真
山岸 剛

発行者
坪内文生

発行所
鹿島出版会
〒104-0028　東京都中央区八重洲2-5-14
電話：03-6202-5200　振替：00160-2-180883

印刷
壮光舎印刷

製本
牧製本

デザイン
中野豪雄＋原 聡実（中野デザイン事務所）

©Shin AIBA, Akihito AOI, Hirotaka IKEDA,
Masakazu ISHIGURE, Kentaro OKAMURA, Shuhei KIMURA,
Yuki TSUJIMOTO, Takeshi YAMAGISHI 2019, Printed in Japan

ISBN 978-4-306-07353-1 C3052

・落丁・乱丁本はお取り替えいたします。
・本書の無断複製（コピー）は著作権法上での例外を除き禁じられてい
ます。また、代行業者等に依頼してスキャンやデジタル化することは、たと
え個人や家庭内の利用を目的とする場合でも著作権法違反です。

本書の内容に関するご意見・ご感想は下記までお寄せ下さい。
URL: http://www.kajima-publishing.co.jp/
e-mail: info@kajima-publishing.co.jp